Orlando de Rudder

O
TAS

**Dictionnaire commenté
des expressions d'origine latine**

LAROUSSE

21, rue du Montparnasse 75283 Paris cedex 06

La première édition de cet ouvrage a été publiée sous le titre :
Aperto libro ou le latin retrouvé, dictionnaire commenté des expressions latines

© **Larousse 2005 / Paris, France pour la présente édition.**
© Larousse 1988 pour la première édition.

Toute reproduction, par quelque procédé que ce soit, du texte et/ou de la nomenclature contenus dans le présent ouvrage, et qui sont la propriété de l'Éditeur, est strictement interdite.

ISBN 978-2-03-532280-7

À la mémoire de
Mario Ruspoli, cinéaste,
baleinophile, entomologiste,
bluesman, promeneur
et Romain.

Avant-propos

Cet ouvrage est né de la rêverie, de la rêverie au sens étymologique, c'est-à-dire de la promenade. L'écolier que je fus aimait les dictionnaires, mais il ne les consultait pas. Il essayait cependant, il tentait de s'appliquer, de ne pas se laisser distraire, de chercher un mot précis. Mais, bien vite, un autre mot l'arrêtait, l'intéressait, le retenait, à moins que ce ne fût une planche ou une carte géographique. Ces vagabondages m'amenaient évidemment à oublier ce que je cherchais au départ. De plus, la proximité alphabétique de termes divers appartenant à des domaines différents produisait souvent de curieuses associations d'idées.

Le Dictionnaire universel *de Pierre Larousse comprenait des citations et des locutions latines. Le* Petit Larousse, *quant à lui, les réunit dans ses fameuses « pages roses ». Ces phrases, pour la plupart, furent retrouvées ensuite dans les versions d'école. Comme pour les mots que reliait entre eux un ordre arbitraire, j'appris à utiliser ces expressions dans un contexte différent de celui de leur* origine, à créer, encore une fois, des associations d'idées. Cet usage, parfois agaçant, des citations, je l'appris encore plus tard, n'est autre que l'application rhétorique. Cette figure est l'une des plus fréquentes que l'on puisse rencontrer : il n'est pas de livre qui n'en contienne. Elle constitue l'une des bases de ce qu'on appelle l'« esprit », fondement de l'« art de la conversation » qui, malgré sa légèreté, voire son inconsistance, valait largement la discussion vaine et souvent teintée d'agressivité qui la remplace aujourd'hui.

À partir des « pages roses » de son Nouveau Dictionnaire de la langue française (1856), Pierre Larousse publia en 1861, les Fleurs latines des dames et des gens du monde. Ce livre recensait par ordre alphabétique les citations latines les plus usuelles, en indiquait les références, les expliquait, en faisait l'historique, y ajoutait des citations les illustrant. On trouvera, dans les pages qui suivent, ce type de renseignements, comme des applications similaires.

Le présent ouvrage est donc un hommage à celui de Pierre Larousse, dont il se différencie cependant. Il ne s'agit pas pour moi de concurrencer ce qui a été fait avant, mais de convier le lecteur à partager le grand plaisir des promenades dans le dictionnaire.

Comme un contrepoint de mes rêveries anciennes, les phrases, bribes et fragments que j'explicitais et commentais en faisant ce livre m'orientèrent souvent vers d'autres citations, d'autres fragments, me dirigèrent insidieusement vers de nouvelles pistes. De nouveaux horizons s'ouvraient sans cesse. Il a bien fallu s'arrêter, sinon cet ouvrage n'aurait pas eu de fin. Au corpus traditionnel des citations antiques, j'ai cependant ajouté quelques phrases et locutions plus modernes, allant du latin médiéval à un graffito de... 1987 : la langue latine se porte assez bien, pour une morte.

Chaque entrée donne la traduction, les références (quand elles existent) de la locution traitée, présente un commentaire que je voudrais plaisant, et se poursuit parfois en une dérive, voire en des divagations qui représentent ce qu'évoque pour moi le mot ou la phrase en question. À la fin de certains articles sont citées des « sources ». Ces dernières ne sont pas forcément celles que j'ai utilisées pour rédiger. Il s'agit en général d'ouvrages accessibles aujourd'hui, résumant l'un des aspects du propos en cours. Bref, tout ce qui suit est une invitation au voyage. C'est pourquoi beaucoup d'articles renvoient à d'autres entrées afin de proposer de multiples itinéraires.

Ainsi, tout est fait pour que le lecteur vagabonde et retrouve cette impression vertigineuse que tant et tant de gamins ont éprouvée en subvertissant par distraction l'usage des dictionnaires. En n'allant jamais droit au but, en se laissant guider par le hasard des mots, par les rencontres étranges que produit l'ordre alphabétique, ils découvraient ainsi ce qu'on n'oublie jamais : la vraie culture, c'est-à-dire le plaisir.

Latin : langue naturelle à l'homme
– Gâte l'écriture – est seulement
utile pour lire les inscriptions
des fontaines publiques –
Se méfier des citations en latin ;
elles cachent toujours quelque chose de leste.
Gustave Flaubert, *Dictionnaire des idées reçues.*

A

Ab absurdo
(Par l'absurde)

Très clairement présent dans l'aphorisme de Lichtenberg : *un couteau sans lame auquel il manque le manche,* l'absurde ne s'exprime pas seulement chez les penseurs sévères ou les philosophes cultivés : le théâtre de foire, le boulevard, bien avant Beckett, l'employaient d'une façon vertigineuse.

En effet, Louis François Archambault dit Dorvigny (1742-1812), auteur et acteur, fils présumé de Louis XV et d'une pensionnaire du Parc aux cerfs, inventeur de Jocrisse, créa en 1779 (année de la mort de Lichtenberg), dans une pièce intitulée *Les battus payent l'amende,* le personnage de Janot, sorte d'imbécile qui espère gagner à la loterie car *L'hasard est si grand,* qui use d'une syntaxe confuse et fait des fautes nommées depuis *janotismes : Mettez votre chapeau sur votre tête à trois cornes,* par exemple.

Janot rejoint Lichtenberg. Son couteau, fréquemment cassé, a subi diverses réparations : on a changé la lame, puis le manche, puis la lame, puis le manche. Il reste cependant toujours le même...

Ainsi, Janot et Lichtenberg se rejoignent pour nous démontrer, chacun à sa manière, qu'un couteau n'existe que par l'idée qu'on s'en fait.

La géométrie utilise souvent les démonstrations *ab absurdo*. Mais l'absurde, confrontation d'une réalité qui nous semble irrationnelle et de notre frénétique, voire névrotique, désir de cohérence nous appelle, nous « interpelle »...

Quelque chose est insupportable dans le monde tel qu'il est. Ceux pour qui un dieu reste toujours insuffisant cherchent à y voir clair. Peut-être faut-il pour cela se boucher les oreilles pour ne pas entendre, tentateur, le chant de certaines sirènes du rationalisme, du mysticisme ou de la croyance. L'absurde, *ab surdum,* s'adresse aux sourds, à ceux qui ont des oreilles et ne veulent pas entendre, à ceux de l'espèce d'Ulysse.

A

Pourquoi y a-t-il quelque chose et non rien ? La question reste triviale : rien, c'est déjà quelque chose (cf. *Ex nihilo nihil*). L'absurde existe, il est sous nos yeux, nous pouvons l'entendre : les sourds, en fait, sont ceux qui acceptent de croire... Tout peut ainsi s'inverser... La preuve, les néolatins du Vatican, lors d'un concile, ayant à parler de jazz, firent preuve d'une belle surdité, très peu absurde, d'ailleurs, en désignant cette aventure musicale par *absurda symphonia*, expression prise dans un texte ancien parlant de la façon ridicule de chanter des Gaulois (si je me souviens bien ; cf. *Media acies*, pour ce qui est du latin contemporain).

Ne pas croire ce que l'on voit, ni ce que l'on entend est le commencement de la sagesse. Au ve siècle avant notre ère, Zénon d'Élée ne croyait pas au mouvement. Il avait raison : une chose trop évidente est louche. Il chercha et tâcha de démontrer que, du fait que l'espace et le temps sont indéfiniment divisibles en points et en instants, l'infini ne peut être parcouru. Le mouvement implique cette contradiction, puisqu'il y a effectivement parcours.

Dès lors, Achille courant derrière une tortue ne la rejoindra jamais, puisque, à chaque moment de la poursuite, la distance le séparant de la fugitive peut être divisée...

Le joli doute de Zénon alla jusqu'à mettre en doute l'existence de l'espace. Aristote (*Physique*, IV, 3) nous explique que Zénon a montré que l'espace suppose nécessairement un espace le contenant, etc.

C'est bien cette forme de raisonnement qui nous mène aux grandes découvertes : aujourd'hui, le cardinal (c'est-à-dire la totalité) des nombres peut être pensé comme étant contenu dans un cardinal plus grand ; chaque totalité étant désignée par la lettre hébraïque *aleph*, aleph 1 est englobé dans aleph 2, etc. L' absurde seul est fécond : c'est ainsi que tout avance.

Source :
Georg Christoph Lichtenberg, *Aphorismes*, Paris, 1965.

Ab irato
(Par un mouvement de colère)

La colère est mauvaise conseillère, la colère est une courte folie : *Ira furor brevis est,* dit Horace (*Epîtres,* I, 2, 62)... Ire, irritabilité, irritation : nos mots français dérivant d'ira, la colère latine, marquent une nuance par rapport à leur origine. Nous avons préféré *colère,* qui apparut dans notre langue au XVe siècle et qui est formé d'après deux mots grecs : *kholera,* d'une part, désignant le choléra, voire une maladie du même type, et, d'autre part, *kholé,* qui désigne la bile. La ressemblance entre les deux mots fit croire aux Romains que le choléra était une maladie de la bile. La bile était censée provoquer la tristesse, la *mélancholie,* ou bile noire, et non la colère. Le roi Picrochole, dans le *Gargantua* de Rabelais, agit toujours *ab irato.* Son nom signifie : bile amère...

L'ancien français usait du mot *courroux,* dérivant du verbe latin *corrumpere,* qui signifie : altérer, corrompre. De ce verbe en naquit un autre, en latin populaire : *corruptiare,* formé sur le participe passé *corruptus.* La colère, sans doute, était alors considérée comme une altération de l'esprit.

Sénèque (4 av. J.-C.-65 apr. J.-C.) écrivit un traité sur la colère *(De ira),* adressé à son frère Novatus. Le grand stoïcien avait-il eu à vaincre ses emportements ? Ce natif de Cordoue gardait-il de sa ville natale quelque caractère ombrageux, comme celui que l'on prête généralement aux Ibériques ? Toujours est-il qu'il avait la dent dure : ayant dû écrire, par obligation, une apologie de Claude, il se vengea en rédigeant une contre-apologie, l'*Apokolokyntose,* dans laquelle l'empereur se voyait métamorphosé en citrouille. On peut imaginer qu'il s'agit là d'un texte rédigé *ab irato.* Lucius Aeneus Seneca finit cependant par se calmer et composa un traité sur la tranquillité de l'âme *(De tranquillitate animi),* ainsi qu'un autre sur la clémence

(De clementia). La vie est trop courte, pensait-il sûrement, pour se laisser aller à certains emportements. Aussi écrivit-il un ouvrage sur la brièveté de l'existence *(De brevitate vitæ).*

Notre ancien droit connaissait l'action **ab irato,** extension de la plainte d'inofficiosité, qui permettait aux descendants s'estimant lésés au cours d'un héritage, voire exhérédés, de demander la nullité du testament en alléguant que le testateur l'avait rédigé sous l'emprise de la colère ou de la haine. Aujourd' hui, l'article 901 du Code civil permet une telle annulation si l'on peut établir que les mêmes sentiments ont altéré, ne serait-ce que passagèrement, les facultés intellectuelles du testateur.

Ab ovo
(À partir de l'œuf)

Expression d'Horace (*Art poétique,* 147), allusion à Léda : Jupiter, transformé en cygne, la séduisit. Le résultat de ces amours fut que Léda mit au monde ou... pondit deux œufs. L'un contenait Castor et Pollux, l'autre renfermait Clytemnestre et Hélène.

Horace loue Homère de n'avoir pas fait démarrer *l'Illiade* en commençant par la naissance d'Hélène, mais par la colère d'Achille, bref, d'être allé droit au but : faire remonter le début d'un récit serait donc une erreur.

Certains ne s'en privèrent pourtant pas : Grégoire de Tours, par exemple, au vi^e siècle, qui commence son *Histoire des Francs* par une profession de foi, juste avant de raconter l'Ancien, puis le Nouveau Testament, qui, une fois résumés, introduisent la relation des faits et gestes des Mérovingiens. Cette façon de remonter *ab ovo* est fréquente chez les anciens chroniqueurs. Elle permet, en évoquant une continuité, de donner une légitimité aux souverains contemporains de la rédaction de la chronique.

A Ces premiers historiens eussent sans doute été surpris s'ils avaient pu savoir qu'ils trouveraient en ce siècle au moins un digne continuateur. En effet, Ferdinand-Joseph La Menthe, admirable pianiste de La Nouvelle-Orléans, les suivit dans cet usage. Ce père fondateur du jazz, plus connu sous le pseudonyme de « Jelly Roll » Morton, eut la velléité de rédiger ses Mémoires. Il commença ainsi :

« *Le Maître suprême a créé l'Univers en six jours de travail, le septième, il s'est reposé [...]. Le Nouveau Monde resta ignoré jusqu'au jour où le Roi et la Reine financèrent le voyage du grand Christophe Colomb.* »

Après, donc, avoir raconté la découverte de l'Amérique, « Jelly Roll » en vient à la Louisiane :

« *Au milieu du sud-ouest de cet État s'était constituée l'agglomération la plus importante de la région, la ville de La Nouvelle-Orléans. Et, dans cette ville, une famille d'origine française qui portait le nom de La Menthe eut un fils. Ce fils reçut les noms de Ferdinand-Joseph La Menthe.* »

Commencer ainsi une histoire *ab ovo* nous paraît curieux, lassant ou amusant. Le ressassement d'événements connus de tous peut, évidemment, agacer. Les anciens historiens ne l'ignoraient sans doute pas. Ils persistaient pourtant. Il y avait donc une utilité à cet usage.

Commencer une histoire par quelque chose que tout le monde considère comme vrai n'est pas innocent. La Genèse ou les récits mythologiques n'étaient pas mis en doute, à leurs époques respectives de rayonnement. Les récits commençaient donc par la « vérité », ce qui inclinait à avoir confiance dans la suite. Ce phénomène s'apparente aux généalogies réelles, supposées, voire inventées : le mérite d'un grand ancêtre rejaillit ainsi sur son plus modeste descendant.

Commencer ou non *ab ovo* pose de surcroît le problème de l'ordre du récit : doit-on suivre la chronologie ou procéder par retours en arrière (analepses narratives), voire en prospectant dans l'avenir (prolepses narratives) ? De telles ruptures, de tels éclatements du temps ne sont pas aussi « modernes » qu'on veut bien le croire (cf. *Nil novi sub sole*). En 1670, J.-B. Huet critique sévèrement les *Babyloniques* de Jamblique, écrivain syrien de langue grecque qui vivait au IIe siècle. Selon Huet, « *l'ordonnance de son dessin manque d'art. Il a suivi grossièrement l'ordre du temps et n'a pas jeté d'abord le lecteur dans le milieu du sujet suivant l'exemple d'Homère* ».

Le retour en arrière, après un début *in medias res* caractérise l'épopée, mais reste fréquent jusqu'à nos jours. C'est, en tout cas, le moteur même des *Impressions d'Afrique* de Raymond Roussel.

On peut aussi modifier une légende, un mythe *ab ovo* pour des raisons politiques ou religieuses : qui pourra jamais savoir quels furent les divers remaniements que d'anciens textes babyloniens, égyptiens, etc., durent subir pour être intégrés dans le vaste corpus que nous nommons *Bible* ?

Mieux connue est l'action d'Aliénor d'Aquitaine. En Angleterre, tandis que régnait son époux, Henri II Plantagenêt, une certaine résistance saxonne avait cours. Les vieilles légendes celtes racontaient que le roi Arthur dormait, et qu'il se réveillerait probablement un jour pour chasser l'envahisseur normand. Que faire en ce cas ? C'est fort simple : il suffit de réécrire la légende et de dire que le roi Arthur est mort, tout en sous-entendant qu'il a désigné comme successeur Henri II Plantagenêt. Aliénor fut à l'origine de cette réécriture. La grande littérature normande médiévale (qui traite des légendes bretonnes) est en partie née ainsi.

L'Iliade, donc, ne commence pas *ab ovo*, mais par la colère d'Achille : on peut donc dire qu'elle débute *ab irato* (cf. *supra*).

On explique aussi cette locution en la complétant de la sorte : *Ab ovo usque ad mala*, ce qui veut dire :

« depuis l'œuf jusqu'aux pommes », les Romains commençant leurs repas par des œufs et les terminant par des fruits.

Sources :
A. Lomax, *Mister Jelly Roll*, Paris, 1964, trad. Henri Parisot ;
J.-B. Huet, *Traité de l'origine des Romans,* 1670.

Ab urbe condita
(Depuis la fondation de la ville)

Les Romains dataient les années à partir de la fondation supposée de Rome : *urbe condita* ou *urbis conditæ.* Cette fondation eut probablement lieu vers 753 av. J.-C. Rome, toutefois, ne s'est pas faite en un jour. De plus, établir une date n'est pas si simple.

Le Moyen Âge occidental hérita des Romains le calendrier julien. Il y ajouta le comput par années à partir de l'ère de l'incarnation de Jésus-Christ. Passons sur le fait qu'on ne sait rien à propos de la date précise de la naissance de ce dernier, ce qui n'arrêta pas Denys le Petit.

Denys le Petit était scythe mais vivait à Rome. Ce moine écrivait avec une égale facilité le grec et le latin. Il traduisit donc du grec en latin les canons des conciles. Il introduisit un nouveau cycle pascal pour remplacer celui qu'avait fait saint Victor et décida en 525 de prendre la date présumée de la naissance du Christ comme point de départ de l'*ère vulgaire,* c'est-à-dire celle du peuple chrétien, et la nôtre.

Nous ne manquons pas d'ères : l'ancienne ère consulaire romaine avait, depuis belle lurette, fait long feu, mais il arrivait toujours qu'on datât de « telle année après le dernier consul ». Le fait de compter par années de règne des empereurs ne s'imposa jamais vraiment, quoique l'on se servît beaucoup de l'« ère de Dioclétien », ou « ère des martyrs » pour les chrétiens. On pouvait aussi compter par *indictio,* période de quinze ans, ce qui se fit autour du IIIe siècle. Les chrétiens voulurent aussi faire partir le début des années à partir de la création du monde. Malheureusement, les calculs effectués à partir des données chronologiques de l'Ancien Testament divergeaient sensiblement. L'année romaine commençait le 1er janvier. Les chrétiens décidèrent qu'elle débuterait le jour de Pâques, fête mobile.

753 av. J.-C., donc, serait la date de la fondation de Rome. Soit... mais...

L'année julienne de 365 jours ne correspond pas au cycle solaire. Il faut ajouter un jour tous les quatre ans pour se conformer à ce cycle. Tout irait bien si l'année comprenait effectivement 365 jours et 6 heures. Or, elle ne dure que 365 jours, 5 heures et 48 minutes. De l'époque de l'Empire romain jusqu'au XVIe siècle, l'erreur se monta à dix jours. La date de Pâques, calculée sur l'équinoxe de printemps, qui était supposée coïncider avec le 21 mars, mais correspondait en fait avec le 11, pouvait parfois tomber au mois de mai actuel, c'est-à-dire au moment de la Pentecôte.

Suivant les conseils de l'astronome Lilio, Grégoire XIII décida de rétablir l'ordre : le lendemain du 4 octobre 1582 fut appelé 15 octobre... Mais nous avons conservé le vieux système pour les dates antérieures à 1582, puisque notre usage est de prolonger notre calendrier grégorien dans le passé. Voici donc quelques équivalences.

Le 1er janvier 1500 julien serait le 10 janvier grégorien. Le 1er janvier 1200 julien (année bissextile) serait le 8 janvier grégorien. Le 1er janvier 800 julien serait le 5 janvier grégorien.

En 300, les dates coïncident, car les réformateurs de 1582 voulurent rétablir l'état qu'ils estimaient juste à l'époque du concile de Nicée, en 325. Toutefois, si l'on continue dans le passé, l'écart entre les deux calendriers se creuse de 3 jours tous les 400 ans : le 1er janvier 101 av. J.-C. julien serait pour nous le 29 décembre 102.

Sur la tombe de Charles le Téméraire, la date de sa mort est le 5 janvier 1476. Pour les gens de l'époque, pas de problème : l'an 1477 commencerait à Pâques. Pous nous, dans nos livres d'histoire, il est mort cette année-là.

Notre habitude de prolonger notre calendrier dans le passé s'est acclimatée vers le XVIIIe siècle. Dans l'*Histoire ancienne* de Rollin, publiée de 1730 à 1738, les dates sont encore calculées d'après la date supposée de la création du monde. Certains savants du XIXe siècle continuèrent de dater les faits de l'histoire grecque par olympiades et ceux de l'histoire romaine en prenant pour point de départ l'année de la fondation de Rome. Le système actuel a l'avantage de nous permettre de mieux nous repérer, de pouvoir nous faire rapprocher des événements contemporains entre eux. Toutefois, si les années 750 virent naître Rome et furent l'époque de la grande poésie homérique, peut-on relier ces faits avec la fondation de Lo-Yi, la nouvelle capitale de la Chine des Tcheou, qui eut lieu un peu auparavant ? La contemporanéité des événements ne les situe pas forcément les uns par rapport aux autres.

Les Romains n'avaient pas plus de repères pour dater *ab urbe condita* que nous n'en avons pour fixer la date de la naissance du Christ (voire sa mort : la tradition de l'an 33 est contestée depuis bien longtemps, au moins depuis 1923, par E. Meyer dont les recherches le conduisirent à reculer la Passion au cours de l'an 29 ou 28...). Au IIIe siècle avant notre ère, Timée, historien grec, pensait que Rome existait depuis le IXe siècle av. J.-C. Ennius, écrivain latin de la même époque, penchait plutôt vers le XIe siècle. Pour Varron, la date est bien −753. Pour les fastes capitolins, tables sur lesquelles on notait les jours d'audience, les fêtes, etc., la date correspond à ce que nous considérons comme −752.

Ajoutons que, de plus, les gens ne connaissaient pas toujours le millésime en cours. Dater fut longtemps une préoccupation de lettrés : la grande peur de l'an mille ne put pas exister, puisqu'il aurait fallu que chacun sache qu'on se trouvait alors en l'an 1000. Cette terreur affligea quelques moines érudits et fit bien davantage frissonner quelques historiens du XIXe siècle (apr. J.-C. !).

Ab urbe condita ? Vouloir établir des points de repères temporels n'est déjà pas facile. Le passé n'est pas simple et la diversité de nos calendriers le rend imparfait.

Sources :
E. Cavaignac, *Chronologie de l'histoire mondiale*, Paris, 1946 ;
E. Meyer, *Uhrsprung u. Anfänge des Christientums*, 1923 ;
et divers auteurs, *Chronothèque*, Tables historiques, les Éditions d'Organisation, Paris, *circa* 1981 (un dépliant distinct par époque).

Abusus non tollit usum
(L'abus n'exclut pas l'usage)

Aphorisme juridique romain que l'on cite proverbialement, et qui signifie d'abord qu'on ne peut priver quelqu'un de l'usage ou de la propriété d'une chose, même s'il en fait abus. Dans le sens courant, cette phrase veut dire que l'abus qu'on pourrait faire d'une chose ne doit pas nécessairement nous forcer à nous en abstenir.

Il ne s'agit là que d'une question d'équilibre. Aujourd'hui comme hier, l'équilibre est ce qu'il y a de plus difficile à établir. Les ravages de l'alcool et du tabac ne proviennent pas de leur usage, mais de leur abus. Toutefois, les circonstances de la vie contemporaine mènent à ces abus. Les tensions qu'elles suscitent ont besoin de trouver un exutoire et l'équilibre se rétablit au prix de l'usage excessif d'une boisson euphorisante ou d'un surcroît de tabagisme. Il se pourrait que ce soit la vie moderne elle-même qui soit abusive, et non les consommations exagérées de divers excitants.

Un autre abus est celui de la pureté à tout prix, de la « vie saine », généralement teintée de passéisme. L'obsession de la santé, de la diététique, sorte de catharisme moderne, ne laisse pas d'inquiéter : elle mène à des positions fumeuses, vaguement religieuses, ou, pire, à une morale de l'efficacité. Un peu de haine se manifeste aussi chez les zélateurs du « naturel » : il suffit de voir avec quelle agressivité on s'en prend aux fumeurs, les chargeant de tous les maux. Ceux qui en arrivent à ces excès feraient peut-être mieux de fumer, pour calmer leur hargne, ou de « boire un petit coup », pour sourire enfin.

Jean Dutourd, dans le *Fond et la Forme,* déclare :

« Tout usage finit par se changer en abus. »

Croyons-le sur parole. Toutefois, n'est-il pas surprenant que ce respectable académicien prenne, à propos de langue, des positions abusivement puristes ? Un de ses prédécesseurs à l'Institut prononça jadis un *Éloge des académiciens* : Bernard Le Bovier de Fontenelle (1657-1757). Il y déclare :

« [Leibniz] pose des définitions exactes qui le privent de l'agréable liberté d'abuser des termes dans les occasions. »

L'abus, en matière de langue, est de vouloir qu'un mot n'ait qu'un sens et un seul, ou encore qu'il reste vague et n'existe que par son aspect péremptoire, comme un slogan, un message publicitaire. Entre ces deux excès réside la liberté, tant il est vrai qu'un jour ou l'autre tout ce qui touche le langage prend un aspect politique. Encore n'en faut-il pas abuser.

Abyssus abyssum invocat
(L'abîme appelle l'abîme)

« Pourquoi t'abats-tu, mon âme, et gémis-tu en moi ? », poursuit le psaume de David (Ps. 42, 8). L'appel de l'abîme se pose comme malédiction : une faute en entraîne une autre, et ainsi de suite. Touche-t-on jamais le fond du malheur ou de la honte ?

Abîme signifie « sans fond ». Ce mot provient d'un superlatif latin, *Abyssimus,* lui-même forgé sur le mot *abyssus,* d'origine grecque, composé du privatif *a-* et du nom *bussos,* qui signifie « fond ».

Profondeurs abyssales, inquiétantes, chthoniennes ou pélagiques, infernales ou marines se confondent : le golfe et le gouffre dérivent du même mot grec *kolpos*. Neptune ou Vulcain règnent sur les profondeurs insondables, noires comme la nuit, sombres ou rouges à cause des flammes de l'enfer. Les anges rebelles furent plongés dans l'abîme.

Emposieux du Jura, *avens* des Landes, *catavothres* du Péloponnèse, les abîmes géologiques sont en forme d'entonnoir : l'iconographie chrétienne représentait parfois l'abîme sous la forme d'un cône. Une tête d'homme, énorme, hideuse, à la mine féroce en sortait : l'abîme, le caché surgissant des profondeurs, effrayait, qu'il soit extérieur – le puits, le gouffre, le lieu de la chute, du vertige – ou bien intérieur, l'abîme en nous, folie, inquiétude, morosité, désespoir, vertiges de la raison qu'on voudrait ignorer mais qu'on ne peut jamais éviter. L'abîme révèle et se révèle : l'abîme appelle l'abîme et se répond comme un écho, indéfiniment.

La « mise en abyme » illustre cette répétition. L'« abyme », en héraldique, c'est le centre de l'écu. Mettre en abyme, c'est reproduire l'écu en son centre. Ce procédé fascinant a été illustré naguère par Benjamin Rabier, avec la sympathique et célèbre *Vache qui rit*. La boîte contenant ce fromage représente une vache hilare, portant des boucles d'oreilles représentant la boîte elle-même sur laquelle se trouve la même vache qui porte des boucles d'oreilles, etc. Cette mise en abyme se double d'une progression géométrique : le

nombre de boucles d'oreilles représentées se doublant à chaque fois. Ce qui s'écrit ainsi :
../.. : 2 : 4 : 8 : 16... etc.

L'écu porte les armoiries d'une famille, d'un lignage. Ce dernier mot, comme ligne, ou lignée, provient du latin *linea,* que nous avons gardé dans le mot *alinea.* Ce mot désigne, à l'origine, le fil de lin. La suite des générations est ainsi représentée comme un fil, à l'instar du fil de la vie que les Parques filent et coupent, fil de lin, ou de laine (*lana* et *linea* sont voisins), représentant la destinée. Cette lignée témoigne de l'enracinement de ceux qui en sont issus dans un terroir, un pays, un ensemble de traditions. Le lin se dit en grec *bussos* et se trouve ainsi homonyme du mot *fond* en cette langue. L'attachement au sol, l'enracinement peut être représenté par le *byssus,* de même origine. Le *byssus,* ou « soie de mer », est sécrété par les mollusques lamellibranches et peut se tisser. C'est par lui que, par exemple, les moules tiennent si fortement au rocher sur lequel elles se trouvent.

Malheur à l'orphelin, au bâtard : maudit par sa naissance, il devra marcher de malheur en malheur et ne portera jamais le lin candide de l'innocence. Il errera, *a-bussos,* comme Perceval, sans avoir forcément la chance d'être reconnu un jour, et sera aveugle comme Œdipe, comme les mollusques, la faune ténébreuse des profondeurs abyssales, déshérité, déraciné, *desdichado,* cheminant d'abîme en abîme, déclinant toutes les stations ou saisons (ces deux mots proviennent de *stationem*) d'une Passion qui mènent à l'Enfer. Et ce sera peut-être l'Abyssinie de Rimbaud, contrée dénommée ainsi de façon méprisante par les anciens géographes, pays, continent noir, au bord de la mer Rouge, couleurs de l'enfer, de l'abyme, de la mort et du sang, pays de l'exil et d'une inextinguible soif.

La ligne, le fil de l'existence est-il celui d'Ariane qui sauvera Thésée avant d'aller à Naxos, pour se jeter dans la mer, répondant à l'appel des Abysses ?

Le *byssus* était une sorte de fine batiste et ce mot désigna aussi un tissu de soie. Était-ce l'étoffe du manteau de lumière de l'Éternel (Ps. 102, 2) ? Dans ce même psaume, l'abîme est comparé à un vêtement enveloppant la Terre, l'entourant de ténèbres. Le manteau de gloire, celui de la Fortune que copiaient les rois romains, celui de la Grande Déesse étrusque, se teignait de pourpre, comme le manteau du grand prêtre des Hébreux. La couleur pourpre s'oppose au noir des ténèbres... Mais non sans ambiguïté : c'est aussi la couleur du sang, bénéfique s'il est caché, maléfique s'il est vu, répandu, puisque, alors, il devient signe de mort. La mort est noire, couleur de nuit, de l'abîme, des abysses : on sacrifiait des taureaux noirs à Neptune. Le rouge est la vêture du forgeron, héritier de Vulcain, celui qui apprivoise le feu de l'enfer. Rouge est l'habit du bourreau qui répand le sang. Forgeron, bourreau, ces deux « intouchables », liés à l'enfer, évoquent la mort, l'arcane 13, le noir de la Mort à la faux rouge, fauchant impitoyablement le paysage noir de l'illusion périssable. Noir : deuil, mais aussi ventre du monde, couleur des déesses mères, Isis, Déméter ou Cybèle, dont la noirceur contraste avec le rouge de leurs entrailles fécondes, féminité inquiétante, d'origine infernale où s'opèrent les transmutations mystérieuses de la vie.

La pourpre du blason, ni métal ni émail, est la couleur impure, bâtarde, mélange des quatre autres, ou encore altération de l'argent ; elle répond au sable héraldique qui est noir, à la poussière à laquelle la mort fait revenir, rouge impur, sanglant, animal, noir, sable, minéral, stérile : appel encore de l'abîme à l'abîme...

La pourpre vient des profondeurs de la mer, de rochers, de pierres que l'on pêche et que l'on broie après les avoir tirés des abysses. C'est aussi la couleur du péché, opposée à la blancheur du fil de laine :

« *Si vos péchés sont comme le cramoisi*
Ils deviendront blancs comme neige.
S'ils sont rouges comme la pourpre
Ils deviendront comme la laine. »
(Isaïe, I, 18.)

Mais, sans rédemption, les pécheurs « couverts de sang », les corrupteurs de lignages, les bâtards « adonnés à la magie comme les Philistins », et « parce qu'ils s'allient aux fils des étrangers » (Isaïe, II, 7), retourneront dans le roc, rejoindront l'abîme : « Et ils rentreront dans les cavernes des rochers et dans les profondeurs de la poussière » (Isaïe, I, 19) et « Ils rentreront dans les fentes des rochers et dans les creux des pierres » (II, 21), jusqu'au jour où des femmes sans nom saisiront un seul homme et diront : « nous nous vêtirons de nos habits, fais-nous seulement porter ton nom, enlève notre opprobre » (IV, 1).

Le vêtement, le nom : tissu et lignage, le contraire de l'*a-bussos,* de l'abîme. En dévidant la quenouille, en suivant le fil de la vie, de la mort, nous découvrons d'autres aspects de l'éternel abîme : le mauvais riche de l'Évangile, vêtu de *byssus,* richement habillé de pourpre et de lin (Luc, XVI, 19) ne secourt pas le pauvre Lazare et se retrouve en enfer. Là, étouffant dans le feu éternel, il lève les yeux vers le ciel et voit Abraham et Lazare. Il demande que Lazare trempe son doigt dans l'eau pour lui rafraîchir la langue. Mais Abraham déclare que c'est impossible :

« *Tu as reçu des biens pendant ta vie, Lazare n'a eu que des maux pendant la sienne. Il est maintenant consolé, et tu souffres. D'ailleurs, il y a entre nous et vous un abîme.* »

L'abîme hantait Blaise Pascal. Selon le témoignage un peu suspect de l'abbé Boileau, Pascal aurait été obsédé, hanté par la vision d'un abîme à sa gauche et aurait placé une chaise pour s'en garder. L'abîme, ce cône d'où sort une tête hideuse... Blaise Pascal y pensait-il lorsqu'il écrivit son *Traité des coniques* en 1639, à l'âge de seize ans ?

Rollinat écrivit en 1886 *l'Abîme,* suite de poèmes qu'on a tort de ne plus lire. Il sonde les principaux mobiles des humains, leurs fautes : orgueil, égoïsme, haine, envie... Ce n'est certes pas très gai, mais il y a là une force qui justifierait que l'on redécouvre ce poète oublié.

Ad augusta per angusta
(À des résultats glorieux par des voies étroites)

Tel est le mot de passe des conjurés, au quatrième acte d'*Hernani* (cf. *Per aspera ad astra,* locution ayant à peu près le même sens), pièce de Victor Hugo que le Théâtre-Français représenta en 1830.

La bataille d'*Hernani* reste l'exemple de l'affrontement des opinions esthétiques. Il s'agit pourtant d'une forte pièce, écrite par le plus grand poète de notre langue. Car Hugo, certes, écrase tout : romantique, certainement, mais précurseur de toutes les modernités, symboliste avant les symbolistes, parnassien avant ces derniers, rimbaldien avant Rimbaud, surréaliste d'après les surréalistes qui auraient tant aimé qu'il fût bête. Il agace, irrite, étonne. Depuis que son œuvre existe, il n'est pas de génération sans qu'un quelconque roquet tâche de lui mordre les mollets, sans qu'un écrivaillon, voire un écrivain légèrement au-dessous de lui, ne cherche à l'égratigner.

Car sa grandeur fait honte à ceux qui sont petits : de Valéry à Nimier en passant par Breton, tout le monde y va de son jappement. Mais personne ne peut égaler le grand Victor, rénovateur de la langue, juste parmi les justes, fou, devin, dessinateur halluciné, traversant son siècle illuminé par l'« étoile au front », ce troisième œil des poètes.

Hernani ? C'est la grandeur, le théâtre dans son plaisir, le spectacle, le poème et la liberté...

Doña Sol est aimée de don Carlos, du roi. Mais aussi de son oncle, Ruy Gomez, et du brigand Hernani. Le roi et le bandit se sauvent mutuellement et tour à tour la vie. Puis, un jour, don Carlos fait cerner Hernani qui ne s'échappe qu'à grand-peine. Doña Sol se croit abandonnée. Elle se résigne alors à épouser le vieux Ruy Gomez. Elle se laisse emmener chez lui.

Hernani l'y rejoint. Hélas, le vieux duc Ruy Gomez les surprend dans les bras l'un de l'autre. C'est alors que survient le roi, qui exige qu'on lui remette le proscrit. Ruy Gomez, cornélien, espagnol, hidalgo et hautain, refuse évidemment de trahir les lois de l'hospitalité. Hernani est sous sa protection, il ne le livrera pas. Le roi emmène doña Sol à la place d'Hernani. Dès lors, ce dernier n'a plus qu'un seul but : arracher son aimée à don Carlos.

À la suite d'une série de péripéties relativement malaisées à résumer, le roi, candidat à l'Empire, attend, à Aix-la-Chapelle, dans le caveau de Charlemagne, la décision des grands Électeurs pour savoir s'il régnera. Mais une conjuration, dans l'ombre, projette sa mort. Elle est conduite par Ruy Gomez et Hernani. Ce dernier doit même tuer Carlos. Lequel Carlos est élu et devient Charles Quint. Il sort du caveau. Ses soldats s'emparent des conjurés.

Hernani, arrêté, révèle sa véritable identité : il est Jean d'Aragon, duc de Ségorbe et Cardonna. Charles Quint pardonne à Hernani et l'unit à doña Sol.

Mais, comme il avait promis de se rendre à Ruy Gomez, Hernani doit tenir parole. Que faire ? Le plus simple reste évidemment de s'empoisonner avec doña Sol. Le duc n'a plus qu'à en faire autant.

Embrouillée, folle, obscure parfois, cette pièce joue avec humour des ingrédients des plus mauvais feuilletons. À la fois lisible au premier comme au second degré, elle est, à l'image d'Hugo, insaisissable, drame et farce, dérisoire et sérieuse. Il s'agit d'une des plus grandes pièces du répertoire.

Sa première représentation eut l'avantage de permettre à de jeunes crétins de cogner sur de vieux imbéciles qui le leur rendirent bien. Ce fut la célèbre « bataille d'Hernani ». La pièce choqua le bourgeois. Le bourgeois, depuis le temps qu'on le choque, devrait commencer à ne plus s'étonner de rien.

Hernani est une pièce inégale, impétueuse, forte, qui ne supporte, sur scène, dans la salle ou dans la vie, que le paroxysme. À tel point que, choc de Titans, Hugo et Verdi s'affrontèrent à propos de l'opéra que le second avait composé à partir de la pièce du premier. Hugo s'opposa à ce qu'on jouât cet opéra. Il fallut transformer Hernani en corsaire vénitien, Charles Quint devint un sénateur. Et doña Sol s'appela Elvire, comme tout le monde au théâtre, une de mes sœurs et la talentueuse Murail dans la vie. La pièce s'intitula *Il Proscritto,* et le tour fut, comme elle, joué.

Le public parisien put donc applaudir, le 6 janvier 1846, cette œuvre problématique. Hugo finit par autoriser l'opéra de Verdi sous sa forme originale. Sans doute le jugeait-il supérieur à l'*Hernani* désastreux qu'il avait demandé de composer au musicien Gabussi, ouvrage qui n'eut absolument aucun succès.

Admiror paries te non cecidisse ruinis
Qui tot scriptorum tædia sustineas

(Je suis surpris, ô mur, que tu ne te sois pas écroulé sous le poids insupportable de tant d'écrits)

Ce *graffito* inscrit sur un mur de Pompéi témoigne de l'ancienneté de l'habitude d'inscrire, de peindre ou de graver « sauvagement » sur les édifices. Ces dégradations, toutefois, peuvent nous être précieuses : toujours à Pompéi, les diverses inscriptions découvertes çà et là nous renseignent à propos de l'état de la langue latine à l'époque, comme sur sa prononciation. En effet, les « graffiteurs », généralement peu lettrés, transcrivaient phonétiquement ce qu'ils avaient à dire. Leurs écarts, leurs fautes, par rapport au latin de référence, permettent d'établir certains faits de l'évolution du latin parlé.

Les *graffiti* des latrines ressemblent à ceux que nous trouvons aujourd'hui en de tels lieux : *Nil novi sub sole* (cf. *infra*). Aussi ne les citerons-nous pas. Les dessins trouvés dans les casernes de gladiateurs montrent les armes, les costumes de ces combattants (cf. *Pollice verso*).

Le « poids des mots », selon la devise d'un hebdomadaire contemporain, a toujours intrigué : poids métaphorique, voire pesanteur plaisamment supposée. L'écriture peut-elle se peser ? Le nom même d'une des écritures médiévales semble répondre à cette question : l'*onciale* devrait son nom au fait que, pour en tracer les initiales ornées, il aurait fallu une once d'or. L'once étant le douzième de la livre (489 g environ, selon les époques).

Ce poids semble exagéré : quarante grammes d'or pour une lettre... Cependant la *Chronique de l'abbaye de Saint-Hubert* signale au IXe siècle des dégradations, des grattages de manuscrits montrant que la quantité de métal précieux utilisée pour les initiales ornées suffisait à engendrer la convoitise de certains. Cela dit, le nom d'onciale provient plus vraisemblablement du fait que chaque lettre de ce type occupe le douzième d'une colonne.

Source :
J. Stiennon, *Paléographie du Moyen Âge,* Paris, 1973 (réédition).

Ad usum Delphini
(À l'usage du Dauphin)

Cette expression concerne les éditions rigoureuses, soignées, mais expurgées, de textes classiques que le duc de Montausier, sur l'ordre de Louis XIV, fit établir pour le Dauphin. On enleva donc les passages crus, osés ou obscènes, quoique, pour certains auteurs, comme Martial, certains textes « libres » aient été rejetés en appendice à la fin des ouvrages. Par extension, *ad usum Delphini* se dit de tout livre expurgé, remanié, afin d'en ôter ce qui pourrait choquer.

En 1952, dans une collection dirigée par Maurice Nadeau, les Éditions Corréa publièrent *le Monde du sexe,* traduction de *The World of Sex* d'Henry Miller. La pudeur de l'époque voulut que les mots inconvenants fussent remplacés par leurs initiales, suivies, selon l'usage, d'un nombre de points correspondant à celui des lettres restantes du mot en question. La lecture est aisée lorsque l'on se trouve, par exemple, en présence d'un *c* suivi de deux points : le nombre d'interprétations possibles est alors restreint. Mais que dire de l'énoncé : « *Il en était d'autres que l'on accusait déjà de ....* » ? Que cachent ces trente-huit points ? La phrase concerne des jeunes filles précoces, mais ces points mystérieux ne nous renseignent guère quant à l'étendue de leur précocité. Ce livre est à peu près illisible, encore qu'il puisse stimuler l'imagination : ne sachant pas ce qu'elles font, nous pouvons supposer toute sorte de choses.

À propos de points, une anecdote court sur Diderot. Alors qu'il se trouvait à la cour de Russie, une aristocrate francophile et francophone lui aurait demandé ce que signifiait, dans certains ouvrages, la lettre *f,* suivie de cinq points. Diderot aurait répondu : « Madame, vous lisez *f* et vous passez outre... »

L'obscénité, l'érotisme ou la pornographie ne sont pas toujours les seules causes de censure, d'édition d'ouvrages *ad usum Delphini.* Ainsi Chompré déclare-t-il dans l'avertissement de son *Dictionnaire de la fable* (réédition de 1810 ; original, 1727) :

« *On sait que la Mythologie est un tissu d'imaginations bizarres [...] qu'enfin c'est un assemblage de contes misérables, la plupart dénués de vraisemblance et dignes de mépris. Mais on sait aussi que la connaissance de ces chimères poëtiques et payennes est absolument nécessaire pour entendre les Auteurs. Dans cette vue l'on a ici rassemblé, par ordre alphabétique, ce qu'il y a d'essentiel à savoir sur cette matière afin d'épargner aux jeunes gens la peine d'aller puiser dans des sources souvent empoisonnées, où, après une étude dangereuse et dégoûtante, il n'y a rien à gagner pour la raison et tout à perdre pour le cœur.* »

A. E. I. O. U.

Abréviation des mots latins *Austriae est imperare orbi universo,* ce qui signifie « il appartient à l'Autriche de régner sur l'Univers ». Le même sigle peut signifier la même chose en allemand : *Alles Erdreich ist Oestereich unterthan*.

Cette devise symbolique de la maison d'Autriche lui inspira des ardeurs belliqueuses et impérialistes qui ne furent pas du goût de tout le monde. L'Italie occupée, au XIXe siècle, répondit à cette abusive proclamation en écrivant sur les murs le nom d'un musicien : Verdi. Il s'agissait aussi d'un sigle qui signifiait *Vittorio Emmanuelle Re D'Italia,* ce qui voulait dire « Victor Emmanuel, roi d'Italie ».

Alea jacta est
(Le dé est jeté)

Phrase attribuée à Caius Julius Caesar par Caius Tranquillus Silentius Suétone (*César,* 32). Jules César prononça ces mots en franchissant le Rubicon à la tête de ses troupes, malgré la loi ordonnant à tout général de licencier son armée avant de passer cette rivière.

Cette dangereuse transgression, qui eut lieu en 49 av. J.-C., amena César au pouvoir. Le danger était grand, car l'armée puissante de Pompée faisait face. César, passant le Rubicon, dut connaître le grand frisson de l'incertitude, la sensation de suspense bien connue du joueur au moment où tout est encore possible, avant l'arrêt de la roulette, avant la chute du dé.

Alea, en latin, signifiait « dé », ou « jeu de dés » ; par extension, il désignait le sort, le hasard, etc. Le latin tardif lui a préféré *datum,* « ce qui est donné ». Le français en a fait le mot *dé.*

« *Un coup de dés jamais quand bien même lancé dans des circonstances éternelles* [...] *n'abolira* [...] *le hasard* », et, plus loin : « *toute pensée émet un coup de dés* », affirme Stéphane Mallarmé. Les dés jetés fascinent, même au risque de se perdre, tout peut arriver, tout arrive. Ainsi, au début du *Mahabharata,* le prince perd tous ses biens en jouant aux dés contre un démon : c'est le point de départ de l'épopée. L'antique passion des dés continua durant le Moyen Âge. Ce jeu fut tour à tour interdit et autorisé. Si l'on en croit ce poète, les dés ruinèrent Rutebeuf. Les déciers, ou fabricants de dés, étaient l'objet d'une surveillance spéciale. Concini, paraît-il, perdit en une soirée la somme de deux millions de francs-or, enjeu certes plus considérable que les modestes vêtements du Christ que jouèrent, au pied de la croix, des légionnaires romains (Matthieu XXVII, 35 ; Marc XV, 24 ; Luc XXIII, 34 ; Jean XIX, 24).

Avec trois dés, la probabilité de voir se réaliser un arrangement quelconque (par exemple, 421) s'écrit ainsi :

$$3 \text{ A } 1/6 = 3 \times 6!/(6-1)! = 3 \times 720/120.$$

Alea est à l'origine du mot aléatoire et l'on connaît maintenant la musique aléatoire, qui n'est pas si nouvelle puisqu'un jeu de société consistait, au XVIIIe siècle, à lancer des dés après avoir établi une correspondance entre les sons et les nombres de points obtenus, afin de « composer » un morceau de musique. Mozart, d'après certains, s'y livra parfois. Il ne restait plus qu'à mécaniser ce système.

Un mécanicien hollandais nommé Winckel s'y employa en 1820. Il construisit un mécanisme qui s'adaptait à un petit orgue. Ce mécanisme, baptisé *componium,* pouvait improviser à l'infini à partir d'un thème donné. Les variations ainsi obtenues ne se répétaient jamais. Le nombre possible de ces variations fut calculé : 14 513 461 557 741 527 824.

En supposant qu'il faille cinq minutes pour exécuter un morceau, il faudrait plus de 138 trillions d'années pour épuiser les variations dont il peut être la source.

L'invention de Winckel est évoquée par Raymond Roussel dans son roman *Locus solus,* ouvrage dans lequel il est dit qu'« en belge » le *componium* est « une machine à composer ».

Sources :
M. de Smedt, J. Varenne et Z. Bianu, *l'Esprit des jeux,* Paris, 1980 ; *Nouveau Larousse illustré*, Paris, 1898-1907.

Alma Mater
(Mère nourricière)

Ainsi désignait-on métaphoriquement la patrie à Rome. Les poètes latins usaient et abusaient de cette locution trop courante qui en devint un cliché.

Nous parlons parfois encore de la « mère patrie ». Ce type d'expression se retrouve dans les chants guerriers. Il n'en reste pas moins que le mot *patrie* dérive du mot *pater,* qui signifie « père ». Dès lors, la « mère patrie » est une mère quelque peu paternelle. Un véritable puriste y trouverait à redire si l'expression n'était pas trop ancienne pour qu'il puisse se rendre compte de cette bizarrerie.

On dit aussi *Alma Parens :* les deux expressions sont équivalentes. Après avoir désigné la terre natale, elles désignèrent d'abord l'Université de Paris, puis n'importe quelle université nourrissant l'étudiant du lait de sapience et de savoir.

Alma Mater est aussi le titre d'une chanson hilarante et niaise du grand Elvis Presley dont le talent, hélas, se relâcha parfois... (cf. **Quandoque bonus dormitat Homerus**).

Amant alterna Camenae
(Les Muses aiment les chants alternés)

Fin d'un vers de Virgile (*Églogues,* III, 59). La troisième *Églogue* (ou *Bucolique*) de Virgile nous offre un célèbre exemple de chant alterné, ou *amébée* (du grec *amoibaios,* alternatif) :

Damette et Ménalque, deux bergers, se défient au chant alterné. Damette propose une vache pour enjeu. Un troisième berger, Palémon, sert de juge. Ce défi poétique n'est pas sans rappeler celui du *Kalevala,* dans lequel le barde Vaïnamöinen est défié de la même manière (cf. *Genus irritabile vatum*).

Les Camènes *(Camenae)* étaient des nymphes romaines confondues avec les Muses grecques.

Les chants alternés, ou par « demandes et réponses », se retrouvent dans beaucoup de civilisations. Ils sont souvent religieux. Le rituel romain en comprend un grand nombre.

Victor Hugo, dans la célèbre Préface de *Cromwell,* fait une application amusante de cette phrase de Virgile, à propos de la tragédie classique :

« Quoi de plus invraisemblable et de plus absurde en effet que ce vestibule, ce péristyle, cette antichambre, lieux banals où nos tragédies ont la complaisance de se dérouler, où arrivent, on ne sait comment, les conspirateurs pour déclamer contre le tyran, le tyran pour déclamer contre les

conspirateurs, chacun à leur tour, comme s'ils s'étaient dit bucoliquement :
Alternis cantemus ; amant alterna Camenae. »

A. M. D. G.

Abréviation de *ad majorem Dei gloriam* (« Pour la plus grande gloire de Dieu »), devise de la Compagnie de Jésus. Les livres émanant de l'ordre des Jésuites ont généralement cette phrase pour épigraphe.

Cette devise a souvent été pastichée :

« *De tous les motifs auxquels paraît obéir l'esprit, il n'y en a jamais qu'un qui vaille et ce motif unique est toujours pris dans la liberté ; c'est la glorification du moi :* ad majorem mei gloriam. »

Pierre Leroux, cité par Larousse, *Flores latines,* op. cit.)

En 1791, au milieu de la tourmente révolutionnaire, naquit un journal d'opposition, pour la défense du trône et de l'autel, qui s'appelait *l'Apocalypse*. Il prit pour devise A. M. R. G., *Ad majorem regis gloriam* (Pour la plus grande gloire du roi).

Amicus Plato sed magis amica veritas
(J'aime Platon, mais plus encore la vérité)

Traduction d'une phrase d'Aristote (*Éthique à Nicomaque,* I, 4), qui avait eu Platon pour maître. Cette sentence devint un proverbe dont le sens s'oppose directement à l'énoncé : *Magister dixit* (cf. infra).

Aperto libro
(À livre ouvert)

On dit aussi : *Ad aperturam libri.* Cette locution s'appliquait, durant l'époque médiévale, à ceux qui sont capables, non seulement de déchiffrer, mais aussi de comprendre et d'interpréter un texte d'auteur ancien selon les quatre « sens » littéral, historique, éthique, anagogique.

« Parce que la publication des manuscrits se faisait sous forme de récitation, la culture qui en était issue était une conversation entre l'auteur et son public » déclare Marshall McLuhan. Lire *aperto libro* consistait d'abord à lire à haute et intelligente voix en une sorte de « récitation incantatoire ». Celui qui pouvait lire *aperto libro* avait appris à le faire avec un maître qui lui avait enseigné d'abord le sens littéral du texte, avec des commentaires sur la signification des mots, leurs formes grammaticales et leurs dérivations. Après quoi il fallait apprendre à dégager le sens historique du texte. Citons ici J. Leclercq : « Le mot *historia* ne désigne-t-il pas, tout d'abord, le passage de la Bible qu'on lit à l'office dans l'atmosphère de la prière ? » Ce sens historique n'est pas seulement anecdotique ou descriptif : il peut déborder sur le troisième sens de la lecture, à savoir le sens éthique ou moral. Le quatrième et dernier sens, le sens anagogique, est une interprétation du texte permettant de s'élever jusqu'a son sens spirituel ou mystique.

Lire *ad aperturam libri* consistait donc à éclaircir un texte parfois abstrus (qui demande une grande application d'esprit) ou abscons (dont le sens est caché).

De nos jours, ces deux expressions désignent généralement une lecture aisée, courante, d'un texte étranger au lecteur ou d'un code particulier, tel le solfège.

Le présent ouvrage peut se lire *aperto libro* puisqu'il présente à la fois les phrases anciennes et diverses interprétations de celles-ci. Il est une application légère, amusée, mais respectueuse de la méthode de dérivations, d'interprétations et d'associations d'idées qui avait cours durant les *lectio* médiévales. De façon plus modeste, il a été conçu en pensant à cette foule de commentaires perdus, nécessaires autrefois pour qu'une œuvre soit « une conversation entre l'auteur et son public ».

Sources :
M. McLuhan, *la galaxie Gutenberg,* Montréal, 1967 ;
J. Leclercq, *Initiation aux auteurs monastiques du Moyen Âge,* Paris, 1957.

Aquila non capit muscas
(L'aigle ne capture pas les mouches)

Ce proverbe péremptoire, mais un peu niais, signifie qu'un homme supérieur ne s'occupe pas de petites choses, de ce qui est au-dessous de lui. On sait que Rockefeller comptait chaque centime, que le banquier Laffite dut sa fortune au fait d'avoir ramassé une épingle (si l'on en croit l'anecdote) et que tout un chacun pouvait aller demander justice au roi Louis IX en personne.

Ces exemples ne suffisent pas à certains puisque Philippe-Omer Pétain, lorsqu'on lui posa la question de savoir s'il fallait céder aux pressions allemandes et livrer les aérodromes syriens à la Luftwaffe, répondit : « Un maréchal ne s'occupe pas de corvées de quartier. » Cette réponse constitue un traduction libre, mais juste d'*aquila non capit muscas,* et surtout de la locution souvent employée dans les mêmes circonstances : *De minimis non curat praetor* (« le prêteur ne s'occupe pas de petites affaires »). Mais ne faut-il pas une certaine petitesse pour être imbu à ce point de sa propre grandeur ?

Source :
Jean Galtier-Boissière, *Tradition de trahison chez les maréchaux,* Paris, 1945.

Argumentum baculinum
(L'argument du bâton)

La raison du plus fort est toujours la meilleure : pour clore une discussion lorsqu'on est à court d'arguments, ne suffit-il pas de donner des coups de bâton ? Ainsi en use Sganarelle envers Marphurius dans *le Mariage forcé* de Molière. Ainsi en usent généralement les gens dont l'esprit manque autant de subtilité que les bras possèdent de vigueur, ainsi subsistent certaines factions...

À la fin du XVe siècle, en Lombardie, un cordelier un peu bêta ne sut plus quoi répondre à un professeur de théologie qui argumentait contre l'Immaculée Conception de la Vierge. Le cordelier avait tort : l'Immaculée Conception n'était alors pas un dogme. Elle fut promulguée par Pie IX le 8 décembre 1854 dans la bulle *Ineffabilis*. Auparavant, l'Immaculée Conception n'avait rien d'officiel ni de strictement catholique. À certaines époques c'eût même été une hérésie.

Le cordelier, cependant, ne l'entendait pas ainsi. Il saisit le maître de théologie pour lui administrer une fessée à fesses nues, car le maître ne portait évidemment pas de caleçon, comme le préconisaient les règles de bien des ordres monastiques : « comme ce maître avait parlé contre le tabernacle de Dieu, il se mit à le frapper sur ses tabernacles carrés » (ses fesses).

Sources :
J.-C. Bologne, *Histoire de la pudeur*, Paris, 1986 ;
Du Cange, *Glossarium mediae et infimae latinis*, Paris, 1840-1856 ;
Mariale eximii viri Bernardini de Busti Ordinis Seraphici francisci, Hagenaw, 1506, cité par J.-C. Bologne.

Asinus asinum fricat
(L'âne frotte l'âne)

Ce proverbe latin se gausse des personnes qui s'adressent mutuellement des compliments outrés. Dans *les Femmes savantes,* Molière nous montre Vadius et Trissotin se couvrant ainsi d'abusives louanges.

Molière, sans doute, connaissait bien Érasme qui, dans son *Éloge de la folie,* déclare :

« *Rien n'est plus plaisant que de voir des ânes s'entregratter soit par des vers, soit par des éloges qu'ils s'adressent sans pudeur.* « *Vous surpassez Alcée, dit l'un. – Et vous Callimaque, dit l'autre. – Vous éclipsez l'orateur romain. – Et vous, vous effacez le divin Platon.* »

Alcée était un poète grec né à Lesbos au début du VIIe siècle av. J.-C. Inventeur du vers *alcaïque*. Ce vers ïambique, c'est-à-dire composé de séquences comprenant une syllabe brève suivie d'une longue, était *hendécasyllabique* (c'est-à-dire qu'il comprenait onze syllabes). Sa régularité s'interrompait au quatrième pied obligatoirement anapestique (deux syllabes brèves suivies d'une longue). Les poètes latins commençaient toujours ce type de vers par un *spondée* (deux syllabes longues). Alcée célébra l'aristocratie et couvrit de sarcasmes le parti démocratique. Auteur bien oublié, il se trouve en compagnie de Callimaque dans la grande famille des poètes anciens que le temps a rendus obscurs. Callimaque, grammairien et poète d'Alexandrie, fut le bibliothécaire de Ptolémée Philadelphe durant le IIIe siècle d'avant notre ère. Sa poésie savante n'est guère lue de nos jours.

Ces deux auteurs, quoique connus des érudits à l'époque d'Érasme, n'en restaient pas moins des poètes mineurs. Il y a donc dans l'*Éloge de la folie* un effet d'humour et de gradation puisque l'on s'élève ensuite jusqu'à Platon.

Combien d'ouvrages, combien d'auteurs subissent le sort de Callimaque et d'Alcée ? *Habent sua fata libelli* et *Sic transit gloria mundi*... (cf. *infra*)

Asinus in tegulis
(Un âne sur le toit)

Cet adage latin sert à désigner toute chose étrange ou incongrue. Curieusement, les toits des maisons sont souvent le support d'objets les plus extraordinaires lorsqu'on veut évoquer l'absurde. En dehors d'un âne, on y peut trouver un violon, ou encore le compagnon de l'âne de la Nativité, le bœuf, ce bœuf vit effectivement naître le début d'une ère nouvelle.

Lieu d'une certaine conscience de l'absurde, le *Bœuf sur le toit* fut d'abord un bar, un dancing de la rue Duphot qu'ouvrit Louis Moysès, venu de Charleville. Le premier nom de cet établissement fut *le Gaya*, à cause d'un porto de la région de Gaya qu'on y débitait. Jean Wiéner y devint pianiste et y joua toute sorte de musiques, particulièrement du jazz, et même le *Pierrot lunaire* de Schönberg, qui avait, à l'époque, de quoi choquer, d'autant plus que son auteur était autrichien.

Ce bar devint le lieu de rencontre de tout ce qui comptait alors à Paris dans le domaine des arts : Picasso, Gide, Diaghilev, Misia Sert, Ravel, Erik Satie, Picabia, Mistinguett, Fernand Léger, qui demanda à Wiéner de lui jouer un air encore nouveau : *Saint Louis Blues.* Arthur Rubinstein remplaça quelquefois Wiéner pour jouer Chopin. Léon-Paul Fargue, Jean Cocteau y côtoyaient le groupe des Six. Bref, tout un esprit nouveau naquit là.

Tristan Tzara, le père du dadaïsme, fréquenta *le Gaya.* Cependant, ses héritiers, les surréalistes, plus sectaires, moins ouverts aux réelles nouveautés, bien souvent imperméables à la musique, boudèrent généralement ce lieu, préférant *le Certa,* un autre bar près de l'Opéra.

En 1919, Jean Cocteau voulut écrire une farce pour faire suite à *Parade,* d'Erik Satie. Il entendit Georges Auric et Darius Milhaud jouer à quatre mains un enchaînement de sambas et de rumbas, une pièce qui devait s'appeler *Cinéma-Symphonie* dans laquelle se mélangeaient des rythmes nouveaux importés du Brésil. Milhaud changea le titre de cette œuvre pour *le Bœuf sur le toit,* bien qu'il se fût agi là du titre d'une chanson brésilienne préexistante. L'œuvre ainsi intitulée eut un sous-titre, *The Nothing Doing Bar,* puisque Cocteau voulait écrire une farce « où il ne se passerait rien ». La première de ce spectacle eut lieu à la Comédie des Champs-Élysées, le 21 février 1920. Les décors et les costumes étaient de Raoul Dufy.

Le bruit, l'agitation faits autour du *Gaya* contraignirent Moysès à déménager. Il ouvrit un nouvel établissement rue Boissy-d'Anglas, qu'il nomma tout simplement *le Bœuf sur le toit.* L'esprit nouveau continua de régner tandis que la renommée du bar se répandait. Clément Doucet, qui allait ensuite jouer avec Wiéner, le remplaça au piano.

Le 15 juillet 1922, Jean Hugo et René Crevel firent venir Marcel Proust au *Bœuf sur le toit.* Il y rencontra donc les fameux « valseurs bolchevisants » dont il parle dans *la Recherche.* C'est là aussi qu'il fit la connaissance de Radiguet.

Qu'il s'y trouve des ânes, des bœufs ou de simples chats de gouttière, les toits sont décidément des lieux où il se passe toujours quelque chose. Il y a souvent quelqu'un pour dire que ce qu'il y advient est absurde.

Sources :
Souvenirs personnels de Germaine Tailleferre racontés à l'auteur.
Au temps du « Bœuf sur le toit », Artcurial, Paris, 1981. Ouvrage rédigé pour une exposition.

A. U. C.

Abréviation des mots : *Ab urbe condita* (cf. *supra*).

Audaces fortuna juvat
(La fortune sourit aux audacieux)

Cet hémistiche est fautif. Il est une mauvaise citation de Virgile (*Énéide,* X, 283) qui écrivit : *Audentes fortuna juvat.*

L'erreur est sans doute délibérée. En effet, *audax,* en latin, est, presque toujours pris en mauvaise part.

Cicéron écrit *sceleratissimus et audacissimus* (*Verrines*, 4, 111), ce qui se passe assez bien de traduction. *Audens* ne porte pas cette péjoration. Ce dernier mot désigne une hardiesse noble, voire un héroïsme. Il y a donc dans la forme *audaces fortuna juvat* une nuance ajoutée volontairement au texte original pour en rendre l'esprit quelque peu sarcastique.

Cette phrase de Virgile est-elle vouée à l'approximation ? Est-il écrit qu'elle sera toujours la proie d'une erreur ? En attendant, son application :

« *Le succès fut toujours un enfant de l'audace* »

reste le plus souvent attribuée à Voltaire. Elle est en réalité de Prosper Jolyot de Crébillon (1674-1762), plus connu sous le nom de Crébillon père qui l'écrivit dans sa pièce *Catilina* (1748). Crébillon père aimait que la terreur fût le ressort dramatique de ses pièces. Il eut donc l'audace de déclarer :

« *Corneille avait pris le Ciel, Racine, la Terre, il ne me restait plus que l'Enfer.* »

Les pièces de Crébillon père eurent du succès, ce qui montre qu'effectivement *audentes (audaces ?) fortuna juvat*. L'audace continua avec son fils, Claude-Prosper, dit évidemment Crébillon fils, qui rédigea de très élégants contes licencieux, ce qui ne l'empêcha guère de devenir censeur royal, chargé, donc, de veiller sur la moralité des écrits d'autrui. « *De l'audace, encore de l'audace, toujours de l'audace* », dit Danton, en des circonstances plus graves, il est vrai. Les Crébillon n'en manquaient pas.

Aurea mediocritas
(Médiocrité dorée)

Horace (*Odes*, II, 10, 5) vante ici les avantages de l'aisance, d'une médiocrité se suffisant à elle-même. Toutes les civilisations souffrirent ainsi de connaître

A des citoyens replets, notables sans audace se contentant d'une vie plate mais confortable, ne nuisant à personne mais ne servant pas à grand-chose. Ce manque d'envergure séduit encore beaucoup de nos contemporains. Elle conduit à une sorte d'aporie morale, sociale et politique qui mène immanquablement vers de graves désordres.

Auri sacra fames
(Exécrable faim de l'or)

Virgile (*Énéide*, III, 57) s'insurge ici contre ceux qui ne pensent qu'aux biens matériels. Sans doute a-t-il raison, encore que ceux qui ne pensent qu'aux biens de l'esprit soient souvent plus dangereux. Ces derniers ont trop fréquemment l'habitude de vouloir convaincre les autres à n'importe quel prix, fût-il sanglant.

L'or affûtait la faim des Romains. Il aiguise aujourd'hui notre soif ; nous dirions plus volontiers « *exécrable soif de l'or* ». Toutefois, la faim est mauvaise conseillère. Elle rend sourd, puisque « ventre affamé n'a pas d'oreille ». Vaut-il mieux avoir faim ou avoir soif ?

Les Français, qui ont porté au plus haut point l'art de la vinification hérité des Romains et des Grecs, choisissent sans hésitation la faim comme moindre mal : *O tempora, O mores* (cf. *infra*). Ce n'est certes pas Alphonse Allais qui nous contredira, puisqu'il écrit dans son recueil intitulé *Rose et vert-pomme* :

« *La soif de l'or – auri sacra fames – est devenue tellement impérieuse au jour d'aujourd'hui, que beaucoup de gens n'hésitent pas, pour se procurer des sommes, à employer le meurtre, la félonie, parfois même l'indélicatesse.* »

Aut Cesar aut nihil
(Ou César ou rien)

Devise attribuée à César Borgia. Ces mots servent à tous les ambitieux. Cependant, notons que la phrase exacte est bien *aut Cesar aut nihil* et non *aut Caesar aut nihil,* ce qui aurait voulu dire « ou empereur ou rien ». César Borgia voulait donc être lui-même. Aussi ne devint-il pas empereur, mais pape.

Autobi passebant completi
(Les autobus passaient complets)

Bel exemple du latin contemporain, cette phrase, tirée des *Exercices de style,* que Raymond Queneau publia en 1947, sera pour nous l'occasion d'explorer l'aventure des transports en commun.

L'idée de voitures publiques circulant dans Paris en suivant un itinéraire fixe est due à Blaise Pascal. Le duc de Rouannez, intéressé, obtint un privilège et les fameux « carrosses à cinq sols » joignirent divers points de la capitale. Ces voitures, cependant, trop lourdes et malcommodes n'eurent pas le succès escompté : leur mise en service eut lieu le 18 mars 1672. En 1678, leur aventure avait déjà cessé.

Stanislas Baudry, né en 1777, ancien chirurgien militaire, acheta une minoterie à Nantes. Il y fit fonctionner la première machine à vapeur de la région. Économe, Baudry chercha un moyen d'utiliser l'eau bouillante produite par cette machine. Il créa donc des bains publics en annexe de sa minoterie. Cette dernière, hélas, se trouvait éloignée du centre de la ville. Baudry créa donc un service de transports partant de la place du Port-aux-Vins, aujourd'hui place du Commerce, pour amener ses clients jusqu'à son établissement.

Bientôt, il constata que les voitures arrivaient pleines et repartaient pleines sans qu'augmentât la clientèle des bains. Baudry supprima les bains et maintint l'entreprise de transports.

Ainsi, Baudry inventa l'*omnibus*. Il le fit d'abord se mouvoir à Nantes et à Bordeaux, puis, en 1828, à Paris. Bientôt, de nombreuses compagnies se livrèrent une concurrence effrénée. Rêvons un peu à propos des noms qu'elles portaient : les *Dames blanches,* les *Orléanaises, Favorites, Gazelles, Batignollaises, Béarnaises* et autres *Excellentes, Hirondelles* et *Constantines*... Le tout fut réuni en 1855 pour former la moins joliment nommée *Compagnie générale des omnibus.*

Baudry avait donné le nom d'*omnibus,* ou plutôt de *voitures omnibus,* à ces véhicules, peut-être à cause d'un chapelier, M. Omnès, dont la boutique nantaise se trouvait proche de l'arrêt des véhicules de Baudry. Ce chapelier latinisant avait pour devise : *Omnès omnibus* (« Omnès pour tous »). De toute façon, le nom *omnibus* correspondait parfaitement aux voitures en question.

Omnibus est le datif pluriel du mot *omnis,* qui veut dire *tout* ou *tous*. *Voiture omnibus* signifie donc « voiture pour tous ». La langue étant ce qu'elle est, le nom *omnibus* s'abrégea par apocope en *bus.* Cette modeste désinence latine devint un suffixe signifiant « véhicule de transport en commun ». De ce fait naquirent les composés *autobus, aérobus*, etc. L'*autobus,* curieux mélange d'un préfixe d'origine grecque et d'une terminaison latine, fut lui ausi abrégé en *bus,* tout court. Ce suffixe est aujourd'hui couramment employé comme substantif : on prend tout simplement le *bus.*

Baudry ne devait pas bien gérer son affaire. Engagé, de plus, dans certaines spéculations hasardeuses sur les terrains de Passy, il éprouva de sérieuses difficultés financières. Désespéré, Stanislas Baudry se suicida en février 1830, juste en face de ses écuries, quai de Jemmapes à Paris. Avant de tomber à l'eau, il se tira une balle dans la tête. Ainsi périt un homme sans lequel nos villes n'auraient pas le même visage.

Source :
Roger-Henri Guerrand, « De l'omnibus à l'autobus... », *l'Histoire,* n° 81, septembre 1985.

Ave Caesar, morituri te salutant
(Salut César, ceux qui vont mourir te saluent)

Cette phrase, citée par Suétone (*Claudius,* 21) était prononcée par les gladiateurs romains, alors qu'ils défilaient devant la loge impériale, juste avant de se battre.

Les combats de gladiateurs passionnèrent les Romains (cf. infra : *Pollice verso*) et bien peu d'entre eux s'élevèrent contre ces spectacles que nous jugeons inhumains, mais qui, alors, étaient une fête. Sénèque protesta, déclara que ces esclaves étaient des hommes : *Servi sunt hominnes...*

Pour retrouver cette dignité humaine perdue, un gladiateur se leva : Spartacus. Il défia Rome et fut peut-être le grand crucifié de la liberté.

Berger thrace vigoureux, Spartacus fut d'abord auxiliaire dans l'armée romaine. Sans doute ne supportait-il pas cette discipline, puisqu'il déserta. Il fut repris, asservi et réservé pour la gladiature. Il se révolta, s'évada en compagnie de soixante-treize autres gladiateurs. Cette troupe vola des armes, dispersa les soldats de Capoue et se retrancha sur le Vésuve.

Des milliers d'esclaves vinrent se joindre au petit groupe formé par Spartacus. Ce fut bientôt une armée qui réussit à vaincre celle du général Claudius Glaber. Spartacus voulait entraîner les esclaves loin d'Italie, sachant ses victoires précaires. Il pensait qu'une fois hors de l'Empire romain chacun pourrait regagner sa patrie.

A L'essentiel des armées de Rome se trouvait engagé au loin, en Orient ou en Espagne. C'est pourquoi Spartacus put tenir tête à Rome. Mais, lorsque l'armée de Crassus le Riche revint, elle écrasa la révolte et Spartacus fut pris et crucifié, à moins qu'il ne mourût au combat : les opinions divergent sur ce point. Il mourut en 71 av. J.-C.

L'armée de Pompée, en revenant d'Espagne, tua 5 000 esclaves rescapés, tandis que Crassus en fit crucifier 6 000 sur la route menant de Capoue à Rome.

Symbolisant l'esprit de liberté, Spartacus donna son nom au mouvement spartakiste, socialiste et pacifique, autour de 1918.

Sources :
Plutarque, *Vies parallèles* (« Vie de Crassus ») ;
H. Wallon, *Histoire de l'esclavage dans l'Antiquité*, Paris, 1879.

B

Beati monoculi in terra cæcorum
(Les borgnes sont heureux au pays des aveugles)

Ce proverbe latin reste à peu près identique en notre langue : nous disons aujourd'hui : « *Au pays des aveugles, les borgnes sont rois.* » Cela nous semble évident, n'est-ce-pas ? Et pourtant...

Qu'est-il arrivé à Gulliver, au tout début de son atterrissage à Lilliput ? Les habitants ont commencé par l'entraver. Un être différent dans une société donnée pose problème quelle que soit sa différence. Le problème se résout généralement par la disparition de l'individu, ou de la communauté, disparate.

Aussi, en imaginant l'arrivée d'un borgne dans un pays d'aveugles, il se pourrait bien que ces derniers se liguent afin d'emprisonner, de torturer, de tuer ce malheureux borgne. Celui-ci succombera peut-être sous les coups d'une foule hargneuse. Ou alors la justice, ses pompes et ses œuvres se chargeront de l'occire, en suivant scrupuleusement les lois, les décrets, la jurisprudence et la procédure en vigueur. À moins que des membres d'un parti d'extrême droite ne l'assassinent tout simplement.

Ainsi notre borgne comprendra-t-il, avant de rendre son dernier soupir, combien il est coupable d'être scandaleusement « pas comme les autres ». Et cela spécialement lorsqu'on voit mieux et plus loin que ces derniers. Aura-t-il le temps, avant d'expirer, de méditer la phrase *beati monoculi in terra cæcorum ?*

Notre langue n'a pas gardé le mot latin *monoculus* pour désigner celui qui n'a qu'un œil. Ce substantif latin de basse époque et composé de grec fut choisi vers 1671 par le père Chérubin, opticien et physicien, pour désigner une lunette pour un œil. Le substantif français *borgne* date du XIIe siècle et signifia parfois « louche », en ancien français, et « aveugle », dans certains patois. Son étymologie est pour le moins complexe. Il pourrait venir d'un mot germanique, comme l'allemand *brunnen*. Mais on propose aussi un étymon gaulois reconstitué, **borna,* qui aurait eu à la fois deux origines et deux sens différents. L'un représenterait le latin *forare,* qui aurait fourni un adjectif **bornio* : « à qui l'on a crevé les yeux ». L'autre serait tiré d'un radical indo-européen **bher* signifiant sourdre, jaillir, en parlant de l'eau, qui aurait été à l'origine de *borne,* au sens de fontaine. (Les astérisques placés devant les mots ci-dessus indiquent que ces formes ne sont pas attestées, qu'elles ont été reconstituées par les philologues.)

Beati pauperes spiritu
(Bienheureux les pauvres en esprit)

Ainsi s'exprime le Christ au début du Sermon sur la montagne (*Évangile* de Matthieu, V, 3). L'occasion était trop belle pour que les sarcastiques de tout poil résistassent à la tentation de plaisanter : les « pauvres en esprit » devinrent les « pauvres d'esprit », puis les simples d'esprit, pour en arriver enfin aux « imbéciles heureux ». Rappelons ici que le substantif dépréciatif *crétin* vient du mot *chrétien* (cf. *Flagitia cohærentia nomini*) dont on usa pour se moquer des fidèles du Christ. Est-il vrai que « *le propre du génie est de fournir des idées aux crétins* », comme le déclare Aragon dans son *Traité du style* ?

Beati possidentes
(Heureux ceux qui possèdent)

Adage latin que Bismarck, paraît-il, affectionnait. Formellement, cette phrase paraît s'opposer à *Beati pauperes spiritu.* Cependant, rien ne semble empêcher que l'on soit riche et néammoins pauvre en esprit. On est alors doublement heureux. De même, il existe certainement des pauvres d'esprit, des imbéciles heureux, tout à fait fortunés. On peut aussi être riche en esprit et miséreux, mais c'est à déconseiller. Être à la fois riche en esprit et riche matériellement comporte toutefois certains avantages.

Bella matribus detestata
(Les guerres, dont les mères ont horreur)

Expression d'Horace (*Odes*, I, 1, 24, 25). « *Dieu que la guerre est jolie* », disait Guillaume Apollinaire. La guerre est une des passions les plus anciennes. Elle plaît aux gouvernants, aux hommes politiques, aux militaires, aux imbéciles. Elle déplaît aux êtres humains, mais ça n'a pas beaucoup d'importance.

Auguste Barbier (1805-1882), poète au style « vigoureux jusqu'à la crudité », sorte de Courbet de la poésie, est bien oublié aujourd'hui. C'est pourtant lui qui remit à l'honneur le rythme ïambique et choqua le bourgeois par sa « verve chaude et bourbeuse » et ses « déclarations rauques et débraillées », selon les jugements de son temps auxquels il répondit par ces mots :

> *C'est que la liberté n'est pas une comtesse*
> *Du noble faubourg Saint-Germain.*
>
> (*Ïambes et Poèmes*, 1831.)

Porté par le généreux souffle de juillet 1830, il écrivit ce vers à propos de l'immonde colonne Vendôme :

> *Ce bronze que jamais ne regardent les mères.*

Ce qui n'empêche pas l'opinion du sinistre Joseph de Maistre :

La guerre est donc divine puisque c'est une loi du monde.

Cette déclaration condense au plus haut point l'esprit rétrograde. D'abord, elle glorifie la guerre, ce qui n'est déjà pas mal. Ensuite, elle sous-entend qu'on doit se soumettre aux lois du monde. Or, toute activité humaine consiste à les détourner, à les violer, à les subvertir, à tâcher de ne pas les subir, ou, du moins, à éviter d'en subir les inconvénients. Cette sainte révolte est sans doute ce qui nous distingue le plus des animaux. Ce « refus d'obtempérer » nous fait « voleurs de feu », insoumis, fils de Prométhée, et c'est ainsi que le progrès technique vainc la pesanteur, que les lois corrigent les inégalités naturelles, que la gastronomie sublime le besoin de se nourrir et que l'érotisme magnifie les ordinaires fonctions de reproduction de l'espèce...

À l'époque gallo-romaine, la paix dura sans doute un certain temps, puisque le mot latin *bellum,* désignant la guerre, n'a pas pris en français. Ce mot a disparu avec l'organisation militaire romaine. Les invasions germaniques nous apportèrent à la fois le mot *werra, et la chose elle-même. *Werra est à l'origine de *war* en anglais, de *guerra* en espagnol et dans d'autres langues.

Hélas ! la guerre demeure. Le désir de meurtre collectif n'a pas encore trouvé sa sublimation. On interdit tout érotisme dans les spectacles pour les jeunes, mais on autorise les scènes bien saignantes de massacres et de combats.

Allons, laissons ce sujet : les armées recrutent, il y a encore des jeunes gens qui veulent se faire militaires. La psychiatrie moderne n'a pas encore trouvé de remède à cette dangereuse névrose. Ce désastre continue. Laissons la parole à Victor Hugo, pour ce beau quatrain tiré des *Chansons des rues et des bois* :

> *Depuis six mille ans, la guerre*
> *Plaît aux peuples querelleurs,*
> *Et Dieu perd son temps à faire*
> *Les étoiles et les fleurs.*

Bertha rosas, Heotrud violas dat
(Berthe donne des roses, Heotrud des violettes)

Phrase tirée d'un poème de Théodulphe, évêque d'Orléans, abbé de Fleury-sur-Loire. Il fut l'un des fameux *missi dominici* et alla réformer l'administration dans la Narbonnaise et l'Aquitaine. Charlemagne avait fondé une sorte d'académie littéraire dans laquelle lui et ses proches prirent des surnoms illustres : Angilbert était Homère ; Théodulphe d'Orléans, Pindare ; Eginard, Bazaleel, Alcuin, Flaccus ; et, naturellement, Charlemagne ne put que choisir le pseudonyme d'un roi poète : il fut David.

L'amusante « scène de genre » évoquée ici représente l'empereur faisant sauter sur ses genoux ses deux fils, tandis que ses filles lui apportent des fleurs. Toutefois, elle n'est pas tout à fait aussi innocente qu'elle en a l'air :

« *S'il s'assied, que ses filles incomparables lui donnent leurs cadeaux au milieu d'embrassements ardents et que l'objet de sa tendresse et de son amour lui en donne aussi. Que Berthe lui donne des roses, Heotrud des violettes, Gisla des lys. Que chacune lui apporte ses présents de nectar et d'ambroisie, Heotrud des pommes, Hiltrud les dons de Cérès, Théodrade ceux de Bacchus. Que d'aspects différents ! Mais c'est la même beauté en toutes. C'est l'éclat des pierres précieuses chez l'une, la splendeur de l'or chez l'autre [...]. C'est la disposition d'une fibule et l'ornement d'un bandeau. C'est la parure d'un bracelet ou l'agrément d'un collier. Telle est revêtue d'une robe gris-fer, telle autre se vêt de jaune safran ; telle porte un « soutien-gorge » blanc comme le lait, telle autre un rouge. Qu'elles fassent au roi la faveur de tendres propos ou de leurs rires, qu'elles charment leur père par leur démarche ou leur plaisanterie. Que si la très sainte sœur du roi se trouve là, elle donne de doux baisers à son frère et réciproquement. Mais qu'elle reste calme et modère ses joies pour garder dans son cœur celles que lui donne l'époux éternel.* »

Théodulphe, ici, montre assez bien le regard que Charlemagne pouvait poser sur les femmes. Les rumeurs d'incestes, autour de la personne de l'empereur, circulèrent : Gisla (ou Gisèle, selon la forme moderne du prénom) aurait été la mère de Roland, le prétendu « neveu » de Charlemagne, c'est du moins ce que raconte une *Vie de saint Gilles* du Xe siècle, puisque ce saint aurait reçu une étrange et peu canonique « demi-confession » de Charlemagne qui, parlant à mots couverts, n'aurait pas osé nommer le crime affreux d'inceste tout en l'avouant.

Un poème scandinave, la *Karlamagnus Saga,* du XIIIe siècle prend moins de précautions : rédigée pour un auditoire à peine christianisé, pour un roi polygame, Haakon de Norvège, elle raconte carrément les amours de Gisla et de Charlemagne, et mentionne que le fruit de cette union fut Roland... ce qui semble improbable puisque Gisla n'aurait eu que neuf ans à la naissance présumée de Roland, lequel serait mort à Roncevaux vers l'âge de... douze ans. En attendant, Théodulphe, comme on le voit, recommande à Gisla de modérer ses transports.

L'inceste, dans le cas de Charlemagne, est plutôt une réminiscence païenne de polygamie endogame : les femmes n'héritant pas de leur belle-famille, il n'y avait aucun intérêt à les marier à l'extérieur. En revanche, le patrimoine revenait à parts égales aux fils et aux filles. L'endogamie servait à ne pas disperser le domaine familial.

L'Église chercha d'abord à combattre la polygamie, puis élargit la notion d'inceste pour éviter qu'un homme puisse épouser sa belle-sœur, ou la veuve de son frère, de son oncle, ou encore sa nièce.

L'affection de Charlemagne pour ses filles, en tout cas, restait un peu exclusive, voire abusive ; Eginhard nous raconte qu'il voulait les garder près de lui, refusant de les donner en mariage à qui que ce fût. La pauvre Berthe en était réduite à recevoir son amant, Angilbert, à la chapelle. Elle l'y emmenait en le portant sur son dos, de telle sorte qu'on ne voyait, dans la neige, que les seules empreintes de ses pas... Bref, il y eut quelques scandales dus à l'affectivité débordante de l'empereur.

Source :
Eginhard, *Vie de Charlemagne,* édition et traduction de Louis Halphen, Paris, 1923

Bis repetita placent
(Les choses répétées, redemandées, plaisent)

Aphorisme tiré d'un vers d'Horace (*Art poétique,* 365) dont le texte exact est : *Haec decies repetita placebit.* Telle œuvre ne plaira qu'une fois, tandis qu'une autre pourra plaire encore et encore... Ainsi en est-il des contes traditionnels qu'on imagine dits et redits à la veillée, traversant les générations, fondant une culture et la ravivant à chaque fois, renforçant la cohésion du groupe social et transmettant un certain type de valeurs.

Ainsi en est-il des histoires que l'on raconte aux enfants, le soir, avant qu'ils dorment et dont ils ne tolèrent aucune variation, aucun changement. La tradition orale, faite de répétitions, de rituels narratifs, de formules, instaure ainsi des cérémonies à peu près immuables.

Se pose, de ce fait, le problème de la nouveauté. Les mélomanes, en ce sens, sont souvent pires que les amateurs de théâtre ou de littérature. Habitués aux sempiternelles résolutions et cadences de la musique dite « classique » (et encore mettent-ils tout sous ce nom : musique ancienne, baroque, romantique, etc.), ils ne peuvent envisager autre chose et cultivent ainsi une écoute sélective, une partielle surdité. Heureusement, le monde est de plus en plus éclectique et apparaissent des auditeurs gourmands, allant tranquillement de Mozart au free-jazz, en passant par le raga ou les taksim et sachant y trouver ce pour quoi la musique est faite : le plaisir. Ce qui n'empêche pas un attachement préférentiel à certaines formes qui leur plaisent plus particulièrement.

Pour la littérature, c'est pareil. Voit-on une forme un peu inhabituelle ? On cherche d'abord si « Ça a déjà été fait » pour dénigrer. Cela pour bien vite retourner à la « belle écriture » utilisant une langue « pure » et une intrigue « bien ficelée ». Sinistres répétitions d'œuvres identiques menant aux grands prix littéraires, lesquels encouragent ce type de productions « bien léchées », académiques, le tout construisant le pompiérisme actuel. Ainsi, un comité de lecture s'est permis de dire à Philippe Djian : « *Vous vous placez délibérément en dehors de la littérature...* » Pauvres gens ! le monde se fait sans eux, loin de leur inaptitude à la jubilation... Le plus grave, c'est qu'ils n'ont pas leur place dans un comité de lecture : ils usurpent en démontrant ainsi leur manque de vraie culture, c'est-à-dire de curiosité gourmande.

Bonum vinum lætificat cor hominis
(Le bon vin réjouit le cœur de l'homme)

Proverbe tiré de la Bible (*Ecclésiastique*, XL, 20) et dont le texte exact est : *Vinum et musica laetificant cor*. La phrase est complétée par : « *et plus que tous les deux, l'amour de la sagesse* ». L'Ecclésiastique, l'un des livres de sagesse de l'Ancien Testament, est un texte juif préchrétien. Son véritable titre est *Livre de sagesse de Jésus, fils de Schirach* ou *Ben Sira*. Ce livre vient probablement d'un milieu juif très hellénisé. L'importance des banquets, l'idée d'un « salut par la connaissance » rattachent cet ouvrage à la gnose. Et, comme tout ce qui cherche la connaissance, quelle qu'elle soit, l'Ecclésiastique, dans son éloge de la sagesse, et de ce que nous appellerions aujourd'hui la culture, est habité par une intense et sous-jacente jubilation.

En cela, il s'oppose à l'Ecclésiaste, livre lui aussi teinté de culture hellénistique, pour qui tout est vanité, ou plus exactement *hébèl,* néant. L'Ecclésiaste ressemble aux diatribes, genre littéraire des cyniques et des stoïciens utilisé pour exposer dialectiquement leurs idées. C'est une œuvre marquée par un certain épicurisme, mais un véritable épicurisme, totalement sinistre, tout à fait opposé à ce que le langage courant appelle aujourd'hui de ce nom et qui conviendrait plus à l'Ecclésiastique.

L'Ecclésiastique est considéré comme un « apocryphe » de l'Ancien Testament » par les juifs et les protestants. Un livre « apocryphe » n'est pas forcément un livre hérétique : il s'agit parfois, au contraire, d'un ouvrage « inspiré » mais qui, pour diverses raisons doctrinales, ne fait pas partie du canon. L'Ecclésiastique a toujours été beaucoup lu par les juifs au Moyen Âge.

Les raisons qui font ou non accepter un texte sont diverses. Parfois, elles sont évidentes : tel ou tel texte se prête trop facilement à des interprétations suspectes. D'autres fois, nous restons surpris : en quoi l'Ecclésiastique peut-il déplaire aux protestants ?

Sources :
J. Bonsirven, *La Bible apocryphe ;* Paris, 1953 ;
Évangiles apocryphes, réunis et présentés par France Quéré, Paris, 1983.

C

Canularium
(Canular)

Néolatinisme formé par des normaliens et désignant au départ les vexations que l'inepte coutume du bizutage obligeait les nouveaux à subir de la part des anciens. *Canular* dériverait de *canule,* instrument servant à administrer les lavements. Le canular infligé par les anciens devait produire aux nouveaux l'effet d'un lavement. L'argot désignait déjà une personne ennuyeuse par le mot *canule*.

Par extension, le mot *canular* s'est mis à signifier toute sorte de mystification.

Un jour, lors d'une émission sur une radio libre, nous avons, mon ami le pianiste Omar Yagoubi et moi, inventé complètement un compositeur que nous présentions comme le précurseur de tout ce qui compte dans la musique du xxe siècle. Nous prétendîmes vouloir réparer l'injustice qui faisait de lui un génie méconnu. Au fil de l'émission, nous inventâmes sa biographie et lui prêtâmes une existence des plus invraisemblables, ainsi que des amours passionnées avec toutes les femmes célèbres de notre temps. Des auditeurs appelèrent pour demander plus de renseignements, ce qui est normal et nous permettait d'enrichir encore le personnage. Pour parfaire l'illusion, nous fîmes diffuser une plage d'un disque de musique de variétés grecque que nous passions à différentes vitesses afin de contrefaire différentes interprétations de l'œuvre supposée du prétendu compositeur.

Le plus surprenant fut la communication d'un auditeur qui prétendit avoir bien connu le musicien en question et nous donna des détails supplémentaires sur sa vie. Il ne s'agissait pas d'une de nos connaissances, mais d'un amateur de canulars qui sut, durant un instant, nous faire croire à l'existence d'un personnage que nous venions d'inventer de toutes pièces. Ce fut une variante de l'histoire de l'arroseur arrosé : à canular, canular et demi...

Plus drôle et plus célèbre fut la farce de Roland Dorgelès. Il fit paraître une annonce dans laquelle une riche et très belle héritière cherchait de toute urgence un mari d'âge et de situation indifférents. Elle fixait à ses prétendants un rendez-vous place de la Madeleine à Paris. Afin qu'elle pût les reconnaître, elle leur demandait de porter une fleur de lis à la boutonnière.

Les prétendants affluèrent à l'heure dite. Dorgelès téléphona immédiatement à la Préfecture de police pour prévenir les autorités qu'une manifestation royaliste se déroulait devant la Madeleine. Les prétendants furent embarqués *manu militari* (cf. *infra*).

Les citations contenues dans ce livre sont toutes exactes et vérifiées. Cependant, il en est une, et une seule, que l'on ne trouvera dans aucun autre ouvrage ni sur aucun mur : elle est un canular... Il permettra à la sagacité du lecteur de s'exercer.

Carpe diem
(Mets à profit le jour présent)

Ainsi s'exprime, chez Horace (*Odes*, I, 11, 8), la mélancolie épicurienne. Pierre Leroux, à propos de cette phrase, écrivit dans son essai *De l'humanité, de son principe et de son avenir* (1840) : « *Horace, qui a si profondément compris la doctrine d'Épicure ne l'a rendue poétique qu'en la teignant de volupté. Le* carpe diem *revient sans cesse sous sa plume.* »

La vie est courte, effectivement, et sans doute faut-il se dépêcher d'en jouir et vivre un peu plus intensément. Il convient cependant pour cela de ne pas remettre au lendemain le règlement des problèmes qui nous rendent le présent si difficile à vivre.

Ainsi, une fois que la crise économique sera résolue, qu'il n'y aura plus de famines dans le monde ni de guerres, que les gouvernements autoritaires de

C l'Est comme de l'Ouest auront été renversés, que les retraites et pensions auront été relevées, les impôts baissés, la Sécurité sociale réformée, l'enseignement revalorisé, qu'on augmentera démesurément, voire excessivement, les pourcentages et à-valoir des auteurs, que l'amour durera toujours, que ma fille et ses petits camarades arrêteront de coller des chewing-gums mâchouillés et gluants sur ou sous les coussins, que le camembert sera toujours à point, que ce sera toujours fromage *et* dessert, que les soldats se feront agriculteurs, que ces derniers auront un niveau de vie décent, que les tartines arrêteront de tomber systématiquement du côté beurré et qu'on rasera gratis non seulement le lundi mais tous les jours de la semaine, etc., nous pourrons, effectivement, jouir du moment présent.

Il suffit donc de ne plus tergiverser et de mettre à profit le jour présent pour arranger tout ça. Courage, *Macte animo !* (cf. *infra*). Bref, c'est extrêmement simple.

À tel point qu'on se demande pourquoi tout ça n'est pas déjà fait...

N'y a-t-il pas, cependant, dans ce désir exprimé, comme la volonté d'une « fin de l'histoire », quasi millénariste et tout à fait illusoire, voire réactionnaire ?

Castigat ridendo mores
(Elle [la comédie] corrige les mœurs en riant)

Le latin ne fut pas la langue universelle de l'Antiquité, comme on le croit généralement. Même à la grande époque de l'impérialisme romain, le grec était, de loin, plus couramment employé. La véritable extension du latin se fit, curieusement, à partir de la fin de Rome et roula son flot jusqu'à une époque très récente. La littérature latine médiévale est maintenant mieux connue et l'on commence à savoir qu'elle ne le cède en rien à la littérature romaine. Elle est, de plus, bien plus abondante que cette dernière.

Mais qui se souvient des écrivains français d'expression latine du XVIIe siècle ? Il y en eut. L'un d'eux, Jean de Santeul (1630-1697), chanoine de Saint-Victor, auteur d'un *Recueil de nouvelles odes sacrées,* composa la devise *Castigat ridendo mores* pour l'arlequin Dominique.

Jean de Santeul (ou Santeuil), si l'on en croit Boileau, était très imbu de lui-même : il se croyait le plus grand poète du monde et déclamait en hurlant ses vers, dans les salons comme sur la place Maubert. La Bruyère en fit son Théodas :

« *Concevez un homme facile, doux, complaisant, traitable et tout d'un coup violent, colère, fougueux, capricieux. Imaginez-vous un homme simple, ingénu, crédule, badin, volage, un enfant en cheveux gris ; mais permettez-lui de se recueillir, ou plutôt de se livrer à un génie qui agit en lui, j'ose dire, sans qu'il y prenne part et comme à son insu : quelle verve ! quelle élévation ! quelles images ! quelle latinité ! parlez-vous d'une même personne ? me direz-vous. – Oui, du même, de* Théodas *et de lui seul. Il crie, il s'agite, il se roule à terre, il se relève, il tonne, il éclate ; et du milieu de cette tempête il sort une lumière qui brille et qui réjouit. Disons-le sans figure : il parle comme un fou et pense comme un homme sage ; il dit ridiculement des choses vraies, et follement des choses sensées et raisonnables...* »

(Caractères, « *Des jugements* », 16.)

Son excès d'orgueil attira bien des antipathies à Santeul, et, pour commencer, celle de son rival, le poète du Périer, qui délaissait parfois la langue latine puisqu'il composa une églogue intitulée *On voit toujours sa Majesté tranquille, quoique dans un mouvement continuel* (1681). Ce rival, neveu de François du Périer à qui Malherbe écrivit sa fameuse *Consolation,* n'était pas rancunier, malgré tout, puisqu'il traduisit en français les vers latins de Santeul. Ce dernier eut d'autres ennemis, plus féroces, puisqu'il semblerait que le duc de Bourbon l'ait empoisonné au moyen de tabac d'Espagne versé dans son vin.

L'arlequin Dominique se nommait Domenico Biancolelli (1640-1688). Il faisait partie d'une troupe italienne que Mazarin fit venir à Paris. Il s'attira la bienveillance du roi par la « régularité de ses mœurs », chose alors considérée comme rare chez les comédiens. Louis XIV fut le parrain de l'un de ses fils, qui devint ingénieur militaire sans négliger d'être aussi auteur dramatique. Dominique eut un autre fils qui suivit sa destinée d'« enfant de la balle » et devint comédien.

Dominique serait à l'origine de l'expression *faire fiasco*. Il aurait un jour improvisé une pantomime avec une bouteille (*fiasco* en italien) comme accessoire. Ce numéro ne fit rire personne, et depuis, tout échec serait appelé *fiasco* pour cette raison. L'anecdote, pour plaisante qu'elle soit, n'est pas sûre : le *Dictionnaire étymologique de la langue française* de Bloch et von Wartburg date l'expression, en français, de 1820, mais *far fiasco* serait attesté depuis 1808. L'origine en serait *appicare il fiasco ad alcuno,* diffamer quelqu'un (XVe siècle), à cause de l'habitude ancienne de suspendre un *fiasco* sur la façade d'une maison où l'on avait ouvert un débit de vin.

Castigat ridendo mores a été l'occasion d'une « perle » classique que citent souvent les professeurs de latin : une traduction erronée, faite par un élève, serait : « La chasteté fait rire les Maures. » Pourquoi seulement les Maures ?

Cave canem
(Attention au chien)

Mots que les Romains inscrivaient parfois sur la porte de leurs maisons, à l'entrée du vestibule. On ne peut évidemment ni trouver un auteur à cette expression ni la dater précisément. Notons cependant qu'on la trouve au Ier siècle av. J.-C. chez P. Terrentius Varro (*Menippearium,* 75). Certains pensent que le chien, parfois, n'était qu'une image, peinte à fresque, ou une sculpture. Sans doute y a-t-il là un souvenir des chiens en or et en argent, œuvre de Vulcain, qui gardaient l'entrée du palais d'Antinoüs, l'un des premiers prétendants que tua Ulysse (*Odyssée,* XXI), et qui semblaient avoir le pouvoir d'éloigner les voleurs. Cette opinion permet de voir quelque fonction rituelle à l'usage d'écrire *cave canem* à la porte d'une demeure. Il semble plus probable que l'avertissement concernait un chien vivant. De nos jours, on trouve dans le commerce des écriteaux portant la mention « Attention au chien » surmontée ou accolée à une représentation de chien. L'avertissement latin devait être de cet ordre. Cette mise en garde apparaît dans le *Satyricon,* de Pétrone, au moment où un esclave se rend au festin de Trimalcion :

« *Dans la surprise où tout ce que je voyais me plongeait, je faillis me rompre les cuisses, étant tombé à la renverse par la frayeur que me causa un gros chien enchaîné sur la muraille à gauche en entrant près de la loge du portier et au-dessus duquel était écrit en gros CAVE CANEM. Ceux qui se trouvaient avec moi rirent de ma chute.* »

On retrouve souvent cette inscription latine au porche de modernes résidences secondaires. Parfois, le support en est la mosaïque : on trouve dans le commerce des reproductions d'un écriteau pompéien représentant un chien et s'accompagnant de cette devise. Le seul problème, à propos des résidences ci-dessus mentionnées, reste le manque de facteurs latinistes. L'Administration des postes, on ne sait pourquoi, n'a jamais beaucoup aimé la langue de Virgile : télégraphe, téléphone sont d'origine grecque...

Cave ne cadas
(Prends garde à ne pas tomber)

Cet avertissement, librement traduit par Robert Edouard donne : « *Fais gaffe à ne pas te casser la gueule* », il était susurré par un esclave placé derrière le triomphateur.

Le triomphe était à Rome un défilé solennel, le cortège accompagnant un général victorieux de retour en la Cité. On distinguait le petit triomphe, ou *ovatio*, du grand triomphe, la plus haute récompense que l'on pût attribuer à un vainqueur. Pour l'obtenir, il fallait avoir dirigé une bataille durant laquelle cinq mille ennemis, au moins, avaient trouvé la mort. Le triomphe était voté par le sénat. Le cortège entrait dans Rome par la porte Triomphale, traversait le Vélabre, le cirque Maxime pour remonter la voie Sacrée, puis le Forum jusqu'au temple de Jupiter Capitolin. Une variante de *Cave ne cadas* est *Rescipiens post te, hominem memento* (« Souviens-toi que tu es homme en regardant derrière toi ») que répétait aussi un esclave. Le triomphateur s'avançait derrière les licteurs, le front ceint d'une couronne de lauriers... Le vainqueur, couronné de lauriers, passait devant la foule. La solennité de la cérémonie n'empêchait certes pas que ses troupes l'abreuvassent de sarcasmes grossiers et d'injures diverses.

Sources :
Robert Edouard, *Dictionnaire des injures,* Paris, s.d. On trouvera des évocations de triomphe dans :
Varron, *De lingua latina,* 6, 68 ;
Tite Live, *Ab urbe condita,* 45, 38, 12 ;
Suétone, *César,* 49, 51.

Clerici vagantes
(Clercs vagabonds)

Ainsi appelait-on les *goliards,* traîne-savates et clochards célestes, allant sur les routes armés de leur tribart, à la fois canne et gourdin permettant de se défendre sur les chemins peu sûrs, rimaillant, buvant ferme et composant aussi bien d'admirables poèmes lyriques et de truculentes satires. En effet, à côté de textes à la gloire du Christ, de récits édifiants concernant tel ou tel saint, à côté de passages empruntés à Ovide ou Catulle, on pouvait trouver des pièces franchement scabreuses ou obscènes. Certains de leurs recueils furent rendus illisibles par des moines effarouchés. Cependant, l'époque médiévale, en général, fut bien plus tolérante que nous ne le croyons à l'égard de ce genre d'œuvres.

> *Jam dulcis amica venito*
> *quam sicut cor meum diligo*
> *Intra in cubiculum meum*
> *ornementis cuntis onustum...*

(« Viens, douce amie, chère à mon cœur comme lui-même, viens donc, douce amie, dans ma chambre que j'ai ornée pour toi... »)

Ces vers, d'une grande beauté, très subtilement rythmés, sont extraits des *Cambridge Songs,* recueil de textes divers dus à un *clericus vagans* d'origine sans doute rhénane vivant au XIe siècle. Ce recueil comprend ce qu'il devait chanter ou dire pour mériter l'hospitalité qu'on lui offrait parfois. Les *clerici vagantes* furent aussi les créateurs, au XIIIe siècle, des *Carmina burana,* que Carl Orff adapta avec le succès que l'on sait.

On leur doit également un pastiche savoureux de l'Evangile que cite Jacques Le Goff :

« *COMMENCEMENT DU SAINT ÉVANGILE SELON LE MARC D'ARGENT : En ce temps-là, le Pape dit aux Romains : Quand le Fils de l'Homme viendra au siège de notre Majesté, dites-lui d'abord :* « *Ami, pourquoi es-tu venu ? Et, s'il continue à frapper sans rien vous donner, qu'il soit rejeté dans les ténèbres extérieures.* » *Il arriva qu'un pauvre clerc vint à la Cour du Seigneur Pape et supplia , disant :* « *Ayez pitié de moi, huissiers du Pape, parce que la main de la pauvreté m'a touché. Je suis pauvre et indigent. C'est pourquoi, je vous prie, venez en aide à ma détresse et à ma misère.* » Ceux-ci, l'ayant entendu, furent indignés et dirent : « Ami, que ta pauvreté soit avec toi pour ta perdition ! Va-t'en, Satan, tu ne sais point ce que peut l'argent. Amen, Amen ! Je te le dis : tu n'entreras pas dans la joie de ton Seigneur avant d'avoir donné ton dernier écu. » Et le pauvre s'en alla, vendit son manteau, sa tunique et tout ce qu'il avait, et donna l'argent aux cardinaux, aux huissiers et aux camériers. Mais ceux-ci dirent : « Qu'est-ce cela pour tant de monde ? » Et ils le mirent à la porte.

Vagabonds, les goliards le furent dans tous les sens du terme. Seuls êtres à peu près libres dans une société de castes, sinon de classes, dans laquelle chacun avait sa place, déterminée une fois pour toute, ils erraient sur les routes, mais pratiquaient aussi un fructueux « vagabondage intellectuel ».

Évidemment méprisés par les diverses autorités, les goliards n'en eurent pas moins une influence considérable. Mendiants, domestiques, jongleurs ou bouffons, ils survivaient en pratiquant divers petits métiers précaires. Critiquant la société, les bourgeois, les institutions, ils furent souvent à l'origine de mouvements novateurs. Il se pourrait qu'Abélard, à un moment de sa vie, fût l'un de ces goliards. Un poète comme François Villon, qui naquit bien après l'époque des goliards, leur doit cependant beaucoup et s'inscrit dans leur tradition, allant parfois jusqu'à écrire en « vieux français », c'est-à-dire dans une langue archaïque pour son temps et se rapprochant de celle des goliards du XIIIe siècle...

Sources :
Jacques Le Goff, *les Intellectuels au Moyen Âge,* Paris, 1957 ;
Jean-Pierre Foucher, *la Littérature latine au Moyen Âge,* Paris, 1963.

Cogito ergo sum
(Je pense, donc je suis)

Faut-il rappeler que cette phrase est la constatation fondamentale qui permet à René Descartes de construire son *Discours de la méthode* ? Penser permet-il vraiment d'être ?

Être ou ne pas être fut toujours, et à la fois, une alternative curieuse doublée d'une question intéressante. René Descartes n'avait aucune raison de ne pas s'en préoccuper. Il s'en préoccupa donc.

Il voulut construire sa pensée, sa doctrine sur l'évidence, la certitude. Il rompit donc, ou crut le faire, avec les systèmes philosophiques du passé afin de trouver une première vérité indubitable. Comment être sûr qu'on est, voire qu'on existe ? Descartes décréta que le fait de penser suffisait à en administrer sinon la preuve, du moins la certitude. Il ne lui restait plus qu'à continuer. Il fonda son système.

La pensée de Descartes se préoccupe d'essence, doute de tout, mais pas de Dieu. Par une étrange caricature, nous voyons dans le système cartésien l'exemple même du rationalisme. Ce n'est prendre qu'une partie de cette construction. Descartes, homme d'épée, mathématicien autant que philosophe, fut d'abord, c'est-à-dire avant tout, un mystique.

En même temps, il poursuivait une tradition, celle de la philosophie de la formule ; la rédaction d'axiomes, d'apophtegmes, de sentences permet d'exprimer une pensée courte en peu de mots : la force est, évidemment dans la forme. D'économie de moyens en économie de mots, ce type d'énonciation se perfectionna jusqu'à tenter d'approcher la forme des théorèmes mathématiques, c'est-à-dire ce qu'il y a de moins scientifique et de moins proche du réel (quoi qu'il en soit de ce réel). Dès lors, la forme persuade et l'on ne doute plus de ce qui est signifié. Ce discours de la vérité se suffit à lui-même par sa propre poétique : le rythme seul est vrai et nous en arrivons bien vite à Wittgenstein, par exemple, dont le talent immense est tout simplement celui d'un poète, d'un musicien, se refusant tout bêtement d'assumer ce désir. Cette paresse mentale, sinon purement intellectuelle, fait qu'il ne lui manque qu'une véritable et *complète* rigueur, celle de l'artiste, pour aller vraiment plus loin, c'est-à-dire plus haut : ici même. Mais, pour cela, il ne faut jamais dire qu'une seule chose à la fois...

La philosophie classique, marquée profondément par la grandeur de Descartes, n'envisage que la conscience, plus particulièrement dans ce qu'elle a de réflexif. Jusqu'au début du siècle, cela pouvait suffire. Mais ça ne suffit plus.

Déjà, les *Sturm und Dranger* allemands invoquaient des forces obscures, considérées alors comme irrationnelles. Les diverses variations des romantismes en firent autant, suivant leurs spécificités propres. Tout restait soit dans le domaine de l'art, soit dans celui de la métaphysique.

En marge de tout cela, un nouveau courant apparut, diffus, confus, mais faisant son chemin. Extrêmement divers, ce courant s'exprimait par des voies distinctes. Quels que fussent leurs objets, ces courants eurent en commun le fait de comprendre qu'on ne pouvait expliquer la pensée uniquement à partir de la conscience pure. C'est-à-dire que la conscience pure du *cogito* ne suffisait pas, ne suffisait plus.

Divers intermédiaires entre mécanisme et raison, entre *animus* et *anima* furent mis au jour. L'inconscient bergsonien apparut, précédant celui de Freud, celui de Jung, de Lacan, voire de Bachelard ou de tout le monde... et ce qui s'exprimait là ne pouvait pas toujours se mettre en formule, ne devait pas sa consistance uniquement à la forme et suivait une véritable logique humaine, celle de la pensée, quoi qu'elle soit, sans plaquer sur elle des mécanismes, des mises en scène, des rituels poétiques logico-mathématiques. Hors des humanismes se créait une pensée plus humaine, c'est-à-dire vaquant directement d'après ses propres structures, d'après le langage dont elle est faite et non plus obligée de passer par le filtre de formulations construites au préalable, avec un langage restreint, un code particulier. Ce qui n'est fait que pour éviter les vraies questions.

Tout un courant de pensée, qui parle de raison et de rigueur, ne se construit qu'à partir d'une castration intellectuelle. S'exprimant dans un langage restreint *ad hoc*. Or, c'est bien l'existence de tout ce qui ne peut être exprimé directement dans la complexité féconde du langage naturel qui doit être mise en doute.

Ainsi donc, *cogito ergo sum*, c'est de la langue, ça « tient la route », mais pas suffisamment ; c'est encore restreint : nous sommes encore dans la philosophie du manque. Ce n'est qu'un discours parmi les possibles, celui de la méthode. Or la méthode ne sert qu'à se justifier elle-même. Il nous faudrait un peu moins de méthodes et un peu plus de techniques, voire de bricolages, le tout marqué par un très sévère et rigoureux anarchisme méthodologique pour penser ce que nous sommes. Certes, ce sera toujours au risque de l'aporie. Le reste devient toujours spécieux, même lorsque les principes en ont été établis scientifiquement, voire rationnellement : l'usage qu'on fait des certitudes, des *realiae* ou des faits, est le même que celui que l'on fait des opinions. La certitude transforme le fait en opinion. Cette dernière, on le sait depuis Bachelard, a toujours tort : le monde est l'ensemble des choses pensées ou impensées, conscientes ou non, en puissance ou en acte, et en *et cetera*. Il ne reste qu'à conclure en citant encore une fois Lichtenberg :

« *Vouloir tout rapporter chez l'homme à des principes simples suppose en fin de compte, semble-t-il, qu'il doit nécessairement exister un tel principe. Mais cela, comment le prouve-t-on ?* »

Et :

« *Les véritables bonnes logiques ne servent qu'à ceux qui peuvent s'en passer, dit d'Alembert. La perspective ne permet pas aux aveugles de voir.* »

Sources :
Paul Feyerabend, *Contre la méthode, Esquisse d'une théorie anarchiste de la connaissance,* Paris, 1979 ;
Gaston Bachelard, *la Formation de l'esprit scientifique,* Paris, 1938 ;
Jean Château, *Du pied au bon sens,* Paris, 1968 ;
L. Wittgenstein, *De la certitude,* Paris, 1970 ;
G.C. Lichtenberg, *Aphorismes,* Montpellier, 1965.

Coitus interruptus
(Étreinte interrompue)

Moyen un peu fruste et frustrant de contraception, le *coitus interruptus* devrait porter le nom d'onanisme. Par quel mystère ce dernier mot en est-il venu à désigner la masturbation ? On se perd en conjectures.

Toujours est-il qu'Onan, sur l'ordre de Dieu, épousa Tamar, la veuve de son frère (*Genèse,* XXXVIII). Le problème est que, selon les lois d'alors, les enfants qu'il aurait pu avoir de son ex-belle-sœur et nouvelle épouse n'auraient pas fait partie de sa lignée. Ils seraient réputés fils d'Er, son frère défunt. Ce qui ne plaisait pas du tout à Onan.

Toutefois, de là à ne pas consommer l'union, il y a un pas qu'Onan ne voulut pas franchir. Alors que faire ? La Genèse dit : « *Onan, sachant que cette postérité ne serait pas à lui, répandait sa semence à terre lorsqu'il allait vers la femme de son frère.* » Ainsi inventa-t-il le coït interrompu, et non ce que nous appelons onanisme un peu abusivement.

Ce que fit Onan déplut à l'Éternel. Ayant déjà fait mourir Er, parce qu'il était méchant à ses yeux, il fit mourir Onan, qui lui avait déplu en ne poursuivant pas jusqu'au bout ses relations sexuelles avec sa belle-sœur. Tamar fut donc à nouveau veuve.

Juda, son beau-père, c'est-à-dire le père de ses deux précédents maris défunts, trouva la solution : Tamar n'avait qu'à demeurer veuve dans la maison de son père jusqu'à ce que le plus jeune frère de ses deux époux soit en âge de l'épouser. Comme quoi tout s'arrange avec un peu de bonne volonté.

Tamar suivit ce conseil. Pendant ce temps, Juda devint veuf. Un jour, il alla vers Thimna, la ville où vivait Tamar, chez son père. Il rencontra Tamar mais ne la reconnut pas parce qu'elle se dissimulait le visage derrière un voile. Il la prit donc pour une prostituée et alla vers elle. Tamar, fine mouche lui demanda un chevreau pour prix de ses services. Juda n'en ayant point sur lui, confia en gage à la fausse prostituée son cachet, son cordon et son bâton. Un envoyé de Juda vint plus tard lui apporter le chevreau, mais elle n'était plus là... Il revint sans l'avoir trouvée.

Tamar fut enceinte. Juda l'apprit et ordonna qu'elle fût brûlée, selon une charmante coutume de l'époque. Quand elle parut devant lui, elle enleva son voile, exhiba le cachet, le bâton et le cordon. Juda les reconnut et dit : « Je suis aussi coupable qu'elle. » La Genèse poursuit ainsi : « *Et il ne la connut plus.* »

Je ne sais pas si, comme on le disait, « la masturbation rend sourd ». En tout cas, l'onanisme, au sens premier, semble bien entraîner une série de déboires tout à fait surprenants. Il semble donc plus prudent de l'éviter.

Je me suis souvent demandé pourquoi notre grand Jean Racine, qui fit de si grandes pièces ayant pour héroïnes Esther, Athalie, etc., n'a pas cru bon d'ajouter à la série de ces grandes femmes de l'Ancien Testament une tragédie consacrée à la vie, on ne peut plus édifiante, de Tamar. Madame de Maintenon comme les demoiselles de Saint-Cyr en eussent certainement été ravies.

Bien sûr, tout le monde connaît le calembour usuel (cf. *cogito ergo sum*) : *coito ergo sum* (« je fais l'amour, donc je suis »). Il aurait plus de sens si le mot *coït,* dérivé de *coitus* n'était pas un composé du verbe *ire,* précédé du préfixe *co. Co-ire,* c'est, au sens propre, « aller ensemble ». Le verbe latin *ire* fait à la première personne du présent de l'indicatif *eo,* ce qui exclut un tantinet la forme *coito.* De plus, voire de surcroît, en français, le verbe correspondant à *coït* n'est pas *coïter,* qui serait du premier groupe, mais bien *coïre,* qui est du troisième. Il est vrai que ce genre de choses peut se faire dans toute sorte de groupes, mais, tout de même, laissons à la grammaire ses prérogatives.

Credat Judaeus Apella
(Que le Juif Apelle le croie)

Qui était le Juif Apelle ? Personne ne semble le savoir. Cette expression, pour les Romains, signifiait qu'on ne voulait pas croire ce qu'on entendait. Elle équivaut à peu près à notre « à d'autres ». On la trouve, par exemple, chez Horace (*Satires,* I, 5). Ce Juif Apelle représentait une certaine naïveté, une crédulité que l'on prêta plus tard aux chrétiens (cf. *Flagitia cohœrentia nominis.*)

Apelle, cependant, c'est le Juif, le Juif par excellence pour les Romains, légèrement xénophobes. Apelle vient de *pellis*, qui signifie « peau », précédé du privatif *a.* La peau absente dont il s'agit est celle du prépuce, absent chez les circoncis. Ce manque de peau surprenait les Latins, comme les Grecs.

Encore fallait-il, pour s'apercevoir de la circoncision d'un homme, qu'il fût dénudé. La nudité, pour les Grecs, était normale au palestre, dans les jeux athlétiques. Elle différenciait les Grecs des Barbares, qui, eux, portaient une ceinture. Les Romains, quant à eux, voyaient dans cette nudité « le commencement de la débauche ». Pour les Grecs, une homosexualité certaine, clairement exprimée, provoque l'admiration de cet « état de nature » chez les athlètes.

Certains jeunes Juifs du monde hellénique, soucieux d'intégration, se mirent à pratiquer la gymnastique, dont le nom vient de *gymnos,* qui, rappelons-le, signifie « nu ». Dès lors, ces jeunes Juifs devaient se montrer sans voiles, exposant ainsi la nudité plus intime d'une partie de leur corps découverte par la circoncision. Or, cette circoncision était un objet de scandale pour les Grecs. Strabon, au Ier siècle avant notre ère, décrit très péjorativement les Égyptiens qui lui déplaisent parce qu'ils circoncisent les garçons, excisent les filles et n'abandonnent pas leurs enfants quand ils en ont trop. Il reste à se demander ce que signifient ces rites sanguinaires, et pourquoi l'alliance, chez les Juifs, est à ce prix, voire pourquoi une religion demande le rachat d'un enfant à Dieu. Devoir être racheté ou naître coupable demeurent des témoignages archaïques d'une peur ancestrale que les religions surent toujours exploiter à des fins bien souvent politiques. Il appartenait à un Juif d'en traiter : c'est ce que fit Bruno Bettelheim dans son livre sur *les Blessures symboliques*.

De jeunes Juifs, donc, vivant sous la domination des rois grecs en Syrie (IIIe et IIe siècle av. J.-C.) se faisaient tout simplement refaire le prépuce pour n'être plus l'objet des railleries, comme il est dit dans la Bible : « *Ils se refirent le prépuce, firent défection à l'alliance sainte pour s'associer aux païens et se vendirent pour faire le mal.* » (I *Maccabées* I, 15.)

L'opération consistait à inciser le derme à la base du pénis et à le faire glisser de façon à le ramener par dessus le gland, à le maintenir ainsi tout en enduisant la partie laissée à vif de baumes cicatrisants. Opération que Celse (cf. *Semel in hebdomada*) jugeait peu douloureuse (*De medicina*, VII, 25).

Hadrien voulut interdire la circoncision. Ce fut le signal d'une révolte, celle de Bar Kochba, en 135 apr. J.-C. Elle ne fut plus qu'interdite aux non-Juifs, ce qui revenait à prohiber les conversions.

Sources :
Pierre Carrat, « Circoncision, clefs pour un mythe », dans la revue *l'Histoire,* n° 56, mai 1983. et Jean-Paul Thuillier, « Quand les athlètes étaient nus », *l'Histoire,* n° 66, avril 1984 ;
B. Bettelheim, *les Blessures symboliques,* Paris, 1971 ;
J. T. Martens, *Ritologiques 2, Le corps sexionné* (sic), Paris, 1978.

Credo quia absurdum
(Je le crois parce que c'est absurde)

Démarquage d'une phrase de Tertullien : *credendum quia mirandum* (« nous croyons parce que cela nous surprend, nous étonne, nous émerveille »). Sous la forme *Credo quia absurdum*, cette déclaration est fréquemment attribuée à saint Augustin. Ce dernier enseigne simplement que le propre de la foi est de croire en la véracité divine, sans avoir besoin de comprendre.

Tertullien explique que la spécificité de Dieu est de produire des effets admirables par les moyens les plus simples : « L'incrédulité trouve étrange que quelques gouttes d'eau suffisent pour éloigner la mort. Une telle efficacité lui paraît illusoire, impossible. Eh bien, cette disproportion entre les moyens et la fin est pour moi un motif d'admettre les effets surnaturels du baptême : *credendum quia mirandum.* » (*De baptismo*, II.)

« Le Fils de Dieu est mort ; il faut le croire parce que cela révolte la raison : *credibile quia ineptum est.* Il est ressuscité du tombeau où il avait été enseveli : le fait est certain parce qu'il est impossible », déclare, quant à lui, Malebranche (*De carne Christi*, V).

Cave putes (« prends garde à ne pas croire ») semble répondre à l'avance Cicéron (*De la république*, I, 65).

Crimen laesae majestatis
(Crime de lèse-majesté)

Chez les Romains, deux crimes pouvaient ressembler au crime de lèse-majesté. Une accusation nommée *crimen perduellionis* impliquait que l'accusé était l'ennemi objectif du peuple romain. Les centuries jugeaient alors du crime. Cette idée romaine qu'il puisse y avoir crime contre la collectivité, crime contre le peuple ne semble guère survivre pour notre droit : le manque de civisme de nos sociétés approximativement démocratiques est flagrant.

Chez les Romains fut introduit, mais plus tard, le *crimen majestatis immunitæ*. Difficile à définir, car tout à fait arbitraire, il concernait tout ce qui pouvait porter atteinte à l'empereur. De nombreuses lois suivirent, la *lex apuleia* et, surtout la *lex julia majestatis*, créée par Jules César, qui devint un véritable instrument de terreur.

Cette dernière loi est le point de départ du *Cadeau de César*, d'Uderzo et Goscinny, ouvrage dans lequel un légionnaire se voit offrir en cadeau un certain village d'irréductibles Gaulois, celui d'Astérix et d'Obélix.

L'ancien droit français distingua le crime de lèse-majesté divine, c'est-à-dire l'apostasie, l'hérésie, le sacrilège, le blasphème, du crime de lèse-majesté humaine, supposant un attentat contre le souverain, qui comprenait plusieurs degrés : l'action directe contre le souverain, ou sa famille, la conspiration contre l'État, les injures au roi, le refus de payer ses impôts, la fabrication de fausse monnaie, etc.

Le Code pénal de 1791 avait prévu ce crime sans en dire le nom : l'atteinte devint assimilée au parricide. La loi du 23 avril 1832 distingua le complot de l'attentat, mais le crime resta assimilé au parricide. La Constitution de 1848, comme celle de 1875 firent tomber dans le droit commun les attentats contre le chef de l'État.

L'intelligence avec l'ennemi, la trahison forment un cas à part de crime de lèse-majesté. En effet, dans le monde féodal, le roi n'était qu'un seigneur un peu plus important que les autres. Le trahir, par le jeu des alliances, n'avait en soi aucune gravité particulière. Les risques et les peines encourues étaient un peu plus grands.

Au XIIe siècle, l'Occident retrouva un contact direct avec le droit romain, celui que Justinien avait fait transcrire et réviser. Dès lors, le roi, bien que n'étant pas empereur, devint une sorte d'héritier des empereurs romains et de Charlemagne dont le rêve fut toujours de restaurer la grandeur romaine. Ainsi devenait-il *princeps,* selon l'appellation du Digeste : *Rex in regno suo princeps est.* « Le roi est prince dans son royaume » : il gouverne.

Souverain dans toute l'acception du terme, le roi se mit à détenir la *majestas*. Au XIIe siècle, Jean de Blanot explique qu'un baron qui se soulève contre le roi commet un crime ressortissant à la *lex julia majestatis* : il complote la mort d'un magistrat, d'un être sacré. Un rêve romain dura ainsi, traversant l'époque médiévale.

Bien sûr, cette notion savante, casuiste même, mit du temps à s'imposer. Il fallut sans doute attendre Louis XI pour que ce crime et, surtout, sa punition découvrissent leur véritable importance.

Aujourd'hui, les présidents de la République sont relativement indulgents envers ceux qui les injurient. Il nous reste les insultes ou atteintes diverses à magistrat ou à agent de la force publique, si commodes pour abuser. Comme le disait Cavanna, ces délits n'auront de sens que lorsqu'il pourra y avoir aussi « atteinte à plâtrier, à boulanger, à employé », etc. : pourquoi la dignité face à l'insulte ne serait-elle réservée qu'à ceux qui représentent le peuple et non au peuple lui-même, dont chacun fait partie et qui détient théoriquement toute souveraineté ?

Sources :
Philippe Contamine, « Le Jour où trahir le roi devint un crime », *l'Histoire* n° 49, octobre 1982 ;
S.H. Cuttler, « The Law of Treason Trials in Later Medieval France », *Cambridge Studies in Medieval life and thought,* vol. 16, Cambridge, 1982.

D

De gustibus et coloribus non disputandum
(Des goûts et des couleurs il ne faut pas disputer)

Adage latin des scolastiques médiévaux : peut-on discuter des goûts et des couleurs ?

Ce n'est même pas la peine : il y a, de toute façon, le bon goût et le mauvais goût. Celui qui met une cravate à pois avec un costume à rayures n'a forcément rien à dire. Il est exclu, on ne dispute ni ne discute avec lui. Il ne reste donc que les gens de goût. Ceux-là conversent entre eux, et sont bien d'accord. Ils n'ont donc pas à discuter ou disputer de goûts et de couleurs. Et c'est bien pour ça que la conversation des gens de goût est tellement ennuyeuse. Il y a bien peu de sujets de disputes en dehors des goûts et des couleurs.

Discuter ou disputer ? Le traducteur de cet adage se trouve devant une alternative. Disputer, *disputare,* c'est, en latin, mettre au net un compte après examen et débat. C'est aussi régler un compte ou se livrer à de longs examens à propos d'une question. On peut y ajouter le sens de disserter ou de raisonner.

Discuter n'est pas moins complexe. Ce mot vient du verbe *discutere* qui signifie fendre, rompre, fracasser, briser, voire faire sauter les dents (chez Tite Live, 21, 12, 2), mais aussi dissiper le brouillard, écarter ce qui obscurcit (chez Cicéron, *De oratore,* 3, 215) ou encore déjouer les subtilités ou trancher un différend. Ce verbe est voisin de *discurare,* qui a donné discours et qui signifiait courir dans tous les sens, se diviser en parlant d'un fleuve (chez Virgile, *Géorgiques,* 4, 292 : le Nil se divise en sept embouchures, *Nilus septem discurrit in ora*), s'étendre en parlant d'une tache, se répandre en parlant d'un bruit, mais aussi discourir. Il ressemble aussi au substantif *discussio,* dont le sens est secouer, séparer, passer au crible, vérifier, etc., d'où un sens métaphorique présent dans le français *discours.*

Au fait, aimez-vous le vert ? Piet Mondrian le détestait.

Delenda Carthago
(Il faut détruire Carthage)

Phrase par laquelle Caton l'Ancien terminait tous ses discours. Marcus Porcius Cato, dit Caton l'Ancien ou le Censeur, naquit à Tusculum en –232. Le surnom *Cato* signifie à la fois « finaud » et « maussade », ce qui correspond assez bien à ce qu'il fut. Il mourut en –147.

    Caton commença par se distinguer en combattant à dix-sept ans contre l'armée d'Annibal. Après quoi, il continua de mener sa vie de paysan. Valerius Flaccus, son voisin, surpris par la forte personnalité de ce plébéien, l'emmena à Rome. Caton y devint populaire, fut élu tribun des soldats, puis questeur. Il s'éleva ensuite à la dignité de consul. Helléniste mais xénophobe, il combattit l'influence grecque et fit expulser les philosophes grecs dont les jeunes Romains suivaient avidement l'enseignement. Non content de restreindre ainsi la culture, il se fit élire censeur.

    Une fois élu, ce « soldat laboureur » s'en donna à cœur joie : ennemi de toute beauté, il lutta contre le luxe, les parures des femmes, les mœurs nouvelles, etc.

    Ce sinistre personnage se livrait à l'usure et finit par se débaucher : la rigueur morale cache bien souvent une impétuosité des désirs que l'on a du mal à combattre et qui n'en deviennent que plus ardents.

    Avare, peu amène, insensible, on cite Caton le Censeur comme exemple du « vieux Romain », comme parangon des qualités traditionnelles de la rigueur de ce peuple. Heureusement, la grandeur romaine fut tout autre, diverse et moins limitée : s'il n'y avait eu que des Catons, l'influence de cette civilisation eût été certes moindre et l'on s'en souviendrait avec horreur. En fait, il ne s'agit que de l'un de ces nombreux esprits étroits comme on en rencontre au fil de l'histoire, et qui font parfois le malheur d'un peuple dès qu'ils ont un pouvoir. Caton fut une sorte de caricature, le prototype même des intégrismes divers dont l'action se révèle bien souvent catastrophique. Il écrivit un ouvrage *De re rustica,* dans lequel il dévoile sa rapacité, sa dureté. Là aussi, loin d'être un de ces paysans joyeux, célébrant la terre dans sa dignité comme dans ses difficultés, il ressemble à l'archétype du paysan filou, à la fois madré et rustaud, qui eut tant de succès dans une certaine littérature dédaigneuse (parce que ignorante) des choses de la campagne.

Porteur d'une idée fixe et patriote revanchard, il terminait donc tous ses discours par : « Il faut détruire Carthage » (cf. *Ergo glu capiuntur aves*), sautant ainsi du coq à l'âne, quel que soit le sujet traité auparavant. N'ayant aucune tendresse, aucun sens de la douceur des choses, du plaisir, voire de la nostalgie, Caton l'Ancien représente l'opposé de la vraie culture romaine telle que l'illustra, par exemple, Virgile.

Cicéron écrivit son éloge. César répondit par un *Anti-Caton.* C'était de bonne guerre.

De minimis non curat praetor
(Le préteur ne s'occupe pas de petites affaires)

Voir : « **Aquila non capit muscas** ».

De omni re scibili
(À propos de toutes les choses qu'on peut savoir)

Devise de Pic de La Mirandole : certains veulent aller « plus loin », poussent l'orgueil, le désir ou la passion plus avant que les autres, en veulent « toujours plus », ce qui n'est jamais du goût des médiocres. Ils poursuivent alors leur quête, incompris, alors même qu'ils montrent la voie.

Giovanni Pico della Mirandola (1463-1494) courut après le savoir, la connaissance autant qu'après les femmes. Il pouvait discourir de tout, s'en vantait et composa une série de neuf cents thèses, ce qui n'est pas rien, intitulée justement *De omni re scibili.* Un esprit de bien moindre envergure crut bon d'ajouter à cette phrase : *et quibusdam aliis* (« et de quelques autres »). Il s'agit peut-être de Voltaire.

L'orgueil de Pic de La Mirandole allait avec sa démesure. Il eut beaucoup d'ennemis. Pourtant, sa quête de savoir, sa soif de connaître exauçait pleinement le désir renaissant. Elle existait de pair avec une vie mondaine, une recherche effrénée du plaisir, une impressionnante série d'aventures galantes : Michel Foucault eut bien raison d'intituler une partie de son *Histoire de la sexualité* : *la Volonté de savoir.* L'application un peu rapide du péché d'Adam à la sexualité trouve ici son illustration : il s'agissait bien du fruit de l'Arbre de la science...

Le mot « talent », dans notre langue, signifia d'abord : « désir ». Pic de La Mirandole peut à la fois définir le sens ancien et l'actuel de ce mot. Il lui fallut donc, comme à Don Juan, un « festin de pierre ». Ce fut un procès.

En 1486, c'est-à-dire à vingt-trois ans, Pic de La Mirandole compose ses neuf cents thèses, portant sur toute la philosophie et toute la théologie. S'y adjoignait un défi à tous les savants, que le jeune Giovanni mettait en demeure de venir controverser avec lui. Il offrait même le voyage à ceux qui se trouvaient trop éloignés de Rome, où devait avoir lieu ce qui aurait été la plus fabuleuse *disputatio* de tous les temps.

L'audace du jeune homme déplut. La qualité de son argumentation aussi. On chercha, et l'on trouva treize conclusions pouvant passer pour hérétiques. Innocent IV condamna Pic de La Mirandole. On l'arrêta durant un voyage en France. On l'incarcéra à

Vincennes, lieu qu'il inaugura en tant que prison des penseurs, trois siècles avant Diderot. Libéré, on lui refusa l'accès à la Sorbonne, où il voulut défendre ses thèses.

Brisé, découragé, vieilli avant l'âge par les tracasseries, il se retira à Florence, se reniant pour embrasser une religiosité confite, ce qui arrive, hélas, lorsque les persécuteurs sont habiles. Il mourut à 31 ans, léguant ses biens aux pauvres, après avoir brûlé ses poèmes de jeunesse et s'être consacré à la poésie sacrée.

Alexandre VI voulut bien l'absoudre du chef d'hérésie en 1493.

Alexandre VI ? Oui : il s'agit bien d'Alexandre Borgia, le prévaricateur, le père de César et de Lucrèce, celui dont la conduite odieuse contrastait vivement avec la rigueur doctrinale au point que Joseph de Maistre déclara : « *le bullaire de ce monstre est impeccable* ».

L'orgueil de Pic de La Mirandole avait sans doute persisté sous son humilité toute neuve puisqu'il voulait parcourir le monde en prêchant, les pieds nus : un tel excès d'humilité répond à la superbe ancienne. La mort empêcha Pic de La Mirandole d'accomplir ce voeu.

L'autorité, les institutions, l'ordre établi brisèrent un grand savant, privant l'humanité des bienfaits qu'il aurait pu apporter : de la même façon qu'on guillotina Lavoisier, qu'on ne voulut pas comprendre Évariste Gallois, les idées reçues, le conformisme restent coupables, non seulement de tuer, mais encore d'entraver le progrès.

De primis socialismi germanici lineamentis apud Lutherum, Kant, Fichte et Hegel
(Des premiers aspects du socialisme allemand chez Luther, Kant, Fichte et Hegel)

Titre de la thèse seconde de Jean Jaurès. En 1889, Jaurès est battu aux élections. Il se consacre alors, et durant trois ans, à la rédaction de ses deux thèses de philosophie. Sa thèse principale traitait de « la réalité du monde sensible ».

L'analyse de Jaurès est peut-être un tantinet partiale. S'il traite classiquement de Fichte, Hegel, etc., comme précurseurs du socialisme, il se pourrait qu'il exagère un peu en ce qui concerne Luther. Certes, le grand réformateur a posé le principe de l'égalité civile, a déclaré que la liberté n'est rien sans la justice sociale, tout en dénonçant la haute banque catholique et le capitalisme commercial... Il n'en a pas moins condamné les révoltes paysannes de 1525.

Traditionnellement, l'usage était que les thèses, quels qu'en fussent les sujets et les matières, fussent rédigées en latin. Il fut ensuite autorisé de les composer en français. On eut donc le choix de l'idiome.

Est-il encore possible de présenter une thèse entièrement écrite dans la langue de Cicéron ? Il serait intéressant d'essayer, ne serait-ce que pour voir la réaction du professeur à qui l'on demande de diriger un tel travail.

Source :
Henri Dubief, « Jean Jaurès et Martin Luther », *Bulletin de la Société d'histoire du protestantisme français,* t. CXXIX, 1983.

De rebus quae geruntur
(Des choses qui arrivent)

Voir : « **Rebus** ».

Desinit in piscem
(Finit en queue de poisson)

Horace compare un œuvre d'art (*Art poétique,* IV) sans unité à un beau buste de femme qui se terminerait en queue de poisson : *Desinit in piscem mulier formosa superne*. On utilise cette expression pour parler des choses dont la fin ne répond pas aux espoirs donnés par le commencement.

L'esthétique a, certes, bien changé : nos arts peuvent cultiver la disparate, la rupture, l'incohérence ou l'absurde en reflétant un monde lui-même (et enfin) perçu comme construit de bric et de broc.

Mais « finir en queue de poisson » pose problème. Magritte, dans un tableau célèbre, a inversé notre représentation de la sirène, en lui accordant des jambes de femme. Hélas, c'est au prix d'une tête de poisson. La petite sirène d'Andersen souffre toutes les douleurs possibles pour devenir une vraie femme, et ce conte porte en lui, symboliquement, une assez forte représentation du difficile passage de la puberté. Quiconque a courtisé une sirène qui *desinit in piscem* comprendra que cela n'est point sans inconvénient.

De viris
(Des hommes)

Premiers mots du titre d'un ouvrage célèbre de Lhomond : *De viris illustribus urbis Romae* (« Des hommes illustres de la ville de Rome »). Il s'agit d'un ouvrage élémentaire, destiné aux élèves commençant le latin.

Charles-François Lhomond est aujourd'hui bien oublié. Né dans la Somme en 1727, il consacra sa vie à l'enseignement, à l'éducation. Régent du collège du Cardinal-Lemoine, passionné par ce métier, il composa une foule d'ouvrages destinés aux débutants : sa vie tout entière n'eut pour but que la propagation de la culture.

Ses ouvrages visaient d'abord la clarté. Ils restent en cela exemplaires et son *De viris,* bien que daté, pourrait encore, et fort efficacement, servir à quiconque veut apprendre le latin.

Qui se ressemble s'assemble : ce prêtre, d'une grande générosité, était lié aux deux frères Haüy. Le cadet, Valentin (1745-1822), rappelons-le, consacra sa vie à l'éducation des aveugles. L'aîné, René Just, créa la minéralogie.

C'est en compagnie de ce dernier que l'abbé Lhomond, prêtre réfractaire, se retrouva emprisonné en 1792, puis libéré sur l'intervention de Tallien.

La Révolution fut certes une bonne chose. Les horreurs qui eurent cours durant son déroulement, pour atroces qu'elles aient pu être, ne sont rien en comparaison de la simple vie quotidienne des pauvres durant les deux ou trois siècles d'Ancien Régime. Il est même surprenant que la violence révolutionnaire n'ait pas été plus forte.

Toutefois, cette République naissante commit bien des erreurs en persécutant des hommes comme Lhomond, en se passant de savants comme Lavoisier, etc. Mais pouvait-on demander à une société exsangue à cause d'une implacable tyrannie, responsable des famines les plus épouvantables et cultivant l'arbitraire le plus monstrueux, de garder un discernement qui manquait d'ailleurs totalement à ceux qui la gouvernèrent jusque-là ?

Qu'importe : il nous faudrait, aujourd'hui et toujours, de plus en plus d'hommes de la dimension, de l'intelligence et pétris de la générosité d'un Lhomond.

Dies irae
(Jour de colère)

Le *Dies irae* est l'une des quatre proses que le missel romain a conservées depuis la réforme de Paul V. Il débute ainsi :

D

> *Dies Irae, dies illa*
> *Solvet saeclum in favilla*
> *Teste David cum Sibylla.*
> *Quantus tremor est futurus*
> *Quando judex est venturus*
> *Cuncta stricte discussurus...*

(« Jour de colère, en ce jour-là, comme David et la Sibylle le prophétisèrent, le monde se résoudra en cendres. Alors, quels cris, quels tremblements ! Dieu descendra du ciel afin de juger sévèrement. »)

À l'époque, l'autorité de la Sibylle était encore en vigueur. On pouvait donc la citer, à côté de David.

Diverses opinions s'opposent à propos de l'auteur du *Dies irae*. Selon certains, un moine espagnol condamné au bûcher l'aurait composé durant la nuit qui précéda son supplice. D'autres pensèrent que saint Grégoire en est l'auteur. On l'attribua aussi à saint Bonaventure.

Mais où commence le *Dies irae* ? Nous allons voir que bien des textes de même inspiration circulèrent avant que nous en ayons la forme actuellement en vigueur.

Il semble probable qu'un frère mineur, Tommaso da Celano, compagnon de François d'Assise, en ait fait la version définitive. Il rédigea son texte d'après le *Libera* :

Libera me, Domine, de morte aeterna, in die illa tremenda...
Quando coeli movendi sunt et terra.

(« Libère-moi, Seigneur, de la mort éternelle en ce jour où tout tremblera. »)

Cette séquence date du début du XIe siècle. Elle exprime la peur, l'angoisse de cette époque et reste exemplaire d'une littérature religieuse de l'effroi, de la crainte universelle, d'une période dure de l'histoire de l'Occident. La crainte écrasait les gens. On attendait, comme toujours durant le Moyen Âge, la fin du monde. Mais on l'attendait plus fortement qu'avant : le monde changeait. Les croisades faisaient prendre conscience de la puissance d'une autre civilisation, tandis que foisonnaient les dissidences, les hérésies.

Le *Libera* connut diverses variantes, toutes plus effroyables les unes que les autres : la religion ne se tournait pas vers un Dieu de Joie et d'Amour, mais vers la terrible puissance d'un Dieu jaloux et coléreux.

Une autre source du *Dies irae* fut la *Lamentation* d'Hildebert, *Lamentatio peccatricis animae*, dans laquelle l'âme, honteuse, hésite à se présenter devant son Sauveur :

> *Quid boni Christo deferam,*
> *Quid me fecisse referam...*

(« Quoi de bon à présenter au Christ ? Laquelle de mes actions puis-je lui offrir ? »)

Bernard de Clairvaux, grand poète, écrivain impeccable, rédigea une première version du *Dies irae*, assez proche de celle que nous avons gardée. Ce génial prosateur, tant en latin qu'en français, écrivit (*Liber de modo vivendi*, 71) :

Quid in illa die dicturis simus [...] *Nulle homo sine timore esse illa die.*

(« Que dirons-nous en ce jour ? [...] Nul homme ne sera sans terreur en un tel jour. »)

Ce qu'il formula aussi en vers :

> *Ingens metus*
> *Atque fletus*
> *Meam turba animam*
> *Pavet sensus*
> *Dum suspensus*
> *Hoaram pensat ultimam...*
> *Ad quid trendam*
> *Ut tremendam*
> *Evadam sentientiam ?*

(« La crainte m'écrase et les sanglots troublent mon âme. Mon cœur s'effraie lorsque en suspens il pense à sa dernière heure [...]. Par où s'enfuir pour échapper à la sentence effroyable ? »)

D Bref, bien des poèmes de la littérature chrétienne inspirèrent le *Dies irae*. On trouve le même climat dans certains vers d' Odon de Cluny, au xe siècle, chez Adam de Saint-Victor, etc. Cependant, son origine la plus lointaine semble bien venir du prophète Sophonie :

Dies irae, dies illa, dies tribulationis et angustiae, dies calamitatis et miseriae, dies tenebrarum et caligini, dies nebulae et turbinis (Sophonie, I, 15).

(« Jour de colère, ce jour-là, jour de tribulation et d'angoisse, jour de calamité et de misère, jour de ténèbres et de fumées, jour de nuées et de tourbillon. »)

Le jour de colère est aussi mentionné chez Isaïe (13,9), dans les *Lamentations* de Jérémie (I, 12), dans l'Apocalypse (6, 17). La crainte de la colère divine avait été exprimée depuis longtemps avant de trouver sa forme définitive. Deux poèmes précédèrent de peu l'œuvre de Tommaso da Celano. L'un se trouve dans la *Regula sanctumonialum* (xiie siècle) une règle à l'usage des moines due à Amalarius (II, 10), et commence ainsi :

Terret me dies terroris
Ira dies et furoris
Dies luctus et moeroris
Dies ultrix peccatoris.

(« Il m'atterre, le jour de terreur, le jour de colère et de fureur, le jour de deuil et de douleur, le jour de vengeance sur le pécheur. »)

L'autre, de même époque, s'intitule *Meditatio animae fidelis* :

Cum recordor dies mortis
Et extremae diem sortis
Sic me terrent isti dies
Ut si mihi nulla quies.

(« Quand je pense au jour de la mort et au jour du dernier sort, ces jours m'atterrent tellement que je n'ai plus aucun repos. »)

Les textes des prières, des chants d'Église ne naissent généralement pas d'un seul coup. Le missel romain a subi bien des modifications : il comprend des textes attribués à Prudence, à Fortunat, à saint Ambroise, à saint Thomas d'Aquin, à saint Grégoire, à Raban Maur, Théodulphe ou Adam de Saint-Victor, mais aussi des textes plus modernes dus à Santeul ou à l'abbé Coffin. Une prochaine refonte de son contenu y inclura peut-être des textes plus modernes, déjà écrits ou à venir.

Sources :
Rémy de Gourmont, *le Latin mystique,* Paris, 1892 ;
P. Paris, *les Hymnes de la liturgie,* Paris, 1952 ;
J.-P. Foucher, *la Littérature latine du Moyen Âge,* Paris, 1963.

Difficiles nugae
(Bagatelles laborieuses)

Cathédrales construites en allumettes, châteaux de cartes, puzzles divers... Nous connaissons tous ces tours de force ou d'adresse patients, obstinés, inutiles que Martial fustige ici (*Épigrammes,* II, 86 ; le texte exact est : *Turpe est difficiles habere nugas* : « il est honteux de s'appliquer laborieusement à des niaiseries »). Ces élaborations vaines, au bord de la névrose obsessionnelle, ces *hobbies* insensés, ces étranges passions agacent ceux qui ne les partagent pas et qui considèrent celui qui s'y adonne comme un doux maniaque.

Ces chefs-d'œuvre ne sont pas toujours vains : la littérature peut s'en emparer. Dès lors, ils peuvent constituer une épreuve : Fuxier, dans les *Impressions d'Afrique,* de Raymond Roussel, sculpte de minuscules figurines à même la pulpe des grains de raisin. Tout, dans ce roman, tourne autour de bagatelles laborieuses : un train y circule sur des rails en mou de veau, et l'on transcrit une épopée sur la plante d'un pied. De plus, l'œuvre, elle-même, et dans son élaboration, procède

D du jeu, du dérisoire jeu de mots, comme l'explique l'auteur dans *Comment j'ai écrit certains de mes livres*. La manie se transcende, la bagatelle devient poétique, rhétorique, procédé de composition littéraire. Sublimée, la manie rejoint la gratuité de l'art. Roussel fut aussi joueur d'échecs : cette occupation étrange, cette réflexion, ce talent dépensé pour l'exercice d'un jeu absurde révèle de bien curieuses agressivités. Ce jeu participe des laborieuses bagatelles.

Mais peut-on dire qu'il s'agit d'un jeu « à la noix » ? « Ce sont des noix », disaient les Romains à propos de niaiseries, de vaines promesses, billevesées ou coquecigrues. L'anglais *nuts* désigne le fou, et être *nuts,* c'est être amoureux : le grand Lonnie Johnson composa un blues fameux intitulé *I'm nuts about that gal...* Être amoureux, c'est être « fou d'amour », comme le disait Reiser. Les Romains répandaient des noix sur le sol de la maison des jeunes mariés. Mais le mot *nux,* en latin, désigne tout fruit à écale : amande, noix, noisette. Et c'est peut-être là l'origine de nos dragées, amandes enrobées de sucre.

La déclinaison fléchit *nux* en *nucis* et *nuces*. Un *c* dur intervocalique (entre deux voyelles) a tendance, dans la prononciation, à se sonoriser en *g* dur, selon les lois de la phonétique historique (avant de disparaître dans la langue française) : les noix, ces balivernes, s'apparentent alors aux *nugae : nux, nuces, nugae...* comme le nougat de Provence dont le nom signifie au départ « tourteau de noix ». Mais nous ne sommes plus ici dans les bagatelles : les nougats et pignolats, selon qu'ils étaient farcis de noix ou de pignons, sont choses très sérieuses et l'on trouve une admirable recette pour préparer le second dans le *Traité des confitures,* ce maître ouvrage de Nostradamus (cf. *Si augur augurem*).

Le *nugator* était celui qui racontait des balivernes. La *nugatrix,* quant à elle, est portée sur la bagatelle : c'est une impudique, une débauchée. Le *nugator* et la *nugatrix* agissent *nugatorie,* c'est-à-dire d'une façon insensée. Tous deux pouvaient acheter des colifichets, des bijoux de pacotille au *nugigerulus* ou *nugivendus,* qui était un colporteur vendant des objets de peu de valeur. Pour faire l'article, ce camelot devait être *nugipare,* c'est-à-dire bavard.

Par quel étrange destin le mot « nougat » en est-il venu à signifier argotiquement le pied ? On comprend mieux que « noix » ait pu vouloir dire « testicules ». Toujours la bagatelle ? Revenons aux noix répandues sur le sol des jeunes mariés. La maison nuptiale évoque une assonance : les noces, *nuptiae,* sont-elles de dérisoires *nugae* ? le mariage, n'est-ce pas ce qui termine la jeunesse ? On est alors adulte. Il convient donc de *nuces relinquere,* délaisser les noix, c'est-à-dire les jeux de l'enfance (Perse I, 10) et l'épouse délaissera les *nugae* pour ne plus prononcer que des *nupta verba,* « paroles d'épouse » (selon Paul Diacre abrégeant Festus, 190).

Le *nugax,* ce farceur, est complètement *nuts.* C'est un malheur, un dommage, *noxa.* Mais ce pauvre fou n'en porte pas la *noxietas,* la responsabilité : le cerveau est atteint, il est malade dans sa tête. Ouvrons une noix : le cerneau (du latin *circinus,* « cercle », qui a aussi donné : « cerne ») ressemble à un cerveau (du latin *cerebellum*). Selon la théorie des signatures, un fruit, une plante sont aptes à soigner les maux des organes du corps humain auxquels ils ressemblent. La noix remonte et, de testicule, devient cervelle. Elle peut devenir pépite en anglais, petite noix d'or ou *nugget.* Malheur à *l'Homme à la cervelle d'or* ! Dans cette nouvelle de Paul Arène, reprise, comme souvent, par Daudet, ce malheureux s'éprend d'une infâme *nugatrix* et, pour l'entretenir, il doit s'ouvrir le crâne et puiser l'or qu'il contient. Aussi devient-il de moins en moins intelligent, perdant le sens progressivement, au fur et à mesure que la masse de son cerveau s'amoindrit, jusqu'à l'issue fatale. On ne fait pas encore la greffe du cerveau, mais l'on a bien progressé depuis les greffes anciennes, les

D simples *nucipersum* dont parle Martial (*Épigrammes,* XIII, 46), sortes de pêches greffées sur un noyer, et les *nuciprunum* dont parle Pline (XV, 41). Leurs fruits sont évidemment à noyau, ou *nucleus,* mot de la famille de noix qui se disait aussi *nuculeus.*

Le noyer était lié au don de prophétie dans la tradition antique. Arthémis Caryatis, aimée de Dyonisos, douée de clairvoyance, fut changée en noyer, selon Servius. Son surnom, signifie « noyer », mais provient de la ville de Caria en Laconie, dont les jeunes filles prisonnières des Grecs furent les modèles des statues servant de colonnes dans les bâtiments, d'où le nom de « cariatides ». Ainsi pétrifiées, immobiles comme l'arbre, ces filles laconiques ne peuvent proférer de *nugae*. Dormir à l'ombre du noyer rend fou. Fou ou prophète : « Nul névropathe en son pays », dit un calembour connu... Il n'y a donc rien d'étonnant à ce que le fou, après s'être endormi sous un noyer, s'embarque sur une *coquille de noix,* un bateau ivre promis au naufrage : « L'eau verte pénétra ma coque de sapin » (A. Rimbaud, *le Bateau ivre*). Cette Nef des fous, ou *Narrenschiff,* ballottée par les courants, est l'œuvre de Sébastien Brandt, qui grava et écrivit une suite de scènes sur ce thème en 1494. Et notre fou risque la noyade. Le mot « noyer », le verbe « noyer », homonymes français de l'arbre, n'ont rien à voir avec ce dernier, ni avec les balivernes et les noix : il vient du verbe *necare,* qui signifie : « tuer violemment » (cf. *Vulnerant omnes, ultima necat*).

L'homonymie, cependant, produit parfois du sens : Eithne, allégorie féminine de l'Irlande, est assimilée à la noix dans certains vieux glossaires, puisque « noix » se dit *eitne* en irlandais. Mais, alors, la noix change de sexe, de sens, s'éloigne des balivernes et devient l'œuf cosmique, la matrice universelle, le fruit des entrailles d'une Grande Mère symbolique et rejoint ainsi les significations magiques et diverses des coques, coquillages, coquilles, bogues et œufs.

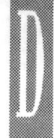

Doctus cum libro
(Savant avec le livre)

Notre sort commun, hélas ! Notre temps se plaît à déléguer le savoir, à spécialiser les connaissances, et notre esprit n'a plus guère le temps de lutter.

Les cultures antiques, médiévales et renaissantes avaient une autre grandeur (cf. *Pejor avis aetas*) : le plus habile de nos savants, le plus cultivé de nos clercs paraîtrait illettré, ignorant ou imbécile auprès d'un Abélard, d'un Thomas d'Aquin, d'un Raymond Lulle, d'un Pierre Comestor ou d'un Pic de La Mirandole (cf. *De omni re scibili*). Il suffirait de demander à un de nos prix Nobel combien de livres il peut réciter, commenter, analyser, paraphraser, scander, gloser, de mémoire.

Les cultures anciennes mixtes, à la fois écrites et orales, permettaient, voire obligeaient la mémoire à conserver des livres entiers. Certaines cultures ont gardé cette possibilité : le 4 octobre 1967, Mehmet Ali Halici d'Ankara a récité par cœur 6 666 versets du Coran. Cette performance dura six heures. Ce cas n'est qu'un exemple. On peut aussi lire *Kim* de Rudyard Kipling, qui illustre certains aspects de la culture de l'intellect en Inde.

La scansion, la « manducation », la méditation des textes aidait leur rétention. La lecture s'effectuait à haute voix : la vue, l'ouïe participaient à la lecture, comme le goût, puisqu'on « mâchait » et savourait les œuvres, comme l'odorat, puisque Smaragde, au IXe siècle, parle de traductions « parfumées de grammaire ». Dans l'Inde d'aujourd'hui, des étudiants peuvent encore réciter le *Rigveda* par cœur : ce texte est aussi long que *l'Iliade* et *l'Odyssée* mises bout à bout. Le moindre trouvère connaissait des milliers de vers et ceux qui pouvaient réciter la Bible n'étaient pas rares jadis, même chez les enfants :

> « *Le vieillard rompit le silence et, montrant le ciel couvert d'étoiles, il dit à Edmond :*
> « *As-tu lu la Bible, mon enfant ?*
> *– Oh oui, père Brasdargent, et je la sais quasi par cœur.* »
> Restif de la Bretonne, *la Vie de mon père* (1778).

Le secret de cette vaste mémoire tint longtemps dans la pratique des arts de la mémoire, techniques efficaces que l'on pourrait remettre au goût du jour, en complément des diverses techniques de lecture : écrémage, lecture rapide, scansion, diction, et autres exercices éprouvés. On préféra à tout cela la stupidité qui consistait à ânonner pour « apprendre par cœur », méthode qui n'a pas donné d'esprits aussi complets ni en aussi grand nombre que les penseurs grecs, latins et médiévaux. Des instituteurs de la IIIe République à nos jours, la faillite est immense : on s'interroge sur les méthodes, mais guère sur les contenus. De plus, les méthodes elles-mêmes sont caduques, oscillant entre le dressage et l'irresponsabilité : transmettre le goût du savoir, le plaisir de connaître devrait pourtant aller de soi. Mais l'école, semble-t-il, n'est pas faite pour enseigner la liberté...

Nos clercs d'autrefois, quand le livre était rare, cher, précieux, marchaient ou chevauchaient durant des jours et des jours pour consulter un ouvrage jalousement gardé dans une bibliothèque lointaine. Il fallait savoir se défendre sur des routes peu sûres, connaître la fatigue, la lassitude. Mais leur soif de savoir les menait. Ils revenaient avec un livre de plus dans l'esprit et repartaient pour de nouvelles aventures.

Le *doctus cum libro* était alors bien ridicule. Souhaitons, nous qui en sommes là, de devenir tout aussi ridicules un jour et que les générations futures auront les moyens, le désir d'une vraie culture.

Source :
Frances A. Yates, *l' Art de la mémoire*, Paris, 1975.

Donec eris felix multos numerabis amicos
(Tant que tu seras heureux, tu compteras beaucoup d'amis)

Ovide, seul, abandonné, exilé par Auguste, soupire ainsi (*Tristes,* I, 9, 5). Le vers suivant dit : *Tempora si fuerunt nubila solus eris* (« si le ciel se couvre, tu seras seul »). On en retrouve un démarquage dans *le Roi Lear* de Shakespeare. Et c'est le fou qui parle :

> *Ce bel ami qui ne vous sert que par intérêt*
> *Et ne vous suit que pour la forme*
> *Pliera bagage dès qu'il commencera à pleuvoir*
> *Et vous laissera seul exposé à l'orage.*

On ne sait guère pourquoi Ovide fut exilé. On pense parfois qu'il participa aux excès de Julie, fille débauchée de l'empereur, qu'Ovide surnomme tendrement Corinne. Il se pourrait aussi qu'il ait participé à une intrigue politique visant à faire d'Agrippa l'héritier d'Auguste, à la place de Tibère.

La tristesse d'Ovide ne manque ni de grandeur ni de beauté. Mais le sentiment de solitude ressenti au moment d'un malheur qu'accentue l'abandon des amis que l'on croyait proches fut exprimé d'une façon encore plus poignante, plus profonde même, par Jimmie Cox. Ce compositeur oublié fut l'auteur, en 1922, d'un blues célèbre : *Nobody Knows You When You're Down and Out.*

On en connaît généralement la version sublime de Bessie Smith. On oublie, hélas, celle poignante et fruste de Leadbelly, comme celle, moderne et nostalgique, de La Vern Baker. Le texte de Jimmie Cox, sa musique splendide se déclinent différemment suivant les caractères de chacun de ces interprètes : toute solitude est unique.

Duos habet et bene pendentes
(Il en possède deux, et bien pendues)

Phrase que prononcerait, selon divers auteurs, le premier cardinal de l'ordre des diacres lors d'une élection papale. Il s'agit d'attester que le pontife élu

Dse trouve bien porteur des *dignitates* fondant sa virilité. L'Église catholique, apostolique et romaine, peu soucieuse de féminisme, tient particulièrement à ce que les papes soient mâles. D'autres pensent que le dignitaire en question disait plus simplement : *testiculos habet,* ce qui a moins de charme.

Le pape devait, paraît-il, s'asseoir sur un siège spécial, la *sella stercoraria* (sorte de chaise percée) et la personne désignée à cet effet « tasteroit les parties honteuses du pape et tesmoigneroit qu'il est homme masle » selon Mayer. La Fontaine traduisit un petit poème satirique à propos de cette rumeur :

> *... Puis Rome disposa*
> *De se garder d'une semblable astuce*
> *Cherchant les lieux secrets près du prépuce*
> *Du grand Pontife : et nul pouvoit avoir*
> *Les clefs du ciel (c'est estre pape) que pource*
> *Si tel avoit couillons falloit savoir.*

Une légende tenace raconte l'histoire d'une jeune fille de Mayence (la « papesse Jeanne ») qui serait partie pour Athènes avec son amant. Son séjour dans le berceau de toute science lui ayant permis l'acquisition d'une vaste culture, elle serait partie pour Rome, après la mort de son amant. Déguisée en homme, et sous le nom de Jean l'Anglais, elle aurait été élue pape. Après quoi, elle aurait accouché en pleine procession, ce qui, effectivement, est contraire à l'usage, dévoilant ainsi qu'elle n'était pas un homme. D'après Jean de Mailly, le peuple l'aurait lapidée. Un grand nombre de versions de cette histoire existent, qui divergent sensiblement.

Depuis cette affaire, qui aurait eu lieu soit en 885 (Benoît III était pape), soit en 1100 (Pascal II était pape) ou en 1089 (Victor III était pape), un dignitaire serait chargé de vérifier *de manu* que l'élu possède bien ce qu'il faut pour appartenir au sexe dit fort. Cela dit, tous ceux qui en parlent prennent des précautions :

« certains écrivent que... », « pour Naucler, au XVIe siècle commençant... », « beaucoup affirment... », « pour Mayer en 1690... », etc.

On trouvera dans *le Moutardier du pape* d'Alfred Jarry d'intéressantes exégèses de cette phrase qui offre l'avantage d'être, de plus, un contrepet latin : *Duos habet et pene bandantes, pene,* ou *paene,* signifiant « presque » ou « à peine »... L'inconvenance de cette phrase est aussi grammaticale si l'on préfère considérer que *pene* désigne un autre élément des attributs masculins. Auquel cas, si j'ose dire, il conviendrait qu'une certaine bienveillance daignât considérer la forme *pene* comme un ablatif de *penis.* On se demande évidemment la raison, au point de vue flexionnel, de cet ablatif : il s'agit peut-être d'une forme idiomatique, régionale, archaïque et totalement oubliée.

Cette phrase, faut-il le dire ? est tout à fait absente des pages, fussent-elles roses, du *Petit Larousse.*

Puisqu'il est fait allusion à cette phrase dans *le Moutardier du pape* de Jarry, signalons ici que la maison Denoix, de Brive, a retrouvé le secret de la fameuse moutarde violette, et la commercialise. Cette moutarde, qui contient du moût de raisin, est celle que le pape Clément VI, né en Limousin, appréciait tout particulièrement (d'autres sources parlent à ce propos de Jean XXII). Ce pape fit venir en Avignon un artisan corrézien pour qu'il fabriquât ce condiment exquis. Cet artisan réussit à tel point qu'il fut nommé « Grand Moutardier du pape ».

Sources :
Jean Crespin, *l'Estat de l'Eglise avec le discours des temps depuis les apostres sous Néron jusques à présent sous Charles V,* 1556 ;
J.F. Mayer, *De Pontificis romani electione liber commentarius,* Holmiae et Hamburgi, 1690 ;
Jean Naucler, *Chronica... succintum compraehendentia res memorabiles saeculorum omnium ac gentium ab initio mundi usque ad annum MCCCCC,* Cologne, 1501 ;
cités par Jean-Claude Bologne, *Histoire de la pudeur,* Paris, 1986 ;
Luc Estienne, *l'Art du contrepet,* Paris, 1971.

Dura lex sed lex
(La loi est dure, mais c'est la loi)

Maxime on ne peut plus romaine. Toutefois, une loi juste ne devrait jamais être dure. L'Exode comme le *Lévitique* nous montrent les abus des lois iniques. Moïse, tyran sanguinaire, n'hésitait jamais devant une lapidation. La loi du talion n'est pas meilleure.

Duralex est une marque de verrerie qui fournit les collectivités, les cantines scolaires, etc. Un modèle de verre se trouve sempiternellement présent dans les réfectoires. Il a l'avantage de se casser en petits éclats brillants, fort jolis à voir. À tel point – comme c'est loin tout ça ! – qu'il pouvait arriver que les élèves ne fussent pas étrangers au fait que ces verres puissent se briser. Un calembour suivait immanquablement, servant d'oraison funèbre au verre défunt : *Duralex, c'est de l'ex...*

E

Ejusdem farinae
(De la même farine)

Cette locution se prend toujours en mauvaise part pour établir une comparaison entre personnes ayant les mêmes vices, les mêmes défauts, etc.

Elle pourrait provenir d'une expression de Perse (5, 115) : *nostrae farinae essere,* « être de notre farine, de notre constitution, de notre rang », etc., c'est-à-dire semblable à nous, à ceux ou celui qui parle. C'est bien en ce sens que l'emploie Balzac dans *le Père Goriot* :
« *Ne vous en souvenez-vous pas, Clara ? Le roi s'est mis à rire et a dit un bon mot sur la farine – des gens – comment donc ? – des gens...*
– ... ejusdem farinae, dit Eugène.
– C'est cela, dit la duchesse. »

Monsieur Purgon utilise cette expression en parlant de Diafoirus, dans *le Malade imaginaire* de Molière : « *Ce qui me plaît en lui, c'est qu'il s'attache aveuglément aux principes de nos anciens et que jamais il n'a voulu comprendre ni écouter les raisons et les expériences des prétendues découvertes de notre siècle touchant la circulation du sang et autres opinions de la même farine.* »

Ergo glu capiuntur aves
(C'est pourquoi les oiseaux se prennent à la glu)

Conclusion burlesque par laquelle il fut d'usage de terminer des raisonnements drolatiques. *Delenda Carthago* (cf. *supra*.), disait le vieux Caton, selon Florus (*Histoire romaine,* II, 45) à la fin de tous ses discours, quel qu'en fût le sujet... Caton voulait ainsi rappeler le danger que Carthage représentait pour Rome. Moins belliqueuse est la phrase par laquelle Alexandre Vialatte avait l'habitude de terminer ses chroniques, sans qu'elle eût quelque rapport que ce soit avec ce qui précédait : « Et c'est ainsi qu' Allah est grand... »

Eritis sicut dii
(Vous serez comme des dieux)

Paroles du serpent de la Genèse (III, 5) qui s'adresse ainsi à Ève pour la décider à manger le fruit défendu, celui de la science du Bien et du Mal. Quoique la science m'intéresse, je n'ai, quant à moi, pas tellement envie de ressembler aux dieux, quels qu'ils soient. Je dois avoir raison, puisque ce désir, chez Adam et Ève, n'engendra que des catastrophes. Ou alors : « deviens ton propre dieu », comme disent les anarchistes. Mais n'est-ce pas là une nouvelle façon de manger le fruit défendu ? Nous avons parfois besoin de vertus plus hautes...

Jean-Jacques Rousseau s'en aperçut. Il le prouve en définissant la rêverie dans un ouvrage intitulé, justement : *les Rêveries du promeneur solitaire*. Dans la « Cinquième Promenade », il fait voir au lecteur, voir et contempler le lac de Bienne. Il montre l'espèce d'hypnose produite par la contemplation et déclare : « Tant que cela dure, on se suffit à soi même, comme Dieu. » Il suffit, effectivement d'inscrire un certain regard dans la durée. Rêverie, promenade... Rousseau se souvient-il de l'étymologie bizarre du verbe « rêver » ? Ce mot, viendrait d' un ancien français *esver,* « vagabonder », proche de *desver,* « perdre le sens » provenant d' un latin **exvagus,* composé de *vagus* : « errer », « vagabonder » ? (cf. *clerici vagantes*).

Arbre de la science du bien et du mal ? Cette dénomination fonde le premier amalgame des religions judaïque et chrétienne en mêlant morale et religion. Il fonde aussi le péché originel, qui détermina le sentiment de culpabilité inhérent au christianisme et qui lui permit de mener à bien les plus grands massacres de l'histoire au nom de la Rédemption. Une interprétation, spécieuse mais courante, pense que cette dégustation du fruit défendu est d'ordre sexuel. C'est vrai dans le sens que la volonté de savoir est désir. Le sexe, donc,

E peut mener à la connaissance. Mais, ici, il devient lui aussi coupable et ne pourra être supporté que dans certaines conditions. Ainsi se réalise le deuxième amalgame biblique qui mélange et confond sexualité et amour, puis amour et contrat de mariage, ce qui fut une sorte de révolution par rapport aux autres religions antiques, lesquelles discernaient davantage...

Tout ça pour accéder à la Vie éternelle. Pourquoi ne sommes-nous pas tous aussi sages qu'Ulysse qui, tout simplement, tout humainement, refusa l'immortalité que lui proposait Calypso (*Odyssée,* V, 209) ? N'est-il pas bon de n'avoir qu'une seule chance et de savoir qu'il ne faut pas la gâcher ? Ainsi peut-on tenter de faire le bien pour le bien, en évitant les marchandages du « salut ».

Errare humanum est
(Il est de la nature de l'homme de se tromper)

Maxime latine. Le verbe *erro,* cependant, ne veut pas seulement dire « se tromper ». Il a donné le français : « errer ». Ce qui est une bonne chose.

Sommes-nous tel le navire continuant sur son erre ? Toujours est-il qu'errer devient, et de plus en plus, aussi nécessaire que de faire des erreurs. Tout progrès se fonde à partir des erreurs des nouvelles générations corrigeant celles des anciennes.

Errer, c'est d'abord aller vite, droit au but. Cela signifia d'abord « voyager », c'est-à-dire aller d'un point à un autre, se mettre en route, aller. L'*errement* fut certes une aventure, mais aussi un exploit, du moins au XIIe siècle. *Faire bonne erre,* ce fut « aller vite ». *De grant erre* signifia « prompt à la course ». *Errant,* chez Chrétien de Troyes, voulait dire « très vite », « tout de suite ». Il est vrai que l'on trouve plus vite ce que l'on cherche en faisant le calme en soi, en laissant aller sa pensée qu'en appliquant de stériles méthodes qui ne peuvent faire découvrir que ce que l'on sait déjà. Il est humain d'errer, parce que c'est la clef de toute connaissance, et que ça permet d'aller plus vite.

Cela posé, qui dira jamais la fécondité des erreurs ? C'est en se trompant beaucoup, en corrigeant constamment que l'on peut parvenir à une certaine justesse. L'erreur elle même peut devenir méthode. Rêvons donc qu'un jour se construise une véritable et rigoureuse, autant, sinon moins, que nos rêveries, maïeutique de l'erreur. Dès lors, serons-nous « comme des dieux ». (cf. *Eritis sicut dii*).

Et in Arcadia ego
(Et moi aussi, j'ai vécu en Arcadie)

Épigraphe des *Bergers d'Arcadie,* de Nicolas Poussin. Ce tableau représentant un groupe de bergers autour d'un tombeau reste l'un des chefs-d'œuvre de l'art classique, et de la peinture en général. Il existe un classicisme heureux, celui de cette peinture-là, hérité de l'Italie, remanié par une vision « bien de chez nous », celle de Poussin. L'esprit classique, totalement assumé, se double cependant d'un regret sur lui-même : le temps des bergers est bien mort, c'est fini, la pastorale antique... et Poussin exprime son regret, sa nostalgie de ces temps révolus. Cette mélancolie ne l'empêche pas de créer, d'aller vers l'avenir, d'inventer un art, une esthétique neufs. Car le classicisme de Poussin ne se contente pas d'une copie des anciens, ni même d'un respect de l'esprit « antique ».

Il ne néglige d'ailleurs pas un certain érotisme, du moins dans une première version dans laquelle apparaît une bergère et qui ressemble fort à la Muse de l'*Inspiration du poète,* autre toile de Poussin. La sévérité attribuée à Poussin se nuance souvent de ce type de tendresse, les bergers eux-mêmes expriment une douceur suave, voire un peu triste. Une atmosphère de mystère plane sur l'œuvre : il y a là une énigme...

Classique, assurément, Poussin semble d'abord se préoccuper du sujet. Toutefois, son regard se suffit à lui-même et notre sensibilité peut négliger ce qu'il y aurait d'un peu trop attendu dans une telle œuvre pour s'attacher, justement, à la qualité de cette vision, puisque c'est bien là, dans le regard, que réside toute modernité, fût-elle celle d'un classique.

Encore ce classicisme est-il de son temps et ne se tourne-t-il pas vers un passé, même s'il en exprime la nostalgie. Poussin croyait vivre à l'apogée de l'histoire. Comme d'autres, Puget ou Le Lorrain, Monteverdi ou Schütz en musique, il crée quelque chose de neuf, d'inédit. Il existe ainsi une frange d'artistes « classiques » qui sont, en fait, des modernes. Il est vrai que « classique » est un mot de critique et non d'artiste. N'être que « classique » ne saurait suffire à un artiste réellement rigoureux : il « en veut » plus, et se doit d'exprimer une diversité.

Parlant de certains écrivains classiques, Proust disait que leurs œuvres ne pouvaient être bien lues que par les romantiques, car ils doivent être lus romantiquement. En effet, certaine grandeur, évitant le dessèchement habituel chez les « purs » classiques, ceux qui le sont pour l'être, permet que certaines œuvres nous touchent encore...

Ex dono
(Provenant d'une donation, d'un don)

Un musée, une collection particulière peuvent recevoir un don, une œuvre d'art offerts par un particulier. Dans ce cas, la mention *ex dono* est suivie du nom du donateur. Il arrive aussi qu'une personne privée finance la restauration d'une église, voire offre une cloche. Encore faut-il que l'église soit digne d'un don. Il faut parfois se méfier des cadeaux et se souvenir du Cheval de Troie : il ne s'agissait que d'un don de la farce ou, plutôt, d'une sale blague (cf. *Timeo Danaos et dona ferentes*).

Ex nihilo nihil
(De rien, rien)

Cet aphorisme résume la philosophie de Lucrèce et d'Épicure. Il est en fait tiré de Perse (*Satires*, III, 24) qui commence par *De nihilo nihil...* Bon : rien ne vient de rien, rien n'est tiré de rien. Cependant, il faut noter que le mot « rien » est mentionné deux fois dans la phrase. Le fût-il trois fois, que tout changerait. Raymond Devos nous a bien expliqué que « deux fois rien ce n'est rien, mais [que] trois fois rien, c'est déjà quelque chose »... Et, comme Lewis Carroll nous avait déjà dit que « tout ce qui est dit trois fois est vrai », nous devons en déduire que rien existe bel est bien, car on ne voit pas comment pourrait être vrai ce qui n'existe pas : un rien, c'est une babiole, un colifichet, un mot gentil, un petit rien...

De plus, voire de surcroît, rien, c'est décidément quelque chose : le mot latin qui a donné « rien » est « chose », à savoir *res*, en fait son accusatif *rem*, qui a eu le bon goût de se comporter sagement au fil des âges et de se diphtonguer en suivant les lois de la phonétique historique. Et ce « rien » français a longtemps été positif. Lorsqu'on dit, comme Rimbaud dans sa *Lettre du Voyant*, « ce n'est pas rien », c'est que c'est déjà quelque chose : *plus est chier que tote rien terrestre,* dit le héros de *la Vie de saint Alexis,* pour qui le salut vaut mieux que toute chose de ce monde... Ce rien, que dédaigne le saint, désigne en fait les biens de ce monde et, accessoirement, sa femme qu'il va quitter. Un rien, c'est un bien, et ça vaut mieux que rien, et mieux aussi que deux « tu l'auras »...

Un homme de rien peut être un homme de peine. Un fille de rien peut être une fille de joie. Rien n'est simple. On pouvait encore dire autrefois : « Tu es la rien que j'aime le plus au monde », car rien signifiait aussi « personne », « être humain ». Nous ne saurons trop déconseiller à un galant d'aujourd'hui d'user d'un tel propos. Donc, rien ne signifie ni rien ni personne...

Pour en revenir à notre fille de joie, cette fille de rien, cette personne... cette fille publique est donc une rien publique, ainsi est-elle toute chose, c'est-à-dire réifiée, rendue objet, chosifiée. On dirait alors en latin *res publica*. La réaction ne qualifiait-elle pas jadis la République de « gueuse » ?

Rien a été du genre féminin jusqu'au XVe siècle : un rien n'est pas une rien. Il n'est devenu négatif qu'au XVIe : après avoir signifié quelque chose, il ne veut plus rien dire... ou plutôt plus dire rien, au sens d'autrefois et signifie absolument rien aujourd'hui.

Il fut un temps où « rien », non content de vouloir dire quelque chose, voulait dire beaucoup et grandement, sans négliger de rester populaire. On l'entend encore parfois ainsi dans nos provinces. Il s'employait adverbialement dans des phrases comme : « il est rien malin, celui-là », ou « il fait rien froid, ce matin ».

Il est bien possible qu'on ne comprenne rien à toutes ces choses. De toute façon, ça ne fait rien.

Experto crede Roberto
(Crois-en Robert, qui le sait par expérience)

Antoine Arena (?-1544) était juge à Saint-Rémy, près d'Arles. Il écrivit une épopée burlesque : *Meygra entreprisa catholici imperatoris* (1537), qui traite sur le mode bouffon de l'expédition de Charles Quint en Provence. Outre sa drôlerie, cette épopée nous donne un certain nombre de détails à propos de la vie à cette époque. Arena écrivit aussi un *Art de danser,* ainsi que d'autres ouvrages.

Antoine Arena fut l'un des représentants français de la littérature macaronique. Cette forme de burlesque, que Molière reprit dans *le Malade imaginaire,* utilise des mots français latinisés pour former des discours pompeux et comiques. Sans doute est-ce l'origine de l'expression « latin de cuisine » puisque l'un des grands spécialistes du genre fut Folengo, dit Merlin Coccaie, ce surnom signifiant « Merlin le Cuisinier ». Son *Opus Merlini Coccaii macaronicorum* (1520), mélange d'italien, de patois et de latin, inspira Rabelais pour la rédaction de la fameuse harangue du chapitre XIX de *Gargantua* : « *Harangue de maistre Janotus de Bragmardo faicte à Gargantua pour recouvrer les cloches.* »

La phrase *Experto crede Roberto* pourrait se traduire par : « Crois-en ma vieille expérience ». En effet, Roberto est celui qui parle et se nomme lui-même, selon l'usage que l'on retrouve souvent dans le théâtre classique.

Exultet
(Qu'il se réjouisse)

Premier mot d'un hymne qu'on chante pendant la bénédiction du cierge pascal et qu'on désigne par ce terme.

Le diacre, se tenant sur l'ambon de la basilique, chantait l'*Exultet*. Le texte, inscrit sur un rouleau, un *volumen,* se déroulait au fil de son chant sur un pupitre situé devant lui. Le public voyait donc, de l'autre côté du pupitre, les caractères écrits à l'envers. En revanche, les enluminures, les illustrations du rouleau se trouvaient disposées dans le sens contraire, de telle sorte que le public pût les voir à l'endroit. Elles étaient, de plus, parfois décalées par rapport au texte, afin de correspondre à ce qui était en train d'être chanté. La plupart du temps, ces illustrations représentaient des sujets religieux pour l'instruction du peuple, des portraits de saints, de papes, etc. Au Moyen Âge, le terme *exultet* en vint à désigner le rouleau de parchemin ainsi composé.

Le verbe « exulter », qui signifie « éprouver une vive joie », provient d'un mot latin de même sens dont l'étymologie est le verbe *saltare,* « sauter », avec le préfixe *ex,* « en dehors ». Exulter est donc éprouver une joie qui nous transporte, sauter de joie.

Ex ungue leonem
(On reconnaît le lion à la griffe)

L'application de cette expression est que l'on reconnaîtrait à certains traits la main d'un artiste. Cet adage souffre pourtant pas mal d'exceptions.

Hercule et Omphale, de Rubens fut réattribué jusqu'en 1721 à Willeboirts. Un *Portrait d'un chevalier de Malte,* attribué à l'Allemand Bruyn, fut classé sous l'étiquette : école flamande du XVIe siècle. On considère aujourd'hui qu'il est typique de l'école française. Le *Portrait de l'acteur Wolf* de Sophie Rude fut attribué à David par le modèle lui-même et pourvu d'une fausse signature. On ne le découvrit qu'en 1986, bien que la supercherie eût été dénoncée par certains dès 1825. Une négligeable copie de Chardin, récupérée en Allemagne après 1945, est maintenant devenue un véritable Chardin. Bref, les experts hésitent parfois, se trompent, tergiversent : ce n'est donc pas si facile de reconnaître le lion à ses griffes, ni la « patte » d'un artiste.

Il est un cas où je reconnais cependant le lion, ou plutôt la petite lionne, non à sa griffe, mais à sa menotte : ma fille, qui se prénomme Léonie, laisse parfois (quoique de moins en moins) traîner quelques doigts plus ou moins chocolatés sur une table qu'on vient de nettoyer, un mur blanc, etc. Je ne suis pas un expert, mais je ne crois pas, en ce cas, faire beaucoup d'erreurs d'attribution : je puis reconnaître que ces peccadilles sont bel et bien *ex ungue leonem,* ou plutôt, *ex manu Leoniam,* ce qui me permet d'intéressantes discussions avec cette chère petite.

Source :
Bruno Foucard, « Catalogue. La forme et le fond », in *Connaissance des arts,* n° 425, juillet-août 1987.

Ex voto
(En conséquence d'un vœu)

Abréviation d'*ex voto suscepto* : « en conséquence d'un vœu par lequel je suis engagé ».

Pour attirer l'attention divine lors d'un danger, la tentation est grande de promettre un don à tel ou tel dieu en échange de sa protection. On retrouve ainsi, près de certaines sources, des objets de bois gallo-romains représentant des parties du corps malades dont on demandait la guérison. Les guerriers grecs et romains venaient parfois suspendre leurs armes dans les temples après le combat. Des athlètes y déposaient les couronnes de leurs triomphes. Des femmes apportaient des voiles, des ceintures, voire leur chevelure. De riches offrandes accumulées contribuèrent à la renommée du temple de Diane à Éphèse, et de celui de Delphes.

L'Église, qui fait et laisse faire maintenant commerce de telles pratiques, dénonça d'abord ces usages. Ils étaient, et restent, tout à fait païens. Cependant, les guérisons opérées par les saints thérapeutes, comme Martin de Tours, permettaient bon nombre de conversions au christianisme. Dès lors, l'Église n'eut qu'à changer, comme d'habitude, sous la pression d'événements extérieurs, pour admettre, puis encourager les dons et offrandes divers. Le cierge devint le don le plus fréquent. Les plus riches, cependant, offraient vitraux ou verrières en se faisant parfois représenter en bas du panneau, à genoux et les mains jointes.

Il fallut attendre les IXe-Xe siècles pour voir réapparaître les ex-voto représentant des parties du corps : la société, bien christianisée, n'y voyait plus de relents de paganisme. Bientôt, des artistes spécialistes procurèrent les ex-voto.

Ces derniers devinrent de plus en plus divers dès le XVIe siècle. En Franche-Comté, on peut trouver, dans certaines grottes ou arbres creux, un *dieu de piété*, image représentant le Christ ou la Vierge près de laquelle on suspend des offrandes. De petits poissons en argent remercient tel ou tel saint, dans les églises provençales, après une pêche particulièrement abondante.

L'ex-voto, en dehors de son rôle d'expression d'une reconnaissance, a aussi une valeur de témoignage : on trouve parfois, dans les églises, le vêtement que portait un naufragé au moment du naufrage, la planche à laquelle il s'est accroché, ce qui lui a permis de sauver sa vie. À Lourdes, l'on pouvait voir naguère un nombre impressionnant de béquilles que des ex-infirmes ont laissées là pour que tous sachent que la Vierge miraculeuse les a délivrés du poids de leur infirmité.

La mer, ses périls, ses dangers furent l'occasion de maintes offrandes et de la réalisation de très belles maquettes de navires. Les survivants d'un naufrage ou ceux qui avaient eu très peur durant une tempête donnèrent souvent la représentation en volume du bâtiment qui faillit se perdre ou qui s'était perdu.

À côté de ces maquettes, chefs-d'œuvre minutieux, proches de ceux des compagnons, associant la prouesse technique au don votif, apparaissent les ex-voto peints. Ces peintures, généralement sur bois, décrivent l'accident dont on a été sauvé par l'intercession du saint : chute, noyade, foudre, tempête. Ces scènes, réalistes, émouvantes parfois dans leur maladresse picturale, se situent en arrière-plan, derrière la représentation du saint ou du donateur en prière.

Ces peintures prirent un essor particulier à partir de 1815, au moment de la revanche du catholicisme après la période révolutionnaire. La pratique de l'ex-voto devint plus populaire et atteignit son apogée sous le second Empire : les fidèles qui l'étaient restés sous la Révolution avaient pris l'habitude de se passer parfois de prêtres. Certains avaient dû administrer eux-mêmes des sacrements, et en secret, ce qui est recommandé en cas d'urgence. Bref, un rapport de résistance au pouvoir de la catholicité proscrite favorisa un contact plus direct entre le croyant et sa religion, ce qui explique assez bien l'extension des ex-voto. L'ex-voto est une manière de s'adresser sans intermédiaire aux puissances célestes.

La Provence, encore une fois, fut le lieu d'un essor particulier de cet art populaire. Les représentations s'orientent vers un réalisme naïf : scènes de maladies, opérations, accidents. Les changements sociaux et le monde du travail apparaissent peu à peu dans ces œuvres : meuniers pris dans la roue du moulin, garçon boucher transpercé par un crochet à viande, bûcheron écrasé par le fût qu'il a abattu, etc.

Des peintres spécialisés d'ex-voto de cette époque nous sont connus : Jules Roméo de Marseille, le menuisier Eusèbe Nicolas qui, tous deux, exerçaient cet art comme métier d'appoint et peignaient sur commande des tableautins de trente centimètres sur quarante dans la plupart des cas.

L'église Sainte-Anne, à Saint-Tropez, montre une très belle collection d'ex-voto, comme, évidemment, Notre-Dame-de-la-Garde à Marseille. En dehors de la Provence, où les ex-voto sont particulièrement nombreux, certaines églises alsaciennes en conservent. L'Espagne comme l'Italie, pays d'un intense catholicisme populaire, ne sont pas en reste : dans les campagnes les plus reculées, il n'est pas rare de trouver un ou plusieurs petits tableaux représentant un accident épouvantable dont un saint a préservé le donateur. Aujourd'hui, l'ex-voto est bien souvent remplacé par une hideuse et quasi mortuaire plaque de marbre gravée.

Il existe, hélas, un commerce des ex-voto. Bien souvent, ceux que l'on peut acquérir ont été scandaleusement volés dans un sanctuaire, à moins qu'ils n'aient été revendus par un prêtre peu scrupuleux, ou ne comprenant pas la valeur sentimentale, historique et artistique de tels objets. Leur place, de toute façon, est dans l'église où les a placés le donateur.

Les tristes plaques de marbre remplaçant les ex-voto font parfois preuve d'un certain humour, fût-il involontaire. N'a-t-on pas vu récemment, dans le Sud-Ouest, l'une de ces pierres portant simplement la mention *Merci,* suivie du nom de la donatrice : Veuve X (nous préserverons son anonymat) ? On peut se demander quel était ce vœu, finalement exaucé...

Source :
Bernard Cousin, *Ex-voto de Provence, images de la religion populaire et de la vie d'autrefois,* Paris, 1981.

F

Fama volat
(La renommée vole)

Début d'un vers de Virgile (*Énéide,* III, 121) que l'on cite généralement pour exprimer la rapidité avec laquelle se répand une nouvelle.

L'exemple classique pour illustrer cette phrase est d'imaginer une nouvelle, un secret que l'on confierait à deux personnes. Ces deux personnes en feraient part, chacune, à deux autres personnes, qui elles-mêmes transmettraient le message à, chacune, deux autres personnes, et ainsi de suite.

À la première transmission, deux personnes connaîtraient la nouvelle. À la suivante, quatre, à la suivante, seize, puis trente-deux, puis soixante-quatre, puis cent vingt-huit, à la septième transmission deux cent cinquante-six, etc., etc. À chaque transmission, le nombre de personnes connaissant la nouvelle doublera. À la quinzième transmission, nous en serions à 65 536 personnes connaissant la nouvelle...

On peut imaginer ce qui arriverait si, au lieu de faire connaître un fait à deux personnes qui devraient le transmettre chacune à deux autres, on commençait directement par quatre, huit, ou dix personnes.

Felix culpa !
(Heureuse faute !)

Saint Augustin emploie cette expression dans l'une de ses homélies. Il signifie par là que le péché originel est une heureuse faute, puisqu'il nous a valu le Rédempteur. Cette exclamation a été reprise dans l'hymne *Exultet jam angelica turba caelorum* (cf. *Exultet*), qui se chante durant la bénédiction du cierge pascal.

Felix culpa que talem ac tantum merituit habere redemptorem (« heureuse faute qui a mérité un si grand rédempteur »), dit le texte. Il arrive, en effet, qu'une faute soit profitable : en mai 1902, dans une prison de la Martinique, un voleur fut puni à cause d'on ne sait plus quel manquement. On l'enferma dans un cachot souterrain. C'est alors que se produisit la célèbre éruption de la montagne Pelée. Le voleur puni fut sauvé, tandis que périrent quarante mille personnes.

Heureuse fut la faute du héros du *Roman d'un tricheur* de Sacha Guitry, puisque ses parents, pour le punir, le privèrent de champignons. Toute la famille mourut empoisonnée. Le garçonnet survivant en déduisit que, dans la vie, il valait mieux se conduire malhonnêtement. Ainsi se décida la vocation de ce tricheur...

Festina lente
(Hâte-toi lentement)

Précepte attribué à l'empereur Auguste. Boileau en reprend l'idée dans son *Art poétique.*

Hâtez-vous lentement et sans perdre courage
Vingt fois sur le métier remettez votre ouvrage.

Boileau, médiocre auteur, se hâtait un peu trop vite, puisque, dans l'usage courant, le deuxième vers cité ici l'est sous la forme inexacte quant à sa source, mais exacte quant à la nécessité de : *Cent fois sur le métier remettez votre ouvrage.* Il est vrai que, pris dans la mécanique du vers classique, beaucoup de nos auteurs d'autrefois manquaient un peu de rigueur.

Honoré de Balzac, dit la légende, pouvait écrire un roman en une nuit. Certes, ce fut au prix de quelques inadvertances. Toutefois, le plus mauvais livre de Balzac (serait-ce *Ursule Mirouet* ?) dépasse, et de beaucoup, le maigre talent de Boileau. Il suffit de huit jours à Georges Simenon pour écrire un roman de 200 pages dans lequel les faiblesses sont plus rares que chez Balzac. Erle Stanley Gardner, le créateur de Perry Mason, dictait jusqu'à 10 000 mots par jour et pouvait, avec l'aide de collaborateurs il est vrai, rédiger jusqu'à sept ouvrages à la fois. Bref, si l'on ne suit pas l'opinion de Boileau, il est tout de même possible d'écrire de façon talentueuse. En revanche, le général Harold Hartley commença à écrire en 1901 son *Étude de l'histoire de la chimie,* qu'il ne termina qu'en 1971... Doit-on écrire vite ou lentement ? A l'évidence, il doit y avoir un rythme particulier, personnel, qu'il faut suivre plutôt que d'écouter les billevesées d'auteurs que nul n'aurait encore l'idée de lire.

Hâte-toi lentement... L'empereur Auguste (63 av. J.-C.-14 apr. J.-C.) est-il vraiment l'auteur de cette maxime ? Il lui arriva pourtant maintes fois de ne pas la respecter. Apprenant la mort de César, il revint précipitamment d'Apollonie pour saisir le pouvoir. Il ne mit pas longtemps à proscrire Cicéron, qu'il appelait son « père » quelques jours auparavant. Il institua des postes pour que les informations nécessaires au service de l'État circulassent plus rapidement. Il mena, tambour battant, de grands travaux dans Rome, ce qui lui permit de déclarer, à juste titre, qu'il avait transformé une ville de briques en une ville de marbre. Le moins qu'on puisse dire, c'est qu'il ne se hâtait pas trop lentement. C'est aussi avec un certain empressement qu'il empêcha que l'on détruisît *l'Énéide,* que Virgile reniait.

Entre l'an 27 et l'an 10 avant notre ère, Auguste transforma radicalement Rome, la société romaine, les institutions, l'État. Ces quelques années suffirent pour instituer une période nouvelle que l'on appela ensuite « le siècle d'Auguste ». Moins de vingt ans pour créer un « siècle », moins de vingt ans pour changer le monde !. Il y a certainement moyen de se hâter plus lentement.

Fiat lux
(Que la lumière soit)

Au tout début de la Genèse, on lit : « *Au commencement Dieu créa le ciel et la terre. La terre était informe et les ténèbres recouvraient l'abîme, et l'esprit de Dieu était porté sur les eaux. Dieu dit alors :* « *Que la lumière soit !* », *et la lumière fut. Alors, il sépara la lumière des ténèbres et donna à la lumière le nom de jour et aux ténèbres le nom de nuit.* »

« Au commencement était le Verbe », dit Jean, c'est la première phrase de son Évangile. Il rejoint ainsi la Genèse : la parole − le verbe − fait naître le monde qui ne perdure que par elle. Les mots valent toujours plus que les images, encore qu'il existe une « langue de bois » aussi efficace que les « images de bois » que l'on nous montre parfois : les scènes d'actualité les plus atroces ne nous émeuvent plus, puisqu'elles restent toujours au-dessous de l'efficacité des images de fiction bien faites. Une image, ça se lit aussi.

La nuit existe-t-elle ? Ce temps sans lumière n'est pas mentionné sur nos calendriers. La nuit du 4-Août n'était que la veille du 5. La nuit reste comprise dans le jour : elle n'en reste pas moins plus grande, plus profonde, plus magique, cette

... Nuit toujours reconnaissable
À sa grande altitude où n'atteint pas le vent.

(Jules Supervielle, *les Amis inconnus,* 1934.)

Le même poète ajoute :

Le jour monte, toujours une côte à gravir,
Toi, tu descends en nous, sans jamais en finir,
Tu te laisses glisser, nous sommes sur ta pente,
Par toi nous devenons étoiles consentantes.
Tu nous gagnes, tu cultives nos profondeurs,
Où le jour ne va pas, tu pénètres sans heurts.

(À la nuit, 1947)

La nuit existe : c'est par elle qu'on connaît la lumière. Elle est la mère du jour, de la lumière. Pour les Celtes, loin de clore la journée, elle la commençait, comme l'hiver débutait la nuit. Au commencement était la nuit, temps des germinations, des gestations, temps de l'espoir et de la lucidité. Novalis (1772-1801), dans ses *Hymnes à la nuit,* la célèbre pour cela :

« *Ferveur des nuits, sommeil sacré... Sainte ineffable, mystérieuse nuit... Plus divins que les étoiles scintillantes nous semblent les yeux infinis que la Nuit a ouverts en nous... Leur regard porte bien au-delà des astres...* »

À *Fiat lux* peut ainsi répondre un *Fiat nox* plus profond et plus vrai, permettant de voir plus loin en s'éclairant de « *cette obscure clarté qui tombe des étoiles* »...

Flagitia cohœrentia nomini
(Les forfaits inséparables du nom)

Le plus ancien document profane connu concernant les chrétiens est une lettre de Pline, alors gouverneur de Bithynie, à Trajan. Cette lettre écrite en 112 demande des instructions à l'empereur.

À peine arrivé, à peine avait-il pris ses fonctions, que Pline fut assailli de lettres anonymes dénonçant diverses personnes comme étant chrétiennes. Le nouveau gouverneur ne sait ce qu'il doit faire :

« *Je n'ai jamais assisté à des procès contre les chrétiens ; aussi, j'ignore ce que l'on punit habituellement chez eux, et jusqu'où va la peine, et sur quoi porte l'enquête* [...], *si c'est le nom même qu'on punit ou les forfaits inséparables du nom.* »

Cette lettre – dont l'intégrité est cependant contestée – montre l'hésitation des gens de l'époque face à la nouvelle religion. On ignore à quel moment celle-ci fut officiellement déclarée *religio illicita*. Trajan répondit avec une certaine grandeur qu'il ne faut pas tenir compte des dénonciations anonymes, « *chose d'un exemple détestable* », et qu'il faut faire changer les chrétiens en leur promettant l'impunité, en les amenant « *à adresser des prières à nos dieux* ». Rome fut toujours tolérante vis-à-vis des religions diverses qui venaient de tous les points de l'Empire : la spécificité du christianisme fut le refus de ce qu'on pourrait appeler un « œcuménisme » avant la lettre, ce que les autres religions admettaient.

Ce refus, avec, dans certains cas, pas mal de fanatisme, amena les persécutions les plus féroces. Mais, après celles des années 50, les chrétiens furent plus objet de mépris condescendant que de véritables violences. Sous les Antonins, ils prêtaient à rire : les gens les considéraient comme crédules et niais. Lucien, au Ier siècle, dans *la Mort de Peregrinus*, les moque complaisamment, se gaussant de leur prétention à l'immortalité, à la vie éternelle qui les fait mépriser les supplices et les conduit à se livrer complaisamment à la mort.

Toujours au Ier siècle, Celse écrivit le *Discours vrai (Alethei Logos)*, critique rationnelle et méthodique de l'Ancien et du Nouveau Testament. Il s'agit d'un pamphlet contre la magie à laquelle sont attribués les miracles et les prodiges de la Bible.

Cet ouvrage est une curiosité : le livre de Celse ne nous est connu que par la réfutation qu'en fit Origène à la demande d'un certain Ambroise. Origène dans cette réfutation intitulée *Objecta solvuntur*, cite mot à mot les sept dixièmes de l'ouvrage disparu et commente le reste en en exposant la substance. Les arguments de Celse devaient être contredits point par point et c'est grâce à Origène que nous pouvons aujourd'hui en mesurer la force.

L'idée de niaiserie appliquée aux chrétiens a duré : d'abord par commisération, avant que le mot ne devienne une injure. Le terme « *crétin* », forme valaisanne de « *chrétien* », apparaît en Suisse vers 1720. Les Béarnais usaient de façon équivalente de l'expression « *crestian* » pour désigner les cagots.

Ce dernier terme désigne les faux dévots, mais s'appliqua d'abord à des parias, habitant hors des villages et exerçant la profession de charpentier ou de scieur de long, nulle autre ne leur étant permise. Ces cagots du sud-ouest de la France devaient porter une patte d'oie rouge de drap, cousue à leurs vêtements afin qu'on pût les éviter. L'origine de ces cagots reste obscure. Ils étaient placés directement sous la protection de l'Eglise, maternelle autant que suspicieuse ou sévère. Les cagots vivaient à peu près en autarcie.

Le substantif « *cagot* » a fini par désigner les bigots, les avares et les lépreux : le paria est le bouc émissaire par qui tout le mal arrive.

Le crétin, ce simple d'esprit, est-il celui à qui est promis le Royaume des Cieux ? (Matthieu, V, 3) (cf. *Beati pauperes spiritu*).

Sources :
De Rochas, *Parias de France et d'Espagne,* Paris, 1877 ;
Celse, *Contre les chrétiens* (reconstitution du *Discours vrai*), Paris, 1965.

Fugit irreparabile tempus
(Le temps s'enfuit inéluctablement)

Vers de Virgile (*Géorgiques,* III, 284). Le poète se reproche à lui-même de se laisser aller à des digressions alors que le temps passe et qu'il conviendrait d'aller droit au but (cf. *In medias res*). Ce vers est cité pour marquer la fuite irréparable du temps.

Que savons-nous du temps, sinon qu'il fuit ? Nous le sentons passer, nous vivons le temps sans pouvoir le définir. Pascal pensait même que c'est impossible *(De l'esprit géométrique),* qu'il est inutile de tenter de le faire :

« *Le temps est de cette sorte. Qui le pourra définir ? Et pourquoi l'entreprendre puisque tous les hommes conçoivent ce qu'on veut dire en parlant de temps, sans qu'on le désigne davantage ?* »

Le temps semble donc être une « donnée immédiate de la conscience », selon le titre d'un ouvrage de Bergson. Le même Bergson, dans *l'Évolution créatrice,* mentionne :
« *Le temps est invention ou il n'est rien du tout.* »
Nous ne maîtrisons pas cette invention. Nous gérons notre temps comme nous le pouvons faire et force nous est de constater, comme Lamartine, dans ses *Premières Méditations poétiques* :
L'Homme n'a point de port, le temps n'a point de rive ;
Il coule et nous passons !
Nous ne nous y résignons pas. Quelque désir de durée se fait jour en nous, que le même poète, dans le même ouvrage exprime ainsi :
Ô temps, suspends ton vol, et vous, heures propices,
Suspendez votre cours.

Plus énergique dans sa pensée, Emmanuel Kant replace le temps dans l'intuition :
« *Le temps n'est autre chose que la forme du sens interne, c'est-à-dire de l'intuition de nous même et de notre état intérieur.* »
(*Critique de la raison pure,* I,1.)

Nietszche, philosophant toujours « à coups de marteau », n'y va pas de main morte, faisant du temps une des limites de la volonté :
« *La volonté, prisonnière elle aussi, se délivre par la folie. Que le temps ne recule pas, c'est là sa colère ; « ce qui fut »* – *ainsi s'appelle la pierre que la volonté ne peut soulever.* »
(*Ainsi parlait Zarathoustra,* II.)

La fuite du temps n'est pas constante. Elle a ses accélérations, des ralentissements, ce que Proust, dans *À l'ombre des jeunes filles en fleurs,* saisit admirablement :
« *Le temps dont nous disposons chaque jour est élastique ; les passions que nous ressentons le dilatent, celles que nous inspirons le rétrécissent et l'habitude le remplit.* »

F

Ce qui n'empêche nullement que :
« *le passé et l'avenir sont le champ des notions et fantômes* ».
(Schopenhauer, *le Monde comme volonté et comme puissance,* IV, 54.)

Dans *Misère de la philosophie,* Karl Marx nous soumet encore plus fortement au temps :
« *Le temps est tout, l'homme n'est plus rien : il est tout au plus la carcasse du temps. Il n'y est plus question de la qualité. La quantité seule décide de tout : heure pour heure, journée pour journée.* »

Einstein, dans *la Relativité,* demande, évidemment, des précisions supplémentaires :
« *Une indication de temps n'a de sens que si l'on indique le corps de référence auquel elle se rapporte.* »

De toutes ces phrases citées, il ressort qu'il peut y avoir une foule de définitions du temps, puisque chacun de leurs auteurs utilise le mot d'une façon différente. Le temps, protéiforme, a de multiples couleurs et son poids est ressenti différemment selon chacun et selon le moment. Laissons donc Shakespeare conclure, en jouant quelque peu sur les mots, ce que permet la traduction :
« *Le temps n'a pas la même allure pour tout le monde.* »
(*Comme il vous plaira,* III, 2.)

G

Genus irritabile vatum
(L'espèce irritable des poètes)

Horace (*Épîtres*, II, 2, 102) stigmatise ici la susceptibilité des gens de lettres. Sont-ils vraiment hargneux ou s'agit-il d'une légende comme il en court à propos des cordonniers forcément mal chaussés, des chefs de gare obligatoirement sujets aux malheurs conjugaux et des ténors sempiternellement... idiots ?

Le feu de cette fumée vient de loin. Le *Kalevala*, recueil de légendes finnoises d'époques diverses réunies au XIXe siècle par Elias Lönnrot, comprend l'histoire fort ancienne du barde éternel, le vieux Vaïnamoïnen. Ce dernier, pourvu de toutes les sciences et de toutes les sagesses, composait des chants merveilleux dont la renommée se répandit jusqu'aux glaciales solitudes laponnes. Là, le présomptueux Joukahainen, ce « maigre Lapon à l'œil louche », ivre de jalousie, décide de se mesurer avec le barde. Joukahainen ne supporte pas qu'il puisse y avoir de chants plus beaux que les siens.

Il va donc déclamer devant le vieux barde. Mais ses poèmes ne sont que des platitudes, des inepties. Vaïnamoïnen raille l'impudent, qui veut tirer son épée, après l'avoir insulté. Alors, le barde perd patience et chante, évoque, invoque, prononce des paroles magiques, des poèmes étranges. Dès lors les marais mugissent, la terre tremble, les rochers se fendent...et le présomptueux Lapon se retrouve plongé jusqu'à mi-corps dans la fange d'un marais mouvant. Il se tirera de là en offrant au barde sa fille en mariage.

Archiloque de Paros, poète grec du VIIIe siècle avant notre ère, inventa le vers ïambique, vers alternant les syllabes brèves et longues de façon régulière, et « arme de la rage », selon Horace. Archiloque s'en servit admirablement. Dans ses *Vies, doctrines et sentences des hommes illustres,* Diogène Laërce s'en souvient encore cinq siècles plus tard et raconte comment Lycambe, qui avait promis sa fille à Archiloque, se rétracta. Le poète, pour se venger, composa des vers si sanglants, fit déferler sur Lycambre et sa famille un tel flot de haine que le malheureux se pendit avec ses trois filles... Par un juste retour des choses, Archiloque devait périr de la main d'une de ses victimes.

Néron, poète et empereur, soudoya des gens pour qu'ils troublassent le repos d'Agrippine en criant nuitamment des injures sous ses fenêtres (Suétone, *Nero,* XXXIV). Cela dit, ce personnage si diffamé, calomnié, vilipendé et qui n'est connu que par des sources partiales, restait indulgent, selon ces mêmes sources, envers les satires et moqueries dont il était l'objet (*id.,* XXXIX).

L'irritabilité des poètes est souvent plus « vache que méchante ». L'anonyme rédacteur occitan des *Vies des troubadours* égratigne au passage quelques « collègues ». Ainsi, Albertet Cailla était *om fo de pauc vallimen, ma si fo amatz entre sos veisins et per la domnas d'Albege* (« était un homme de peu de valeur mais qui fut aimé de ses voisins et des dames de l'Albigeois »). Quant à Daude de Prades, s'il connaissait les oiseaux, la nature et avait le » sen de trobar », le don de composer les vers, ses chansons n'en étaient pas pour autant inspirées par l'amour. Aussi, *non avian sabor entre la gen ni non foron cantadas* : « elles ne plaisaient pas aux gens et ne furent jamais chantées ».

> *L'autre jour, au fond d'un vallon,*
> *Un serpent mordit Jean Fréron.*
> *Que croyez-vous qu'il arriva ?*
> *Ce fut le serpent qui creva.*

Voltaire, grand conteur, défenseur des opprimés, piètre penseur et dramaturge, à la fois saboteur de la langue et grand écrivain, l'un des représentants du « bon goût français », cet ennemi de l'art. Voltaire, grand et médiocre, généreux et mesquin, nous a laissé ces vers. À cause d'eux, nous continuons à mépriser Fréron.

G

Ce dernier, qui se prénommait en fait Élie Catherine (1718-1776), ne méritait certes pas tant de hargne. S'il restait un peu rétrograde dans ses jugements littéraires, s'il gardait un peu de la platitude d'esprit d'un Boileau, s'il lutta contre les Philosophes, il n'en fut pas moins l'auteur de très amusants opuscules, remplis d'historiettes savoureuses dans le goût du temps, d'une *Histoire de Marie Stuart* et d'une monumentale *Histoire de l'empire d'Allemagne et principalement de ses révolutions depuis son établissement par Charlemagne jusqu'à nos jours*. Cette œuvre, publiée en 1771, offre au moins l'originalité de considérer les ruptures, les révolutions comme moteur de l'histoire, plutôt que de décrire la vie d'un empire au travers de parfois fallacieuses et reconstruites continuités.

Voltaire, hélas, fut un jaloux. Son irritabilité, de ce fait, s'exerça plus contre les grands esprits qu'à l'égard des médiocres. Le talent de Montesquieu, de d'Alembert, et, bien sûr, la force de pensée de Rousseau, qui étonnait Kant, lui portaient ombrage. Mais sa verve caustique s'exerça pleinement au cours des querelles de voisinage qu'il entretint avec le président de Brosses dont le style ne le cédait en rien à celui de Voltaire. Ils échangèrent tous deux une furieuse correspondance, s'envoyèrent des écrits vengeurs dans lesquels la hargne des poètes se déchaîne et s'en donne à cœur joie.

L'échange de propos un peu secs, comme des harengs saurs, ne fut pas inconnu de Charles Cros. Anatole France voulut lui disputer les faveurs de la généreuse, en cette matière comme en d'autres, Nina de Villard. C'était en 1869 et le jeune Anatole préféra déguerpir plutôt que de risquer la soigneuse raclée que lui avait promise Cros. Anatole France se vengea en refusant les envois de son rival au *Parnasse contemporain*.

Les surréalistes furent extrêmement hargneux. Ils manquèrent un peu de talent dans l'injure et reprirent le style, souvent grandiose, du parti communiste, avec, hélas, moins de vigueur : tandis que les communistes, à la Chambre, lançaient « banquier libéral », « vipère lubrique », « mercenaire embusqué » ou « reptile trotskiste », les surréalistes se contentaient de « flic et curé », d'« hypocrite faux frère », avec, parfois, un joli « esthète de basse-cour ». Ils s'injuriaient généralement entre eux. Leurs élégantes révoltes restèrent toujours un peu en dessous de celles des dadaïstes, leurs précurseurs. D'ailleurs, un bon surréaliste est toujours dissident.

« Pauvre moustique [...] Votre cervelle grouille, fermente, se charge de pus [...] Pleine de bave, limace »... tels sont les élégants propos du talentueux, par ailleurs, poète Alain Bosquet envers le critique Pierre Lepape. Ce dernier aurait émis l'idée que l'attribution de certains prix littéraires, n'aurait pas la clarté de l'eau pure. Il arrive parfois que les gens, fussent-ils grands poètes, se laissent aller un tantinet. Mais ce qui, chez Bosquet, n'est peut-être qu'une erreur demeure une pratique fréquente chez certains autres.

Paul Guth, faussement naïf, fait encore mieux : il écrit au supérieur hiérarchique, au patron de Lepape qu'il accuse de « pratiquer une férocité de borgne et de boiteux » sans négliger sa « méchanceté stupide, son ignorance crasse ». La menace des juges est évidemment présente. Une autre lettre citée par Pierre Lepape demande purement et simplement son licenciement. Un peu de sang-froid manque à ces deux épistoliers. On s'étonne, d'ailleurs, de la magnanimité de leur victime.

Sans doute savent-ils qu'ils ne risquent rien : ils lisent peut-être l'avenir. En effet, *vatum,* au nominatif *vates,* signifie non seulement « poète », mais encore « devin » ou « prophète ». Ainsi rejoignons-nous le rêveur sacré qui vaticine de Victor Hugo, le poète-voyant d'Arthur Rimbaud.

Tous les poètes ne sont pas irritables, tous les auteurs n'ont pas cette hargne. En d'autres circonstances, bien plus graves, certains montrent une autre dignité.

Au retour d'une captivité que les nazis lui imposèrent en tant que juif, Tristan Bernard entendit quelqu'un lui dire : « Comme vous devez les haïr. » Il répondit : « Je ne hais que la haine. »

Sources :
Les lettres d'injures reçues par Pierre Lepape se trouvent dans son article : « *Signé : Furax !* », dans la revue *Nouvelles Nouvelles,* n° 7, été 1987 ;
les *Vies des troubadours,* textes réunis et traduits par Margarita Egan, Paris, 1985 ;
Rimbaud, Lautréamont, Corbière, Cros, *Œuvres complètes,* Paris 1980 (introductions et notes de Pascal Pia et Alain Blothière, utilisées ici).

Græcum est non legitur
(Ceci est du grec, cela ne se lit pas)

Axiome médiéval montrant le peu de cas qu'on faisait de la langue grecque dans l'Occident de cette époque. (cf. *Græcus homo ac levis.*)

Græcus homo ac levis
(Le Grec est léger et inconstant)

Cicéron exprime ainsi (*De provinciis consularibus,* 15) l'opinion commune des Romains à propos des Grecs. Ce qui ne l'empêchait pas d'être, en même temps, passionné de culture hellénistique.

Rome, en ses débuts, apparaît comme une cité intégrée au monde grec. La mentalité, les institutions romaines sont fortement marquées par la culture hellène. Le premier écrivain latin, Andronicos, amené à Rome vers –272, était un esclave grec. Moins d'un siècle plus tard, le théâtre de Plaute représente un certain hellénisme populaire extrêmement important : autour de –200, Rome se trouvait alors à la veille de conquérir la Grèce.

Mais le problème du bilinguisme gréco-romain se posera plus tard, lors de ce que Paul Veyne intitule la « seconde hellénisation » : autour du Ier siècle av. J.-C., certains milieux dirigeants, une intelligentsia romaine assimilent la langue grecque, mais aussi un grand nombre de traits culturels, philosophiques, politiques ainsi que des usages de la vie quotidienne.

À l'époque de Cicéron, les Romains des classes aisées sont parfaitement bilingues. Quintilien (*Quint.*, I, 1, 12) se plaindra même qu'ils apprennent le grec avant le latin. Le grec est effectivement leur langue maternelle, celle dans laquelle ils s'expriment le plus commodément.

Cette extension du grec pose problème : ceux qui le parlent trop bien sont l'objet de quolibets, voire d'injures. Cicéron, qui pourtant arborait un nationalisme inflexible, se faisait à l'occasion traiter de *græculus*, de « petit grec », ce qu'il prenait fort mal (Plutarque, *Cicéron*, V, 2).

On ne pouvait, certes, dans certains milieux, ignorer le grec sans être ridicule. Toutefois, il devint à la mode d'affecter de le connaître mal. Lucullus, ayant rédigé une *Histoire romaine* en grec, fit exprès d'y faire des fautes pour montrer que son livre était bien l'œuvre d'un Romain (Cicéron, *Epistulae ac Atticum*, I, 19, 10).

Plus grave fut le refus des mots étrangers dans la langue latine. Ce type de purisme montre qu'à force de censure de la langue un idiome n'arrive plus à tout exprimer à l'aide de son fonds de vocables propres et qu'il ne peut se régénérer qu'en empruntant ailleurs. S'y opposer équivaut à faire appauvrir de plus en plus la langue. Et nous savons que le latin mourut par la faute de ses grammairiens qui lui refusèrent une nécessaire adaptation à la vie de tous les jours : le latin devint d'abord une langue exclusivement littéraire, puis une langue morte, jusqu'à ce qu'on la redécouvre, qu'on la remette à l'honneur quelques siècles après qu'elle avait cessé d'être parlée. Horace, le grand Horace, n'évita pas ce purisme. Il savait cependant que l'usage est la seule loi de la langue (cf. *Jus est norma loquendi*), mais une certaine forme de xénophobie l'empêchait de voir que l'apport de mots étrangers dans sa langue était aussi inévitable que nécessaire.

La position romaine à propos du grec fut longtemps ambivalente. Le grec se parlait beaucoup dans l'Empire, et bien plus que le latin. De plus, la culture grecque restait objet d'admiration. À juste titre, les Romains se sentaient quelque peu inférieurs à leurs illustres prédécesseurs. D'un autre côté, les Grecs étaient vaincus, colonisés.

Ce conflit, toutefois, se résoudra dès que Rome aura vraiment assimilé l'hellénisme, tout en ayant produit un art, une littérature, des lois et des usages proprement romains, et cela sans renier ses racines grecques.

Dans la partie orientale de la Méditerranée, le latin fut toujours minoritaire. L'Empire romain resta toujours le lieu d'une mosaïque de langues et de cultures : on y parlait latin, grec, mais aussi osque, araméen, égyptien, etc. Toutefois, l'antagonisme entre le grec et le latin fut, de loin, le plus important en ce sens qu'il créa des clichés xénophobes : le Romain est taxé d'arrogance par le Grec, tandis que ce dernier se voit traiter de menteur, de fourbe, voire d'être léger, selon l'expression de Cicéron. Chaque partie accuse l'autre, très évidemment, de mesquinerie et de duplicité.

Il n'y a pas de problème linguistique qui ne soit, en même temps, politique. La difficile unité romaine a dû franchir bien des écueils : les révoltes d'Aristonicos ou de Mithridate montrent comment pouvait persister l'espoir, chez certains Grecs, d'échapper au joug de Rome.

Le grec perdit de sa puissance. Le Moyen Âge occidental le méprisait quand il ne l'ignorait pas. On sautait les passages écrits en grec dans certains livres. *Græcum est non legitur* : « Ceci est du grec, ça ne se lit pas », disait-on alors.

Sources :
M. Dubuisson, « Problèmes du bilinguisme romain », *les Études classiques*, 49, 1981 ;
J. Kaimio, *The Romans and the Greek Language*, Helsinki, 1979.

Grammatici certant
(Les grammairiens discutent)

Le vers d'Horace (*Art poétique*, 78) complet est : *Grammatici certant, et adhuc sub judice lis est* « les grammairiens discutent, mais le procès est encore devant le juge »). La question à laquelle il est fait allusion est de savoir qui est l'inventeur du rythme élégiaque. Il est fait de cette phrase les applications les plus diverses. Toutefois, il convient de mentionner que les grammairiens discutent toujours tandis que le monde va son train.

Grammairien... Ce mot deviendra-t-il un jour péjoratif ? En attendant, il est vrai que ces derniers discutent, s'insurgeant contre l'emploi de mots étrangers en français, contre l'emploi d'appositions qui sont et qui furent toujours dans le système – et non le génie – de la langue, contre tout ce qui résiste à l'ordre imposé par une académie. *Grammatici certant,* des questions, par ailleurs restent devant le juge, et, pendant ce temps-là, la langue évolue, avance, se perfectionne et se trouve aujourd'hui à l'aube de son plus grand bouleversement depuis la Renaissance. Pendant que certains se demandent si « top niveau », « nominer » ou « impensable » sont ou non français, la langue vit tranquillement, dans la rue comme dans la littérature, trouvant en elle-même les forces de son renouvellement. Parler Rivarol, parler Vaugelas, parler académique... tout cela n'a jamais été du français. Le français est une langue très jeune qui résiste à certaines réglementations et continue sur son erre comme elle l'a toujours fait, malgré les diktats des grammairiens. Comme toute langue, le français est à la fois vulgaire et sublime, porte en lui mille et mille nuances, un grand nombre de « niveaux de langue », et il se porte bien.

Passéistes ignorant le passé, les grammairiens rêvent d'ordre sans percevoir combien les usages qui leur déplaisent le plus sont à la fois les plus anciens et les plus modernes de notre langue. Cette continuité n'a pu se rompre, malgré leurs efforts.

La plus grande folie des grammairiens fut peut-être d'imaginer une spécificité des langues : l'allemand serait l'idiome de la philosophie, le français celui de la clarté... Monstrueuse idéologie d'esprits un peu faibles : il n'y a rien qui ne puisse être dit aussi clairement en français et en allemand, en swahili ou en chinois, en occitan ou en roumain. Mais laissons-les discuter : aujourd'hui, maintenant (cf. *Hic et nunc*) se passent des choses étonnantes qui, certes, nous dépassent, mais que d'autres grammairiens, et aussi des linguistes, pressentent et observent avec émerveillement.

Sources :
Louis-Jean Calvet, *Langue, corps, société,* Paris, 1978 ;
Louis-Jean Calvet, *les Langues véhiculaires,* Paris, 1981 ;
Claude Duneton, *Parler croquant,* Paris, 1978 ;
Claude Duneton et Jean-Pierre Pagliano, *Anti-manuel de français,* Paris, 1980 ;
Henri Frei, *la Grammaire des fautes,* Paris-Genève, 1982 (reimpression de l'édition de 1929) ;
Claude Hagège, *l'Homme de paroles,* Paris, 1985 ;
Claude Hagège, *le Français et les siècles,* Paris, 1987 ;
Pierre Merle, *Dictionnaire du français branché,* Paris, 1986 ;
Georges Mounin, *Clefs pour la langue française,* Paris, 1975 ;
Orlando de Rudder, *le Français qui se cause,* Paris, 1986... entre autres.
Et, pour illustrer le tout :
À chacun son Histoire, livre écrit par les élèves du L.E.P. du Château de Sedan, Sedan, 1987.

Gratis pro Deo
(Gratuitement, pour l'amour de Dieu)

Cette locution latine a laissé en français l'adverbe « *gratis* ». Il existe aussi un adjectif, « *gratuit* », de même sens. Il arrive cependant que « *gratis* » ait la valeur d'un adjectif, il est alors un doublet de « *gratuit* ». L'adverbe correspondant à « *gratuit* » est « *gratuitement* ». *Gratis* est, en latin, une contraction de l'ablatif pluriel *gratiis*. Les choses que l'on fait *gratis pro Deo* seraient-elles toujours plurielles et ablatives, c'est-à-dire du domaine de la séparation, de l'arrachement ? La grammaire semble l'indiquer.

Gratuitus, adjectif latin, a le même sens qu'en français. Les deux termes, de toute façon, sont de la même famille que « *grâce* », ou « *gracieux* », souvent employé dans le même sens. Ce qui est gratuit donne la grâce. L'idée est celle du bénévolat, ce mot provenant du latin *benevolus* qui signifie : « bienveillant ».

Gratis pro Deo ? L'amour de Dieu suppose toujours quelque récompense. La charité chrétienne mène au salut : il ne peut y avoir de réelle gratuité en ce cas. Il n'y a que l'incroyant qui puisse réellement être bénévole et vouloir le bien pour le bien, qui peut donner pour rien, sans espérer qu'on le lui rende au centuple dans une autre vie. Encore y a-t-il, en ce cas, diverses motivations possibles, ne serait-ce que la simple satisfaction de faire le bien. André Gide tenta de définir, dans *les Caves du Vatican*, l'acte gratuit (il s'agissait d'un meurtre !) :

« *Un acte absolument gratuit. Je veux dire que sa motivation n'est pas extérieure.* »

À ce propos : lundi, on rase gratis. Cette locution familière tient certainement compte du fait que les barbiers ferment généralement leur boutique le lundi. Encore qu'une vieille légende allemande raconte l'histoire de lutins qui venaient subrepticement raser les hommes durant la nuit, sans rien leur demander en échange... Evidemment, car couper la barbe de quelqu'un, selon les mœurs du temps, constituait un affront.

Concluons avec Louis-Ferdinand Céline :

« *La ferveur pour le gratuit, ce qui manque le plus aujourd'hui, effroyablement. Le gratuit seul est divin.* »

(*Les Beaux Draps,* Paris, 1941.)

II

Habent sua fata libelli
(Les livres ont leur destinée)

Aphorisme de Terentius Maurus, souvent attribué à d'autres auteurs.

Publier un livre, c'est jeter une bouteille à la mer. Ou encore lâcher un vol de vampires : « *secs, assoiffés de sang, qui se répandent au hasard en quête de lecteurs* » (Michel Tournier). Ce peut, en dehors de ces comparaisons, simplement faire correspondre un désir d'écrivain avec l'« horizon d'attente » du public, car, en dernier ressort, c'est bien le lecteur qui fait le livre, qui en donne le véritable sens : celui qu'il reçoit. Cet « horizon d'attente », selon l'expression de Jauss, change au fil du temps. Mais il demeure.

Les livres ont leur destinée. L'auteur, plus qu'un vol de vampires, lance souvent un appel, parfois pathétique. Marie, qui écrivait au XIIe siècle, peut-être en Angleterre, se sentait sans doute seule sur cette terre d'exil. Elle signa une de ses œuvres, disant : je m'appelle Marie, et je suis de France, ajoutant qu'elle signait ainsi pour ne pas qu'on l'oublie.

N'oublions pas Marie. Personne ne sait rien d'elle. Et pourtant toute force, toute grâce d'écriture, toute finesse se donnent rendez-vous dans la triste histoire de Graelent, de Lanval ou dans le *Lai du chèvrefeuille*... Et quelle jolie « scène de genre » lorsqu'elle décrit l'histoire ésopienne du corbeau et du renard. N'oublions pas Marie : elle fait partie des plus grands auteurs français.

Louis-Claude de Saint-Martin se surnomma lui-même le Philosophe Inconnu et publia son *Crocodile* avec comme seule indication d'auteur : « œuvre posthume d'un amateur de choses cachées ». Il mérite mieux que l'oubli : il est à la fois un conteur du XVIIIe siècle à la manière de Voltaire, un auteur fantastique à la façon de Nodier, un précurseur des romantiques...

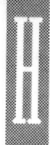

Parfois, le nom du livre reste connu, s'emploie quotidiennement, alors même qu'on en a oublié l'existence : *l'Utopie* (Cf. *infra* : *Utopia*) de Thomas More voit son titre utilisé comme nom commun, tandis qu'on peut avoir excellé dans les études supérieures sans en avoir lu une seule ligne : il s'agit pourtant d'un ouvrage capital.

Un auteur peut aussi être renommé pour d'autres raisons que son œuvre. Edmond Rostand fit un beau personnage de Cyrano. Le véritable Cyrano de Bergerac, l'épatant Savinien, reste cependant un auteur méconnu que l'on gagnerait à lire plus. Ses récits de voyages dans la Lune et dans le Soleil pourraient faire un feuilleton télévisé, être adaptés de diverses manières : personne n'y pense, et c'est peut-être parce que le héros de Rostand fait de l'ombre au grand auteur.

L'absence de Raymond Roussel dans les manuels scolaires reste un scandale : voici pourtant un écrivain dont l'influence ne cesse d'être ressentie. Alfred Jarry n'est connu que pour *Ubu roi,* œuvre certes admirable, mais *l'Amour absolu, le Vieux de la Montagne* ne le sont pas moins... Jarry, cependant, demeure l'auteur d'une seule pièce pour la plupart de ses lecteurs : l'arbre cache, ici encore, la forêt.

Il y aurait tant d'exemples, tant de rencontres qui n'ont pas eu lieu entre livre et lecteur : « les feuilles mortes se ramassent à la pelle »... Terentius Maurus, poète et grammairien, vécut au Ier/IIe siècle et naquit à Carthage, d'où son surnom qui signifie : le Maure. Saint Augustin admirait son traité de prosodie *De litteris, syllabis, pedibus, metris,* qui fut constamment réédité jusqu'au début de ce siècle. Son livre eut ce destin. Terentius n'en est pas moins un peu oublié. Sans doute ne savait-il pas, en disant **habent sua fata libelli,** qu'il parlait aussi de son œuvre.

Sources :
Michel Tournier, *le Vol du vampire,* Paris, 1981 ;
Hans-Robert Jauss, *Pour une esthétique de la réception,* Paris, 1978.

Hic et nunc
(Ici et maintenant)

Locution latine pouvant servir de devise à ceux qui veulent « tout, tout de suite » et qui, finalement, ont peut-être raison.

L'exemple classique est celui du créancier disant à son débiteur : Payez-moi *hic et nunc*. « Monsieur Dimanche », dans le *Dom Juan,* de Molière, n'a guère de chance : les belles paroles de Dom Juan permettent à ce dernier d'atermoyer. *Sic et non,* répond-il en quelque sorte.

Hic jacet
(Ci-gît)

Étrange destinée : le verbe *jacere* a donné en français « gésir », en espagnol *yacer,* en italien *giacere...* mais il est à l'origine de bien des termes différents de notre idiome. Il signifie « être couché, allongé », autant qu'« être mort » : *Aecidae telo jacet Hector* (Virgile, *Énéide,* I, 99) [« Hector gît, percé du fer d'Achille »]. Mais c'est ausi être là, se trouver là...

En français, « gésir » ne se conjugue plus. À peine gardons-nous couramment le participe « gisant », la troisième personne du singulier et du pluriel de l'imparfait de l'indicatif, « gisait, gisaient » et, bien sûr, « gît », dans le syntagme figé « ci-gît ». On ne dit plus guère : « nous gisons, vous gisez, je gisais, tu gisais », etc., formes encore mentionnées dans le *Nouveau Larousse illustré* du début de ce siècle.

Voilà qui est bien funéraire, qui peut nous mettre mal à l'aise. Pourtant, « être à l'aise » provient aussi de *jacere*. Les riches Romains possédaient, à côté de leur maison, un jardin. À côté, c'est-à-dire : adjacent, *ad jacens*. Posséder un jardin, signe extérieur de richesse, démontrait une certaine aisance. Le participe présent *adjacens* a évolué en latin populaire, pour devenir *adjaces*. Le *J*, semi-voyelle est tombé comme il se doit lorsqu'un tel phonème se trouve entre deux voyelles : l'ancien francais a, de ce fait, longtemps conservé la forme *aaise* (XIIe siècle). Bref, les changements phonétiques ont eu lieu jusqu'au mot moderne : « aise ». Chez Tacite, on trouve « *adjacentia* », qui signifie les « environs », la région alentour ; le mot « aisance » semble bien dériver directement d'*adjacentia*, et ne se serait pas formé directement à partir du français « aise »... Trouver un filon, un « *gisement* » d'or, de diamant ou de pétrole permet certainement d'être à l'aise. La « gésine », c'est-à-dire l'état d'une femme en couches, est aussi de la famille de « gésir ». Les angles situés de part et d'autre d'un côté commun sont dits adjacents, on parle de leur adjacence...

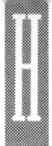

Hic jacet lepus : « ici gît (ou, plutôt, gîte) le lièvre ». Cette phrase signifie : là se trouve la difficulté. Le « gîte » du lièvre, comme le verbe « gîter » viennent, eux aussi, de *jacere*... Un navire qui penche donne de la gîte, tandis que le droit de gîte consistait, pour un seigneur, à pouvoir loger chez ses vassaux, ce droit tomba en désuétude à la fin du XIIe siècle et fut remplacé par une redevance. Passe encore pour les rois, mais que penser des sinistres « gîte » et « geôlage », droits perçus par les gardiens sur les prisonniers dont ils avaient la responsabilité ? Le « gîte à la noix » se compose de trois parties : la tranche au petit os, le milieu de gîte et le derrière de gîte. Ce morceau de bœuf est utilisé pour le pot-au-feu, mais on peut, et c'est bien meilleur, le braiser avec des carottes.

Hic tandem stetimus nobis ubi defuit orbis
(Nous nous sommes enfin arrêtés là où le globe nous a manqué)

Vers gravé dans une pierre par Regnard au mont Metawara. On ne joue plus beaucoup le théâtre de Jean-François Regnard (1655-1709). C'est certainement dommage. On lui reproche généralement de n'avoir voulu que faire rire...

Auteur de grand talent, Regnard fut aussi un homme d'aventure et d'aventures. Il voyagea en Italie et, tandis qu'il revenait, fut pris par les pirates barbaresques. Captif à Alger, il fut vendu comme esclave à un certain Achmet Talem. Tout à fait français, Regnard sut séduire par ses talents culinaires et devint le cuisinier de son maître. Regnard relata cet épisode dans son roman *la Provençale,* œuvre posthume qui ne parut qu'en 1731.

Racheté par sa famille, Regnard revint en France accompagné d'une dame qu'il comptait bien épouser. Las, le mari qu'on croyait mort réapparut. Regnard continua donc à voyager.

C'est alors qu'en 1681, avec deux compagnons Corberon et Fercourt, il entreprit un audacieux voyage en Laponie. Après un chemin difficile, les voyageurs, ne pouvant aller plus loin, s'arrêtèrent au mont Metawara et gravèrent dans la pierre la devise ci-dessus.

Regnard continua de voyager puis se fixa à Paris. Il y acheta une charge de trésorier de France et écrivit pour le Théâtre-Italien. Parmi ses pièces, on cite : *l'Homme à bonnes fortunes, la Foire Saint-Germain, le Joueur,* etc. Il écrivit aussi plusieurs relations de ses voyages et quelques poèmes. Il composa une satire contre Boileau, le *Tombeau de Monsieur Despréaux,* après s'être brouillé avec lui. Ils se réconcilièrent ensuite. Boileau sut reconnaître, lui qui fit tant d'erreurs, le talent de Regnard : « Regnard n'est pas médiocrement plaisant », disait-il. Voltaire, autre spécialiste des jugements légers, eut, lui aussi, un éclair de lucidité en déclarant : « Qui ne se plaît pas à Regnard n'est pas digne d'admirer Molière. »

Hoc volo, sic jubeo, sit pro ratione voluntas
(Je le veux, je l'ordonne, que ma volonté tienne lieu de raison)

Vers de Juvénal (*Satires,* VI, 223) qui met ces mots dans la bouche d'une femme légèrement abusive.

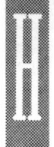

Homo homini lupus
(L'homme est un loup pour l'homme)

Vers de Plaute, tiré de l'*Asinaria* (II, 4, 88), pièce où il est question d'ânes ou, du moins, de leur prix, qui fournit une somme qui sera escroquée.

Ne devrait-on pas dire que l'homme est un homme pour l'homme ? Les loups n'ont pas pour leurs semblables autant d'animosité ni de méchanceté que les humains les uns envers les autres.

Symbole des peurs anciennes et des frayeurs enfantines, le loup mérite plus d'honneur et moins d'indignité. Le loup n'est-il pas l'être libre par excellence, celui qui défend sa liberté jusqu'à la mort ? Pauvres loups, si rares maintenant, exterminés, méprisés, craints et haïs. Leur force, leur beauté sauvage ne leur furent jamais pardonnées. Les hommes préfèrent évidemment les chiens. Il est vrai que le loup a de quoi effrayer : à la fin du monde, dans la tradition islandaise des *Eddas,* deux loups, Fenrir et Managamr, dévoreront respectivement le Soleil et la Lune

« *La femme est une louve pour la femme* », répond Tristan Bernard, dans *la Volonté de l'homme* (!). Mais, comment l'entendre ? Quel traitement la femme réserve-t-elle donc à sa semblable ? On peut se le demander, car la louve est, dans l'imaginaire, à la fois mère, nourrice et prostituée.

En effet, symbole de fécondité, la louve est invoquée par les femmes d'Anatolie pour vaincre la stérilité. Incarnation du désir sexuel, la louve est aussi la nourrice de Romulus et Rémus, et elle fut tuée par Pan. Encore faut-il savoir qu'Acca Larentia, qui recueillit les deux jumeaux abandonnés, était une femme, et non, comme on le représente, une femelle de loup. Le mot *lupa,* la louve, désignait aussi les femmes faisant commerce de leurs corps (cf. Plaute, *Épidicus,* 403, par exemple, ou Cicéron, *Pro Milone,* 55). Le terme « *lupanar* » en dérive.

Selon une tradition, Acca Larentia était la femme d'un nommé Faustulus, berger de Numitor, roi de Rome. Elle découvrit Romulus et Rémus abandonnés et les éleva.

Une autre tradition la considère comme une prostituée qui fut livrée à Hercule comme enjeu d'une partie de dés qu'il gagna contre le gardien de son propre temple (cf. *Alea jacta est*). Hercule dit à Acca Larentia que le premier homme qu'elle rencontrerait en sortant du temple l'épouserait et la rendrait heureuse. Ce fut un riche Étrusque nommé Tarrutius. Acca Larentia, lorsqu'elle mourut, légua ses biens à Rome et le peuple institua en son honneur la fête des *Accalia* (ou *Larentalia*). Acca Larentia était aussi la mère des lares, divinités tutélaires des foyers.

Mère ou nourrice, la louve symbolise donc aussi la prostituée : ce sont là les trois conditions possibles des femmes dans l'imaginaire masculin.

Loups et louves furent trop longtemps méprisés. Leur bravoure, leur beauté, leur indépendance méritent mieux. Les Indiens de la Prairie chantaient : « *Je suis un loup solitaire. Je rôde en beaucoup de pays...* » Une hymne mortuaire de Roumanie dit : « *Prends-le pour ton frère, car le loup connaît l'ordre des forêts.* » Le loup est sage : il connaît le secret des arbres et des vastes territoires, tout ce dont les humains gardent la nostalgie.

Quelque chose en nous doit amirer la grandeur sauvage, envier la liberté de la bête qui nous fit si peur. Heureux celui qui peut dire avec Jacques Serguine (c'est le titre de son roman, paru en 1985) : *Je suis de la nation du loup*. Les loups ne se dévorent pas entre eux, car le loup n'est pas un homme pour le loup.

Sources :
Gilbert Durand, *les Structures anthropologiques de l'imaginaire*, Paris, 1969 ;
J. Chevalier et A. Gheerbrandt, *Dictionnaire des Symboles*, Paris, 1969.

Homo sum humani nihil a me alienum puto
(Je suis homme et rien de ce qui est humain ne m'est étranger)

Vers tiré de *l'Homme qui se punit lui-même,* de Térence (I, 1, 25). La solidarité humaine s'exprime, certes, ici. Mais qu'est-ce qu'être humain ?

Humain, trop humain est le titre d'un ouvrage dans lequel Nietzsche veut « dépasser la métaphysique » (*Überwindung der Metaphysik,* XIV, 389). Au fil des pages, le philosophe s'interroge à propos de ce qu'est l'être humain. Ce faisant, il révèle une sorte de contradiction puisque l'homme se nie lui-même : « *L'homme cherche un principe selon lequel il puisse mépriser l'homme ; il invente un autre monde pour pouvoir calomnier et salir ce monde-ci.* » (XV, 484.)

Tout cela par « haine du devenir et de la vie ». Être humain devient alors se mépriser en tant que tel, ce qui expliquerait bien des choses. En attendant, refuser cet état de fait peut conduire, comme ce fut le cas pour Nietzsche, à la passion de la connaissance, dans tous les sens du mot « *passion* ».

L'humanité est aussi une qualité, une sensibilité particulière envers son semblable. C'est sans doute ce que pensait Adolphe Berton qui se présenta, de 1848 à 1886, à toutes les élections, qu'elles fussent municipales, législatives ou cantonales et même présidentielles, en se nommant lui-même « Candidat humain ». Ce manufacturier du Sentier divisait le monde en deux groupes : les gens humains et les gens inhumains. Il voulait créer un « ordre universel ». Il réclama la création d'un ministère de l'Humanité, dont il aurait détenu le portefeuille. Il rêva même d'une Chambre ne comprenant qu'un député : lui-même, le représentant humain, capable assurément d'abattre tout seul le travail de l'Assemblée. L'humanité conserve : Adolphe Berton mourut à 82 ans.

Sources :
F. Nietzsche, *Humain, trop humain,* traduction de R. Rovini, Paris, 1968 ;
F. Caradec et J.-R. Masson, *le Guide du Paris mystérieux,* Paris, 1966.

Horresco referens
(Je frémis en le racontant)

Exclamation douloureuse d'Énée, au moment où il raconte la mort de Laocoon (Virgile, *Énéide,* II, 204), tué avec ses fils par deux serpents monstrueux surgissant de la mer. Racine reprend l'idée exprimée par Virgile dans *Iphigénie* (V, sc. 6) :

« *On dit, et sans horreur je ne puis le redire.* »

L'horreur est un sentiment qui mêle la répulsion et l'effroi. Le verbe latin *horreo* signifie : « se hérisser » au sens propre ou au figuré : *terra horret* (« la terre se hérisse de frimas », Cicéron, *De natura deorum,* 2, 19) et *pili in corpore horrent* (Varron, *De lingua latina,* VI, 49) : « les poils se hérissent sur le corps ». *Horreo* signifie aussi « frissonner », « trembler », particulièrement de peur. Le verbe *horresco* est un doublet de *horreo.*

L'idée de hérissement du poil s'exprime en latin par le substantif *horripilatio,* déverbal d'*horripilo.* Le français « *horripiler* », littéralement « dresser » ou « rebrousser le poil », désigne d'abord un frisson causé par un sentiment d'effroi ou d'horreur, puis, par extension de sens, un énervement extrême, un agacement insupportable.

L'horreur, cependant, peut avoir quelque séduction. Les salles de cinéma projetant des « films d'horreur » ne désemplissent pas. Peut-on dire, dans ce cas, que :

« *Les charmes de l'horreur n'enivrent que les forts ?* »
(Charles Baudelaire, « Danse macabre », in :
les Fleurs du Mal, Paris, 1857.)

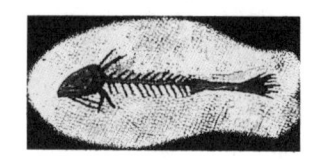

I

Ignorantia legis non excusat
(L'ignorance de la loi n'est pas une excuse)

Axiome latin que nous traduisons généralement par une phrase encore plus dure : « *Nul n'est censé ignorer la loi.* » Les lois sont supposées être connues de tous. Le simple fait de naître dans une société donnée signifie qu'on accepte un certain « contrat social » et que, de ce fait, nous devons respecter les lois en vigueur, y compris celles que nous ignorons.

Mais pourquoi ignorons-nous les lois ? Comment se fait-il que tout ce qui organise nos sociétés ne soit pas enseigné le plus tôt possible dans les écoles ? Peut-être y a-t-il là une des distinctions fondamentales entre droite et gauche : l'ignorance, en général, et celle des lois, en particulier, permettent que s'établissent des gouvernements forts, voire abusifs.

Les métiers du droit, le monde de la justice, restent réactionnaires dans leur organisation. Le langage archaïque des jugements en fait foi. Il s'agit de n'être pas compris du vulgaire, d'exercer un pouvoir. La magistrature se préserve ainsi d'être un peu trop au service du peuple et empêche savamment qu'il y ait trop de démocratie dans nos régimes.

De plus, le droit est ignoré des études générales. Un gouvernement rétrograde, en France, avait même supprimé la pauvrette instruction civique qui renseignait malgré tout nos chers petits en ce qui concerne certains principes fondant l'administration de leur pays. Un autre gouvernement voulut supprimer l'histoire ; cette petite conspiration aurait pu, très insidieusement, réussir et aplanir les sentiers d'un despotisme quelconque : cet effet s'obtient lorsqu'on pose l'idée de la responsabilité individuelle sans donner aux gens les moyens de cette responsabilité. Cette dernière, lorsqu'on la considère comme inhérente à l'individu, sans tenir compte des circonstances, et sans qu'on permette véritablement d'y accéder, devient une arme dangereuse pour certains types de gouvernements. De telles conceptions distinguent encore une fois la gauche de la droite.

Ignorantia legis non excusat... Fort bien. L'ignorance des principes du droit, de la Constitution, de l'organisation de la justice ne devrait pas être permise. En effet, combien de gens votent sans savoir véritablement ce qu'est un député ? Combien de gens peuvent expliquer à quoi sert un conseiller régional, un préfet, etc. ? Sans doute est-ce un abus de voter pour quelqu'un sans connaître exactement ses fonctions.

Toutefois, cettre ignorance étant entretenue depuis toujours par tous les programmes de toutes les écoles, ceux qui ignorent la loi, le droit, la Constitution votent tout de même, ce qui est normal. Il reste maintenant à faire entrer dans les programmes du primaire, puis du secondaire, des cours obligatoires d'instruction civique et de droit, en rendant ces matières absolument nécessaires pour passer les examens et concours quels qu'ils soient. Ainsi approcherions-nous un peu plus d'une véritable démocratie. Ce que nos sociétés de droit tentent d'éviter, comme si elles régressaient, encore effrayées de l'audace qui leur permit de se former.

Il s'agit donc, encore, d'un problème politique, d'une question touchant à l'organisation de la Cité. Le refus de tout ce qui est proprement politique est toujours mauvais signe... C'est ce qui ressort aussi d'une note de Beccaria que nous citerons pour conclure :

« *Si chaque citoyen a des obligations à remplir envers la société, la société, a pareillement des obligations à remplir envers chaque citoyen, puisque la nature d'un contrat est d'obliger également les deux parties contractantes. Cette chaîne d'obligations mutuelles, qui descend du trône jusqu'à la cabane, qui lie également le plus grand et le plus petit des membres de la société n'a d'autre but que l'intérêt public [...].*

Le mot obligation *est un de ceux qu'on emploie plus fréquemment en morale qu'en toute autre science. On a des obligations à remplir dans le commerce et dans la société.*

Une obligation suppose un raisonnement moral, des conventions raisonnées ; mais on ne peut appliquer au mot obligation une idée physique ou réelle. C'est un mot abstrait qui a besoin d'être expliqué. On ne peut vous obliger à remplir des obligations sans que vous sachiez quelles sont ces obligations. »

Source :
Cesare Beccaria, *Des délits et des peines,* Paris 1979 (réédition et traduction de *Dei delitti e delle pene,* qui parut en 1764 à Milan).

Incidis in Scyllam cupiens vitare Charybdin
(Tu tombes dans Scylla en voulant éviter Charybde)

Ce vers, équivalent de la locution : « *tomber de Charybde en Scylla* », se trouve dans *l'Alexandréide* (V, 5, 301), poème héroïque latin de Gautier de Lille, dit aussi Gautier de Châtillon. Ce dernier vivait au XIIe siècle. Il voyagea en Italie, devint le secrétaire de l'archevêque de Reims et chanoine d'Amiens. Il écrivit des traités théologiques et l'on expliquait son *Alexandréide* dans les écoles au même titre que les auteurs de l'Antiquité classique. Cet ouvrage fut à l'origine d'un des *monuments* de la littérature tchèque médiévale, puisque l'*Alexandréis,* œuvre anonyme du XIIIe siècle, écrite en vieux tchèque, lui ressemble beaucoup (cf. *O sancta simplicitas*). Cependant, il convient de remarquer que les lettres, au Moyen Âge, se souciaient beaucoup moins d'originalité que les nôtres. Une même histoire pouvait être réécrite par maints poètes différents. Il en était de même dans l'Antiquité : l'histoire de Charybde et celle de Scylla se trouvent aussi bien dans Virgile que dans Ovide, avec bien des différences. Elles se retrouvent encore chez d'autres auteurs.

Charybde, d'après la mythologie, est un monstre du détroit de Sicile, la personnification d'un gouffre, puisque Charybde était la fille de Poséidon et de Gaea. Elle s'attira la colère d'Héraklès en lui dérobant quelques-uns des bœufs qu'il avait pris à Géryon. Zeus la frappa de sa foudre et la relégua dans un gouffre. Depuis, un tourbillon redoutable porte son nom. Il se situe dans le détroit de Messine et porte maintenant le nom de *Calofaro*. Il est beaucoup moins dangereux actuellement. Juste en face, se trouve le rocher de Scylla.

Il existe deux Scylla. L'une était la fille de Nisos, roi de Mégare. Elle devint amoureuse de Minos qui assiégeait cette ville. Oubliant ses devoirs, elle alla jusqu'à arracher l'un des cheveux de pourpre de son père. Le sort de la patrie, selon la légende, était attaché à cette chevelure. Les assiégeants s'emparèrent donc facilement de Mégare.

Mais Minos trouva la conduite de Scylla tout à fait méprisable. Elle se précipita, désespérée, dans la mer. Selon certains, elle fut transformée en aigrette, et son père, mué en épervier, la poursuit éternellement (Ovide, *Métamorphoses,* VIII, 121).

L'autre Scylla, celle qui nous occupe, était la fille de Phorkos, que Circé, jalouse, transforma en monstre marin, terrifiant les marins et produisant de lugubres abois, « *avec sa ceinture de chiens féroces* ». (Ovide, *Métamorphoses,* VII, 65.) Ces chiens font en fait partie de son corps : « *Et quand elle cherche ses bras et jambes, ce sont des cerbères qu'elle trouve à leur place* » (*id.* XIV). Puis elle se métamorphosa de nouveau, cette fois en rocher. Elle se tenait dans le détroit de Messine, prête à dévorer les malheureux navigateurs. Aujourd'hui, sur le rocher qui porte son nom, se trouve un village.

Peu de distance sépare le gouffre de Charybde et l'écueil de Scylla, de telle sorte que le pilote peut, en manœuvrant pour éviter l'un, ne pas échapper à l'autre.

Tomber de Charybde en Scylla signifie succomber à un péril, après en avoir évité un autre. Une bonne illustration de cette phrase est la situation de bien des pays d'Amérique latine qui, pour éviter les dangers du communisme, se retrouvent assujettis à des régimes qui n'ont rien à lui envier, pour ce qui est de l'horreur.

I

Index librorum prohibitorum
(Index des livres prohibés)

L'Église, à peine née, eut à condamner certaines opinions pour se bâtir en tant qu'institution « universelle ». (C'est le sens même du mot *catholique*.) Fonder la doctrine équivalut toujours à en écarter ce qui, pour une raison ou pour une autre, pouvait faire naître des déviances. Des conciles se succédèrent et condamnèrent des ouvrages hérétiques ou immoraux bien avant qu'une institution particulière fût chargée de s'en occuper.

La découverte de l'imprimerie augmenta les possibilités de diffusion du livre, et donc des divers courants de pensée. Il fallut agir.

Le pape Léon X (1477-1521), fils de Laurent le Magnifique, négocia en 1515 avec François Ier, vainqueur de Marignan. Ce protecteur des arts et des lettres ne se rendit pas compte de la tempête qu'il allait soulever en publiant des indulgences dont le produit serait consacré à l'achèvement de la basilique Saint-Pierre. Ce furent ces indulgences qui décidèrent enfin Martin Luther à se révolter. Le grand mouvement de la Réforme obligea Rome à édicter des règlements contre les livres nouveaux, véhicules d'opinions inacceptables.

Paul III, c'est-à-dire Alexandre Farnèse (1468-1549), agit d'une façon similaire à celle de Léon X. Paul IV (1476-1559) rétablit l'Inquisition et fonda une commission spécialisée, chargée de rechercher les livres pernicieux.

Pie IV (1499-1565) fonda une imprimerie à Rome que dirigea Paolo Manucci, ce qui ne l'empêcha pas de fonder l'Index proprement dit. En 1563, le concile de Trente rendit un décret que Paul IV publia dans la bulle *Dominici gregis,* créant la *Commission de l'Index*. Cette commission subit divers remaniements au fil des siècles. Toutefois, elle condamna constamment :
– tous les livres prohibés avant 1565 ;
– les livres de sorcellerie et ceux des hérésiarques ;

– les versions des livres saints ou des écrivains ecclésiastiques faites par des auteurs condamnés ;
– toutes les traductions de la Bible et des livres saints en langue nationale, jusqu'à ce que l'Église en approuvât certaines (le catholicisme, rappelons-le, n'accepte qu'avec précaution le contact direct des fidèles avec les textes sacrés) ;
– les livres qui traitent de matières lascives ou obscènes, en dehors des ouvrages de l'Antiquité, qui doivent, cependant, être expurgés.

Une liste officielle des livres condamnés fut publiée régulièrement à partir de 1559, liste qui fut complétée par un *Index expurgatorius librorum* en 1571, c'est-à-dire une liste de livres à expurger. La Congrégation de l'Index fut créée pour l'établir. Elle s'acquitta de cette tâche jusqu'en 1917, date à laquelle le Saint-Office la remplaça. La trente-deuxième et dernière liste officielle d'ouvrages prohibés parut en 1948. On estime qu'environ six mille ouvrages ont figuré à l'*Index librorum prohibitorum*...

L'Index, contrairement à ce qu'on imagine, n'a condamné ni Marx, ni Machiavel, ni Galilée. En revanche s'y trouvèrent Darwin, Beccaria, Montaigne, Pascal, Sartre et Malaparte. Les écrivains, philosophes et juristes sont-ils plus dangereux pour l'Église que les savants (à l'exception de Darwin) ou les politiques ? L'Église, sagace, sait répondre à cela.

Figurèrent à l'Index les *Lettres persanes* de Montesquieu, les *Contes* de La Fontaine, les *Essais* de Montaigne, les œuvres de Balzac, certaines œuvres d'Hugo, Flaubert, George Sand. Bref, tout ce qu'il y a de grand...

Bien sûr, parmi les livres à ne pas lire se trouva évidemment la Bible, elle-même, qui fut mise à l'index en 1745. L'Église comprit que, si les chrétiens se mettaient à la lire, ils deviendraient plus facilement hérétiques, ne comprenant pas certaines contradictions entre le texte et la pratique officielle vaticane. À chaque fois qu'une déviance, qu'une secte ou religion nouvelle apparurent dans le monde catholique, ce fut d'après une relecture attentive des textes fondateurs...

L'Index fut supprimé dans le cadre des réformes du concile Vatican II. Il y fut déclaré que l'Index garde sa valeur morale, mais qu'il n'a plus force de loi ecclésiastique avec les censures afférentes : l'Église, enfin, se mettait à faire confiance à la conscience des fidèles.

Bien que cela n'ait pas grand chose à voir avec l'Index, il semble juste, au passage, de rendre hommage à Stephen Langton, archevêque de Canterbury, grand penseur du XIIIe siècle dont l'influence théologique autant que politique fut immense. Langton élabora la « *capitulation* » de la Bible : c'est lui qui numérota les chapitres, les versets. Grâce à ce travail, nous pouvons nous repérer aisément dans les textes, à tel point qu'on ne peut plus imaginer ce qu'il en était auparavant...

L'Index retarda sensiblement les études scientifiques des textes sacrés. L'histoire des dogmes, l'exégèse, la confrontation de la théologie avec les sciences modernes ne purent exister que marginalement dans le monde catholique, et c'est bien pour cela que les études diverses concernant la religion chrétienne ont été menées à bien par des chercheurs généralement de culture protestante. Le retard de l'érudition catholique tend peu à peu à disparaître depuis qu'en 1964 l'instruction *Sancta Mater Ecclesia* autorise les catholiques à étudier sérieusement les textes sacrés.

La disparition de l'Index provint aussi du fait que l'Église condamnait les censures des pays totalitaires. Elle ne pouvait donc décemment continuer à en exercer une elle-même. Ainsi, et comme toujours, se vérifie ce que disait Anatole France en 1904, lorsqu'il publia *l'Église et la République*. L'Église catholique, apostolique et romaine ne peut évoluer, changer, se modifier que sous la pression d'événements extérieurs. Elle ne possède pas en elle-même de possibilités intrinsèques d'amélioration et de renouvellement : il faut et il suffit que ses manques deviennent scandaleusement insupportables pour qu'une révolte ait lieu. Après quoi, elle réprime cruellement, juste avant de devoir, pour survivre, accepter un peu de ce que la révolte a apporté : l'ouvrage d'Anatole France reste d'actualité.

Source :
Vittorio Coletti, *l'Éloquence de la chaire,* traduction de Silvano Serventi, Paris, 1987.

In hoc signo vinces
(Par ce signe tu vaincras)

Devise qui, selon Eusèbe de Césarée, apparut à l'empereur Constantin, accompagnant une croix lumineuse.

Constantin ne devait pas se sentir très bien, ce jour-là de l'année 312. Certes, il dirigeait une armée de quarante mille hommes. Toutefois, Maxence en comptait bien davantage. Maxence, le rival... le seul rival restant pour que Constantin devînt empereur sans partage, seul empereur.

Cet endroit, non loin de Rome, se nommait *Saxa Rubra,* « les Roches Rouges ». Elles seraient plus rouges encore après la bataille. Mais Constantin s'inquiétait : l'armée de Maxence, puissante, nombreuse, allait avancer.

C'est alors que, dans le ciel, lui apparut la croix lumineuse entourée de la devise *In hoc signo vinces.* Constantin fit fabriquer un étendard, ou *labarum,* portant l'image de sa vision, et vainquit. Maxence, mis en fuite, se noya dans le Tibre...

Le christianisme auquel se convertit Constantin était évidemment l'arianisme, en lutte contre le catholicisme, minoritaire à l'époque. Cette histoire nous est connue par Eusèbe de Césarée, ami, conseiller de Constantin, qui adoucit la doctrine arienne et créa ce qu'on nomme le « semi-arianisme », après avoir lutté

I contre Athanase et les catholiques aux côtés de son homonyme, Eusèbe de Nicomédie, fougueux et zélé partisan d'Arius. Eusèbe de Césarée écrivit une *Histoire ecclésiastique*, des *Démonstrations évangéliques,* une *Histoire générale* dont ne subsiste qu'une traduction arménienne.

Cette devise figure, on ne sait pourquoi, sur le paquet rouge des cigarettes Pall Mall. Elle est transcrite sous un blason de type britannique (ces cigarettes américaines portent toutefois le nom d'une artère de Londres, artère dans laquelle se trouve le siège social d'une marque de cigarettes concurrente). Ce blason est flanqué de deux lions portant chacun une couronne comtale, laquelle couronne se retrouve juchée au sommet d'un casque de nouvel anobli surmontant le tout. Ce casque est entouré d'une jarretière et de la devise *Per aspera ad astra* (cf. *infra*). L'écu est écartelé, porte trois lions passants et sans doute des tours : l'image est trop petite pour qu'on puisse bien distinguer... Connaîtra-t-on un jour tous les mystères de l'héraldique tabagique ?

Initium sapientiæ timor Domini
(La crainte de Dieu est le commencement de la sagesse)

La Bible répète plusieurs fois cette sentence. On la trouve dans les Psaumes (CX), dans l'Ecclésiastique, et dans les Proverbes (I, 7 ; IX, 10). Ce genre de phrase représente une certaine manière d'être religieux. Le populaire ne s'y est pas trompé en remplaçant, dans un proverbe célèbre, le mot « Dieu » par « gendarme ». L'idée d'un Dieu gendarme montre, encore une fois, l'amalgame féroce du monothéisme, mélangeant politique et croyance, morale et religion, etc. La source de certains abus n'est pas ailleurs.

À ce propos, Dieu change, au fur et à mesure que les livres de la Bible se succèdent. Au Dieu féroce et vengeur se substitue, peu à peu, un Dieu d'Amour. Il est vrai que le monothéisme a mis du temps à s'établir et que le Dieu biblique est un mélange de divers dieux préexistants. Le fait qu'on l'appelait du nom d'*Elohim*, qui est un mot pluriel, est peut-être une trace de polythéisme ancien. Le passage, semble-t-il, se fait avec Jérémie, qui, parlant à Dieu d'une façon parfois sévère, modifie sensiblement le Dieu ancien, celui de l'Exode et du Lévitique. D'autres prophètes font de même et, à force de s'entendre appeler « Dieu d'Amour », Dieu, ou plutôt *YHV* finit par le devenir. Les dieux ne sont que ce qu'en font les hommes.

Source :
Article « *monothéisme* » dans le *Dictionnaire de la Bible,* Centre informatique et Bible, Maredsous et Editions Lidis, s.d., Paris ; consulté par la banque de données *Dextel* sur Minitel (36 15 + Dextel).

In medias res
(Au milieu des choses)

Horace (*Art poétique,* 148) loue ici Homère d'avoir fait démarrer *l'Iliade* en plein sujet, au milieu de l'action. (Cf. *ab ovo*.)

In medio stat virtus
(Le bien est dans le juste milieu)

Axiome que l'on peut rapprocher de proverbes tels que : « l'excès en tout est un défaut », « le mieux est l'ennemi du bien », « rien de trop », etc.

Le mot *virtus*, cependant, peut se traduire par « valeur », par « vertu » au sens fort, qui en provient directement. On peut lui ajouter les sens de courage et de bravoure. C'est donc à la lumière du contexte que l'on peut accepter le mot « bien » comme traduction de *virtus,* dont les divers autres sens s'opposent tout à fait à une philosophie du juste milieu.

Rien n'a jamais été plus pernicieux que la médiocrité qu'évoque cette maxime. Les pires

I

débordements viennent bien souvent de la platitude d'une société sans courage, dirigée par une certaine idée du « bon sens » et par la platitude d'une médiocrité toujours recommencée. Qu'importe la peur de l'aventure, le manque de courage de la plupart se satisfait assez bien du « juste milieu », n'imaginant pas qu'on puisse vivre autrement, plus haut, plus fort.

La médiocrité est un phénomène politique et social plus qu'individuel. Elle cultive le contentement d'elle-même et se fait gloire de ses propres limites. Roland Barthes, à propos de la critique littéraire, montra ce fait avec pertinence :

« *Les critiques (littéraires ou dramatiques) usent souvent de deux arguments assez singuliers. Le premier consiste à décréter brusquement l'objet de la critique ineffable et par conséquent la critique inutile. L'autre argument, qui reparaît lui aussi périodiquement, consiste à s'avouer trop bête, trop béotien pour comprendre un ouvrage réputé philosophique.* »

(Roland Barthes, « Critique muette et aveugle », dans : *Mythologies,* Paris, 1957.)

Dans le même ouvrage, et toujours à propos de la critique, Barthes poursuit :

« *On a pu lire, dans l'un des premiers numéros de* l'Express *quotidien, une profession de foi critique (anonyme), qui était un superbe morceau de rhétorique balancée. L'idée en était que la critique ne doit être* « *ni un jeu de salon, ni un service municipal* » *; entendez qu'elle ne doit être ni réactionnaire, ni communiste, ni gratuite, ni politique.* »

(« *La Critique ni-ni* », id.)

Il est ici montré comment ce que l'on appelle généralement objectivité n'est en fait qu'un parti pris : celui d'exclure ceux qui pensent un peu, qui cherchent, s'interrogent, militent, s'engagent, doutent et osent. Plus loin, Barthes continue :

« *Tout se passe comme s'il y avait d'un côté des mots lourds, des mots tarés (idéologie, catéchisme, militant) chargés d'alimenter le jeu infamant de la balance, et, de l'autre, des mots légers, purs, immatériels, nobles par droit divin, sublimes au point d'échapper à la basse loi des nombres (aventure, passion, grandeur, vertu, honneur)* [...] ; *d'un côté les mots criminels, et de l'autre les mots justiciers.* »

(id., ibid.)

Ce que Barthes signale à propos de la critique peut se généraliser. Le juste milieu, en effet, est une double négation hésitant entre le « trop bien » et le « trop mal ». L'« honnête homme » n'est ni trop ignorant ni trop savant. En tout cas, il ne doit pas être un *intellectuel*, et encore moins un cérébral. Il est de bon ton de mépriser les intellectuels, par exemple. Comme par hasard, ce sont les premiers qu'on fusille lorsqu'un régime fort se met en place, régime qui, généralement, appuie ses positions extrêmes sur des justifications pleines de « bon sens », celui de l'histoire, ou celui de la bourgeoisie moyenne, très moyenne, voire médiocre, qui l'a aidé dans son accession au pouvoir. Pourquoi ? parce que ce régime, bien que « pur et dur », proclame qu'il luttera « contre les extrémismes de tout poil », sans se rendre compte, évidemment, qu'il est lui-même un extrémisme.

In medio stat virtus est une maxime dangereuse : le monde a besoin de gens qui s'engagent, de courage et d'audace. Il a aussi besoin d'intellectuels, contrairement au discours actuel qui veut charger ces derniers de toutes les responsabilités, de tous les maux :
« *Les esprits médiocres condamnent d'ordinaire tout ce qui passe leur portée* », dit une maxime de La Rochefoucauld.

Intelligenti pauca
(Peu de mots suffisent à celui qui comprend)

Locution latine qui affirme que, devant certaines personnes, il suffit de parler à demi-mot.
« *C'est surtout ce qu'on ne comprend pas qu'on explique.* »
(Jules Barbey d'Aurevilly, *l'Ensorcelée*.)

In tenui labor
(Le sujet est mince)

Virgile commence ainsi le quatrième livre de ses *Géorgiques*. Il ajoute aussitôt : *at tenuis non gloria* (« la gloire qui en est le fruit n'est pas mince » (cf. *Materiam superabat opus*).

Les abeilles représentent-elles vraiment un sujet si mince ? On peut en douter en considérant le nombre d'écrivains, de poètes, de philosophes qu'elles ont fascinés, parfois dangereusement : la société implacable des abeilles a parfois servi d'exemple à certains dans leur idée d'une société humaine idéale.

Virgile, donc, parle d'apiculture. La vision virgilienne du monde rural nous évoque assez bien ce que nous avons pu voir, parfois, dans les campagnes. Ainsi sommes-nous réconfortés dans l'idée que rien ne change, que les mêmes gestes ancestraux se reproduisent inlassablement (cf. *Nil novi sub sole*). Or, il n'en est rien. Le monde change, les travaux des champs aussi. L'apiculture a sensiblement évolué depuis les Romains.

Saint Ambroise, évêque de Milan, maître de saint Augustin, écrivit dans le cinquième livre de son *Hexameron* un traité d'apiculture. Il est vrai que, d'après la légende, des abeilles vinrent se poser sur ses lèvres, lorsqu'il était enfant et qu'il dormait dans son berceau disposé au milieu des fleurs. Cependant, Ambroise raconte des âneries. Les savants médiévaux reproduisaient les opinions antiques concernant les sciences, les arts, la médecine ou les techniques agricoles. Heureusement, les apiculteurs de son temps ne le lurent pas et usèrent sans doute de méthodes plus efficaces pour mener à bien leur industrie. Notons cependant que le brave Ambroise ne parle pas de la prétendue génération spontanée des abeilles dans les flancs d'un cadavre de taureau en putréfaction, billevesée qui eut longtemps cours.

Cette idée vient tout droit de Virgile ou, du moins, des légendes que ce grand poète a transcrites, réécrites, revues et corrigées. La quatrième *Géorgique* nous raconte l'histoire d'Aristée, fils d'Apollon et de la nymphe Cyrène, père du malheureux Actéon qui fut transformé en cerf par Diane et dévoré par ses propres chiens (cf. *Cave canem*).

Aristée fut élevé par Chiron, le centaure bienfaisant, inventeur de la médecine et de la chirurgie et qui céda son immortalité à Prométhée, à moins qu'il n'obtînt de Zeus la grâce de pouvoir mourir : les versions divergent à ce propos. Les Muses instruisirent Aristée dans l'art de la médecine et de la divination. Il enseigna aux hommes la culture de l'olivier ainsi que l'élevage des abeilles. Ayant causé involontairement la mort d'Eurydice, qu'il aimait, Aristée fut l'objet de la vengeance des nymphes, compagnes de la défunte. Les nymphes firent périr ses abeilles bien-aimées...

Aristée alla consulter Protée, le devin, qui conseilla des sacrifices. Aristée immola donc quatre taureaux et deux génisses pour apaiser les mânes d'Eurydice. Aussitôt, venant des entrailles des bovins sacrifiés, s'envolèrent des nuées d'abeilles qui consolèrent Aristée de la perte des premières. Le culte d'Aristée fut célébré en Béotie, en Thessalie comme en Arcadie : il était le protecteur des troupeaux, de la vigne, de l'olivier. Les abeilles surgissant des cadavres d'animaux immolés de la légende firent croire à beaucoup que la naissance des abeilles se produisait toujours ainsi.

Plus exactes sont les données de *la Bible de la Nature* de Jean Swammerdam (1637-1680). Ce naturaliste, inventeur du microscope et qui mourut misérable, est l'un des premiers observateurs réellement scientifiques des ruches et de la société des abeilles. Il vivait à une époque durant laquelle les sciences de la nature, comme les autres, prenaient leur essor. Il tenta d'expliquer rationnellement les métamorphoses des insectes. Il termina sa vie étrangement, dans une sorte de mysticisme illuminé, et suivit les idées de la visionnaire Antoinette Bourigon qui prêchait une religion sans liturgie et sans Église.

Il est un écrivain qui, dans *le Troupeau d'Aristée,* décrit avec des accents neufs et une fermeté de plume exemplaire le grouillement incessant de l'« apier » : c'est Laurent Tailhade lorsqu'il expose à la fois les techniques modernes d'apiculture, du moins celles de son temps, tout en observant patiemment l'existence des abeilles, leurs travaux et leurs jours. Dans ce joli livre, où la mélodie des phrases s'accorde avec le sujet, il « fait le point », renseigne et enchante par sa tendresse envers la ruche.

L'observation scientifique se conjugue avec la grandeur du style chez Maurice Maeterlinck. Ce dernier, dans *la Vie des abeilles,* reste ce qu'il fut toujours, c'est-à-dire un grand poète. Ce livre est maintenant classique. Maeterlinck rédigea aussi une *Vie des fourmis* et une *Vie des termites*...

Maeterlinck voit dans les sociétés d'insectes une sorte de représentation de l'« âme universelle » dont chaque individu de la collectivité posséderait un fragment, tandis que les malheurs du monde viendraient du fait que les humains ont perdu conscience de cette communauté d'âmes : chaque termite, chaque abeille, chaque fourmi serait comme une sorte de molécule, reliée à une « unité centrale », le tout baignant dans le même « *fluide vital qui est pour elles plus* [...] *psychique ou plus éthérique que celui de notre corps* ». Malgré ce type de délire unanimiste, ces livres de Maeterlinck, comme d'ailleurs celui de Tailhade, se lisent d'une traite, captivent, passionnent, alors même que le sujet, après tout, peut sembler rébarbatif.

Réaumur et Michelet s'intéressèrent aussi aux abeilles, en décrivirent les mœurs, se passionnèrent pour elles. La phrase d'Ovide ne semble donc pas vraiment justifiée : la vie des abeilles est un grand sujet. Virgile le savait d'ailleurs fort bien...

Sources :
Laurent Tailhade, *le Troupeau d'Aristée,* Paris, 1908 ;
Maurice Maeterlinck, *la Vie des abeilles,* Paris, 1901.

In vino veritas
(Dans le vin, la vérité)

Cette locution latine signale l'un des effets de l'ivresse et le fait qu'elle rend expansif. L'homme qui a bu laisse parfois échapper une vérité qu'il ne dirait pas à jeun.
Le vin, certes, est lié à la vérité. Il s'agit cependant d'une vérité souvent secrète : il est symbole de la connaissance, de l'initiation. Pour Clément d'Alexandrie, le vin est au pain ce que la vie contemplative et la gnose sont à la vie active et à la foi. Symbole d'une vérité révélée, il est le sang du Christ (Évangile de Marc, XIV, 24).
L'ivresse, dans l'imaginaire et les traditions, est liée à la fécondité, aux moissons, à la richesse. Elle est un « *symbole universel : elle appartient non seulement au langage des mystiques chrétiens et musulmans pour qui elle engendre la perte de connaissance de tout ce qui est autre que la Vérité, voire l'oubli même de notre oubli, mais à celui des ésotéristes eux-mêmes* ». (Chevalier et Gheerbrandt, *Dictionnaire des symboles,* op. cit.)
La vérité, pour les médecins de Molière, était contenue dans la parole des Anciens (cf. *Ejusdem farinæ* et *Jurare in verba magistri*). Le grand poète qu'était Marc Antoine Girard de Saint-Amant (1594-1661) vivait au temps de Purgon et de Diafoirus, aussi appuie-t-il ses dires, dans une pièce intitulée : *Débauche hippocratique*, sur l'autorité des maîtres :

> *Je tiens pour Hippocrate*
> *Qui dit qu'il faut à chaque mois*
> *S'enivrer au moins une fois.*

Une fois par mois semble un rythme raisonnable. Il est vrai que c'est ici un minimum. Saint-Amant voulait-il se rapprocher des dieux par l'ivresse ? C'est en tout cas le moyen utilisé pour ce faire dans la vieille Irlande.

« *L'ivresse est de règle à la grande fête irlandaise de Samain, où l'on prodiguait à flots la bière et l'hydromel. La plupart des textes font état de la confusion de l'ivresse, sans aucune intention ni nuance péjorative. Elle est du reste compréhensible à cette fête qui est placée symboliquement hors du temps humain et pendant laquelle les hommes se croient en contact direct avec l'autre monde des dieux.* »

(Dictionnaire des symboles, op. cit.)

Le vin et l'alcool en général réalisent la synthèse de l'eau et du feu. Tous deux symbolisent de ce fait l'énergie vitale. L'eau-de-feu, c'est l'eau-de-vie : les Nordiques ont gardé l'expression *aqua vitae* pour nommer leur *akvavit,* que les Irlandais ont traduit en *uisce beatha,* mots signifiant littéralement « eau-de-vie », et que les modifications phonétiques au cours des âges ont abrégés en *uisce,* terme qui fut lui-même transformé en *whiskey,* que les Écossais prononcent *whisky.*

Les chrétiens, on l'a vu, attachent une grande importance au symbolisme du vin. Encore s'agit-il peut-être uniquement des chrétiens mâles, puisque Gustave Flaubert déclare dans son *Dictionnaire des idées reçues* :

« *Vins : sujet de conversation entre hommes – le meilleur est le bordeaux, puisque les médecins l'ordonnent. Plus il est mauvais, plus il est naturel.* »

Tandis qu'Ambrose Bierce, dans le *Dictionnaire du Diable,* définit ainsi la boisson de Bacchus :

« *Vin (n.). Jus de raisin fermenté connu de l'Association des femmes chrétiennes sous le nom de "boisson" et quelquefois de "rhum".* »

L'Association des femmes chrétiennes, ligue de moralité américaine du siècle dernier, nous permet de passer de la religion à la morale. Il ne nous reste donc plus qu'à citer une curieuse phrase de Jacques Chardonne, dans *L'amour, c'est beaucoup plus que l'amour* : « *Sans morale, il n'y a plus de vin de Bordeaux ni de style. La morale, c'est le goût de ce qui est pur et défie le temps.* »

Quittons maintenant morale et religion pour aller vers l'immoralité la plus franche et la plus criminelle. Le 28 novembre 1835, peu avant d'être exécuté, Pierre-François Lacenaire écrivit un poème dans lequel il demandait tout simplement du vin (entre autres) :

À nous le vin et la vie à plein verre !
Vous mourez sans vous plaindre, est-ce par votre sort ?
Mourez sans vous troubler ou vous êtes infâmes.
J'ai saisi mon poignard et j'ai dit, moi : de l'or !...
De l'or avec du sang, de l'or et puis des femmes
Qu'on achète et qu'on paye avec cet or sanglant.
Des femmes et du vin... un instant je veux vivre
Du sang... du vin... l'ivresse... attendez un instant
Et puis, à votre loi tout entier je me livre...
Que voulez-vous de moi ? Vous parlez d'échafaud !
Me voici... j'ai vécu... j'attendais le bourreau.

Lacenaire, immortalisé par Marcel Herrand dans le film *les Enfants du Paradis*, fut éxécuté le 19 janvier 1836.

Terminons, sur une note plus gaie, par quelque vérité dite sur le vin, du moins sur un vin particulier, vérité exprimée par une femme admirable.

Nicole Barbe Clicquot, née Ponsardin (1778-1866), se maria en 1800, dans une cave, durant les troubles du Directoire. Cinq ans plus tard mourait monsieur Clicquot. L'époque laissait rarement aux femmes la responsabilité d'une entreprise. Mais Nicole Barbe Clicquot n'était pas du genre à se laisser faire : en dépit de l'opposition familiale, elle devint chef d'entreprise. Voici ce qu'elle disait en parlant du champagne :

« *Le palais doit avoir la surprise agréable du pétillant et un goût flatteur et velouté au premier abord et encore cet* arrière-goût fruité duquel la bouche reste embaumée et qui vous tient un grand moment dans une méditation délicieuse sur l'aromatique de ce vin, après avoir replacé votre verre. Sans cela, ce n'est qu'un cadavre de vin. »

Sources :
J. Chevalier et A. Gheerbrandt, *Dictionnaire des symboles, op. cit.* ;
Ambrose Bierce, *Dictionnaire du Diable, op. cit.* ;
Gustave Flaubert, *Dictionnaire des idées reçues,* Paris s.d. ;
H. Gault et C. Millau, (avec la collaboration de Jean-Luc de Rudder) *Guide du champagne,* Paris, 1970.

Ipso facto
(Par le fait même)

Locution adverbiale qui était généralement employée à propos de l'excommunication : « *Celui qui frappe un prêtre est excommunié ipso facto* » (exemple de Pierre Larousse, *Flores latines*). Larousse cite encore Pierre Leroux pour illustrer cette locution :
« *Croire que du suffrage universel et d'une assemblée sortie de ce suffrage il puisse résulter* ipso facto *un véritable gouvernement est une erreur, que Rousseau lui-même a signalée.* »

(*De la ploutocratie,* Paris, 1848.)

Ira furor brevis est
(La colère est une courte folie)

Voir : « **Ab irato** ».

Isti mirant stella (sic)
(Ceux-ci contemplent l'étoile)

Cette phrase se trouve sur le *Telle du Conquest,* c'est-à-dire la tapisserie ou broderie de Bayeux (70 × 0,50 m), exécutée avec de la laine sur une toile de lin par un atelier anglo-saxon sur l'instigation d'Odon de Conteville, frère de Guillaume le Conquérant. Cette œuvre, à la fois chronique et image, littérature et art, subit bien des outrages : elle servit même de bâche et fut sauvée de la tourmente révolutionnaire par Lambert Leforestier. Monument et document, elle nous renseigne autant qu'elle est admirable.

Isti désigne les astrologues. *Stella* (on devrait avoir *stellam*), c'est l'étoile, ou plutôt la comète de Halley qui apparut dans le ciel le 24 avril 1066, au début de l'année (cf. *Ab urbe condita*). Cette comète fut considérée comme un mauvais présage pour Harold de Godwinson, l'ennemi de Guillaume qui mourut à Hastings d'une flèche dans l'œil sur le champ de bataille, le 14 octobre suivant. La victoire d'Hastings fut le début de l'extension de la culture normande, d'une esthétique romane qui s'étendit jusqu'en Sicile. Esthétique, mais aussi éthique : cette civilisation, porteuse d'un art admirable et de grandes institutions, fut, durant tout le Moyen Âge, et même au-delà, le seul exemple de peuple qui ne connut pas la torture, ou presque : une fois seulement, et sur les instances du pape Clément V, on tortura officiellement en Angleterre. C'était en 1310 et l'on jugeait les Templiers. Encore fallut-il faire venir des « spécialistes » du continent...

Bien des grandes œuvres littéraires françaises du début du Moyen Âge sont écrites en anglo-normand. La *Vie de saint Alexis*, et la *Chanson de Roland*, que le trouvère Taillefer, selon la légende, déclamait sur le champ de bataille d'Hastings pour exhorter les combattants à suivre le bon exemple, représentent les deux modèles médiévaux du héros : le chevalier et le saint. Ces deux conceptions du destin humain, exprimées en anglo-normand, marqueront plusieurs siècles de leur vigueur. Taillefer mourut, lui aussi, percé d'une flèche à Hastings, comme on le voit sur la tapisserie de Bayeux.

C'est aussi grâce à cette tradition normande que sont parvenues jusqu'à nous les légendes bretonnes : lais que Marie de France fit revivre tandis que l'histoire des Chevaliers de la Table ronde fut réécrite par le Champenois Chrétien de Troyes. Étranges Anglo-Normands, insulaires et conquérants : ils inventèrent l'Occident.

Ita diis placuit
(Il a plu aux dieux)

Locution latine correspondant à l'*Inch'Allah* ou au *Mektoub* des Arabes : il a plu aux dieux qu'il en soit ainsi, on n'y peut rien, il faut se résigner, c'est la fatalité.

À cette pensée de la résignation, opposons une phrase de Romain Rolland tirée d'*Au-dessus de la mêlée* :

« La fatalité, c'est ce que nous voulons. »

Et notons avec Giraudoux, dans *Pour Lucrèce,* que « toutes les fois que la fatalité se prépare à crever sur un point de la terre, elle l'encombre d'uniformes ».

J

J

Selon l'usage français, nous distinguons ici le j du i, ce que ne faisaient pas les Romains. Cette distinction est récente : elle date de la Renaissance et fut l'œuvre de l'humaniste Pierre de La Ramée, dit Ramus (1515-1572). Auparavant, le i était tantôt voyelle, tantôt consonne selon la prononciation. Il en est de même pour le v, qui se confondait avec le u.

Judicum rusticorum
(Jugement des paysans)

Jugement qui partage en égales parts, entres parties, l'objet du litige. Il s'agit d'un compromis. Le droit ancien admettait cette forme rustique de règlement des litiges. Ce type d'accord ne faisait pas toujours l'objet d'un acte rédigé : il restait souvent oral.

Jurare in verba magistri
(Jurer sur les paroles du maître)

Allusion du bon Horace (*Épîtres,* I, 1, 14) aux disciples trop respectueux pour qui l'autorité d'un maître suffit.

Regardons l'histoire : tout progrès, d'Abélard à Évariste Gallois, n'a pu se faire que par la contestation des valeurs établies. Plus près de nous, le refus de tout « mandarinat » mena les étudiants soixante-huitards à relire un peu soigneusement les textes fondant leurs disciplines : ils s'aperçurent bien vite qu'on les leurrait, que la parole du maître restait fallacieuse : la contestation fut radicale, et l'on ne peut plus penser comme avant, quoi qu'on en ait... Évidemment, ces malheureux soixante-huitards n'eurent de cesse que de trouver d'autres maîtres : le problème se reposa.

Cependant, l'élan reste. Ce livre en témoigne : combien de fois la tradition magistrale est-elle prise en défaut ? Un grand nombre des citations latines dont nous traitons ont été remaniées par cette tradition. De ce fait, il faut retourner aux sources pour retrouver une exactitude, ne serait-ce que formelle, ce qui est la moindre des choses.

Aucun enseignement n'est neutre, ce qui est bon. Cependant, celui qui reçoit, l'étudiant, doit savoir toujours et à chaque instant qu'il est de son devoir de vérifier toute citation, tout argument, toute assertion d'un professeur, quel qu'il soit. Dès lors, un peu de progrès devient possible... La culture, la connaissance et le savoir ne sont pas quelque chose que l'on reçoit, mais quelque chose qu'on se doit de prendre. Faute de quoi nous en resterons sempiternellement dans l'état du monde tel que le fondèrent les enseignants de naguère, fussent-ils jésuites, bénédictins, ou « hussards noirs de la République » (Péguy) – que l'on peut renvoyer dos à dos pour les services qu'ils rendirent à une culture prédigérée, inepte, fallacieuse, fondée sur l'inexactitude et le dressage, sans négliger la nécessaire, à leurs yeux, castration des imaginations. Ce qui aboutit évidemment à l'état du monde tel que nous le laissèrent les générations précédentes ayant eu à subir leurs diverses inaptitudes. Toute connaissance détermine un devoir d'insoumission.

Le maître assit longtemps sa puissance sur la violence. Puis, il le fit sur son savoir, véhiculant le plus souvent des idées reçues et ne se mettant pas toujours au goût du jour, en rapport avec les derniers progrès. Ce sont là deux modes de manque de respect envers l'élève. Faut-il suivre l'exemple du roi Dagobert, qui, justifiant la légende, agit un jour à l'inverse de l'usage habituel : son maître Sadragesille lui manqua de respect. Que faire d'autre, sinon le fouetter ?

Sources :
Abbé Jacques Boileau, *Histoire des flagellans,* Amsterdam, 1701, cité par Jean-Claude Bologne, *Histoire de la Pudeur,* Paris, 1986.

Jus est ars boni et æqui
(Le droit est l'art du bien et du juste)

Définition du droit telle qu'on la trouve dans le *Digeste.*

Lorsque, en 527, Justinien devint empereur, la législation romaine se trouvait recueillie dans des compilations de textes anciens et incomplets. La refonte du droit romain était urgente, non seulement pour l'ordre de l'Empire, mais aussi pour promouvoir certaines idées de Justinien à propos des lois et de leur application.

En décembre 530, Justinien ordonna au questeur Trinonien de former une commission chargée de réunir des extraits de juriconsultes divers, afin de créer un *corpus* de droit. L'année précédente, un Code avait été publié : il s'agissait donc de faire pour le droit *(jus)* ce qui venait d'être achevé pour les lois *(leges)*.

Trinonien réunit seize collaborateurs et cette équipe travailla durant trois années. L'ouvrage achevé devint exécutif en décembre 533.

Ce *Digeste* se compose de cinquante livres et de sept parties. Chaque livre se divise en titres munis de rubriques. Chaque titre comprend un certain nombre de lois et des fragments numérotés. Les glossateurs ont numéroté les paragraphes. Chaque fragment porte en tête le nom de l'auteur et le titre de l'ouvrage duquel il est tiré.

Le *Digeste* contient des extraits provenant de trente-neuf juriconsultes. Ces fragments ne sont pas simplement mis bout à bout : leur place, les uns par rapport aux autres, les éclaire mutuellement et leur raccordement avec d'autres textes hétéroclites leur permet de prendre un sens tout autre que celui qu'ils avaient dans les livres originaux. Les textes furent souvent altérés afin de les rendre cohérents avec le nouveau droit qu'ils contribuaient à construire. Justinien voulait, en effet, non pas une simple compilation, mais une œuvre législative dont les divers éléments auraient force de loi. Les règles juridiques se trouvèrent donc adaptées aux mentalités nouvelles issues de l'influence de la civilisation orientale et du christianisme.

Certaines copies médiévales du *Digeste* ont été surnommées la Vulgate et divisées en deux parties, *Digestum vetus* et *Digestum novus*. Il est vrai que, par son mode d'élaboration, il est la compilation de textes disparates auxquels on a donné un sens nouveau. Parce que cela n'a pu se faire qu'au prix de glissements de sens, d'altérations plus ou moins volontaires, le *Digeste* peut faire penser à la Bible.

Le sage Justinien (527-565), végétarien et buveur d'eau, bousculait assez facilement les hiérarchies et se préoccupait plus de la valeur des hommes que de leur rang. Ainsi épousa-t-il judicieusement Théodora, fille du gardien des ours de l'hippodrome de Byzance. Cette « actrice de bas étage » était connue pour ses débauches. Elle fut une impératrice énergique, habile, toute dévouée à la cause des monophysites. Tous deux se préoccupèrent beaucoup du droit, mais aussi de l'administration, que Justinien voulait rendre moins vexatoire. Il voulut réconcilier les tendances séparatistes de la Syrie et de l'Egypte. Avec Théodora, il tenta de placer sur le trône pontifical un pape monophysite à sa dévotion : Vigile. Théodora et Justinien protégèrent les arts, ayant tous deux au plus haut point l'amour de la beauté, le goût du luxe.

Jus et norma loquendi
(La loi et la règle du langage)

Cette expression d'Horace signifie que l'usage décide en maître et règle les lois du langage, ou, plus exactement, de la langue.

Cette phrase est d'autant plus d'actualité que notre langue est à la veille d'un bouleversement, d'un changement aussi important que celui qui eut lieu à l'époque renaissante : notre monde bouge, notre culture s'étend, laissant loin derrière les approximations de l'enseignement de la IIIe République. Une attitude de contestation des valeurs reconnues permet d'approcher un vrai savoir fécond, utile, efficace. Grâce aux efforts d'instituteurs décriés, comme par la lente pénétration des idées nouvelles en éducation, jamais le niveau moyen des élèves n'a été aussi élevé. L'illettrisme dont on a beaucoup parlé est généralement le fait de vieilles personnes ne lisant jamais, ayant autrefois appris à déchiffrer plus qu'à comprendre.

Certains en doutent. Cependant, toutes les enquêtes menées un peu sérieusement le démontrent. Les tests de lecture actuels, fondés sur la compréhension plus que sur l'ânonnement, montrent que les élèves se débrouillent au moins aussi bien que leurs grands-parents, même si leur écriture est moins belle...

La véhémence des puristes tient à ce qu'ils sont exclus du mouvement. Ils méprisent l'humain, tout simplement (cf. *Homo sum, nihil a me alienum puto*). Ils vivent sur des idées reçues et ne supportent pas qu'on mette en doute leurs certitudes. Ils ne peuvent supporter un débat cohérent, argumenté, fondé sur des sources vérifiables et des faits. Aussi finissent-ils toujours par s'énerver, devenir impolis, véhéments, incorrects, ce qui est normal lorsqu'on ne peut citer de sources exactes, de faits avérés, lorsqu'on refuse tout simplement le réel. Le mieux est de les laisser faire : ils ont déjà perdu. L'enseignement qu'ils ont reçu et dont ils font grand cas divisait les élèves entre scientifiques et littéraires, ce qui est une bêtise, et ne les a préparés qu'à une critique oiseuse des générations postérieures.

Leur surdité, leur manque d'aptitude au plaisir, à l'émerveillement langagier, ajoutés à leur dédain de la linguistique, leur font ignorer que notre langue est de plus en plus belle. Sa grandeur provient du fait qu'elle ne connaît que ses lois propres et que l'usage, mais le vrai, qui n'est pas le « bon usage », reste, comme toujours *jus et norma loquendi*.

La langue doit bouger ou mourir. Le retard culturel de la France s'explique en grande partie par le purisme, le traditionalisme. Rappelons donc ici que l'essor économique du Japon n'a pu avoir lieu qu'après une refonte de l'« orthographe » japonaise, qu'il a fallu sensiblement simplifier. Le retard social, politique et intellectuel de ce même pays vient que rien n'a vraiment été changé par ailleurs : des structures traditionnelles caduques coexistent avec une modernité limitée. Ce déséquilibre prépare une crise, comme c'est toujours le cas dans les sociétés libérales.

Justæ nuptiæ
(Justes noces)

Les Romains désignaient ainsi le mariage légal, le mariage reconnu par la loi. Mais tout n'est pas si simple.

Ce mariage légal ne mélangeait pas les torchons et les serviettes. Un patricien ne pouvait épouser une plébéienne, et vice versa. Il fallut un plébiscite, en l'an 445 av. J.-C., pour que cela devienne possible. Cneus Canuleius, tribun du peuple, décida les plébéiens à se tenir sur le Janicule jusqu'à ce que les mariages entre les deux castes fussent possibles. Il obtint de cette façon l'abolition de la loi correspondante ainsi que le partage du consulat entre plébéiens et patriciens. Le plébiscite voté devint une loi, la *lex Canuleia,* malgré la résistance du sénat. Cette loi prépara l'assimilation entre les deux ordres.

K

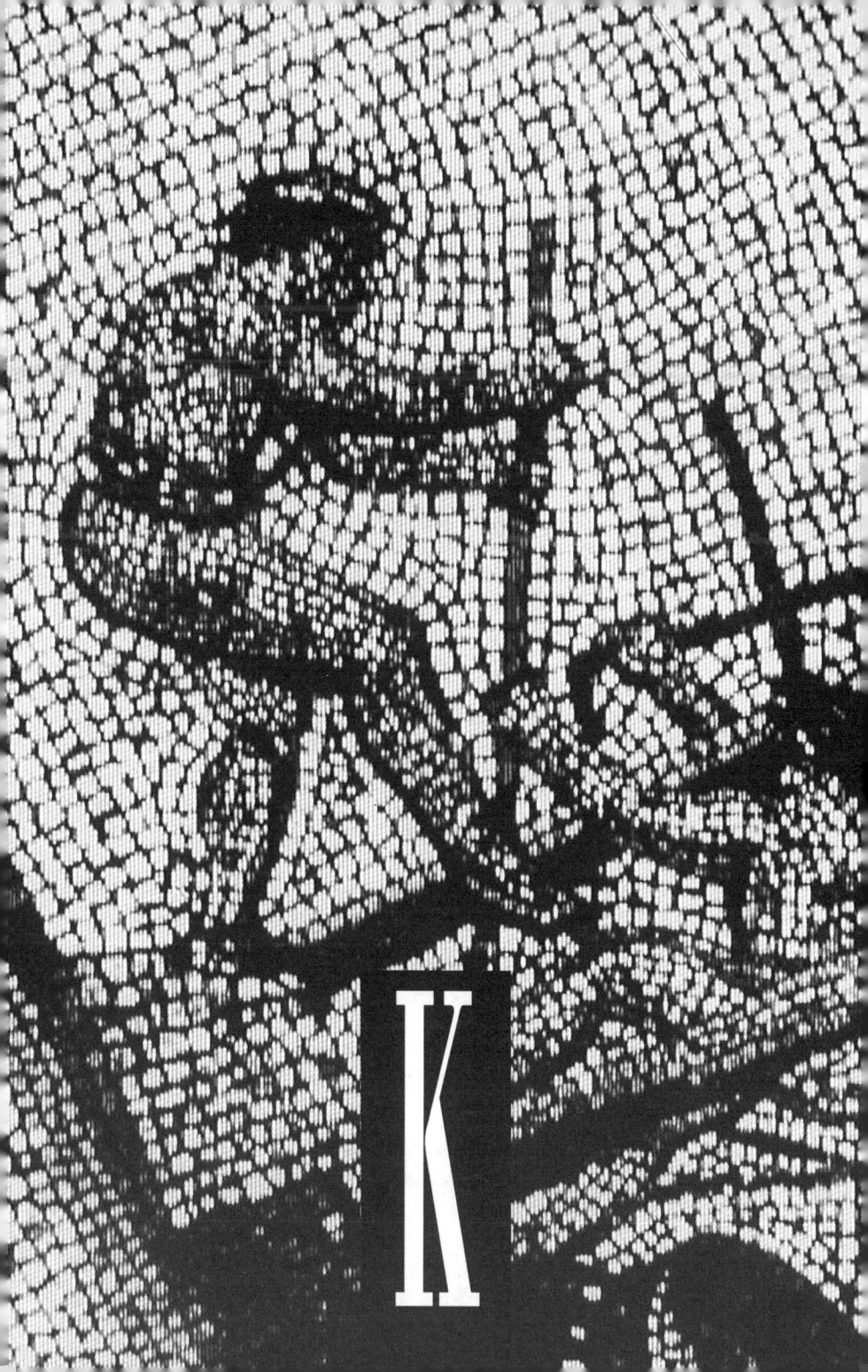

Kalendas græcas
(Calendes grecques)

Les Romains employaient peu la lettre *k*, en dehors de certains mots étrangers. C'est une lettre d'origine grecque, notant le *c* de cette langue, le *c* notant ordinairement le son du *g*. Après l'introduction du son *g*, *c* ayant pris le son du *c*, la lettre *k* ne fut conservée que dans les abréviations, ainsi que dans un certain nombre de mots tels : *kaeso, kaput, Karolus*, en concurrence avec le *c*. *Kalenda* pouvait donc s'écrire aussi bien *calenda*. Autant utiliser ici un *k*, puisque ce signe est rare.

Ce mot désigne le premier jour du mois. Il provient de *calendus*, qui signifie « devant être appelé », car, avant la publication des fastes, on convoquait solennellement le peuple romain pour lui faire connaître les jours fériés.

Le mois romain était lunaire et comptait 29 ou 30 jours. La pleine lune, tombant le 14 ou le 15, était réputée avoir lieu le 13 et le 15, alternativement en raison de la peur superstitieuse des nombres pairs (cf. *Numero deus impare gaudet*) qu'éprouvaient les Romains. Le jour de la pleine lune s'appelait les *ides*. Le 5e et le 7e jour, suivant que la pleine lune tombait le 13 ou le 15, s'appelaient les *nones*. Les jours étaient comptés des *calendes* aux *nones*.

Ce système, exclusivement latin, différait évidemment de celui des Grecs. Renvoyer *ad calendas græcas* (Suétone, *Auguste,* 87, par exemple, entre autres citations [la phrase était proverbiale]) signifiait « à jamais ». *Ad calendas græcas solvere,* c'est à dire « payer aux calendes grecques », voulait dire « ne pas payer du tout ».

L

Labor omnia vincit improbus
(Un travail opiniâtre triomphe de tout)

Début d'un vers de Virgile (*Géorgiques,* I, 144) devenu proverbial (cf. *Omnia vincit amor*).

Lassata sed non satiata
(Fatiguée mais inassouvie)

On dit aussi : *Lassata necdum satiata* (« fatiguée mais non encore assouvie »). Mais le véritable vers de Juvénal (*Sat.,* VI, 130) est : *Lassata viris, necdum satiata recessit.*

Ainsi était Valeria Messalina (15 ?-48), épouse de Claude. Un peu éblouie par sa dignité d'épouse de l'empereur, elle laissa libre cours à ses goûts de luxe, de plaisirs. Mais toutes les impératrices de la première moitié du Ier siècle en firent autant...

Elle était pur désir. Tout devait lui céder. Femme de tous les appétits, de toutes les faims, elle n'hésitait pas trop devant les assassinats, les malversations : elle fit périr Valerius Asiaticus, un de ses amants, pour s'approprier ses jardins ; elle négociait des gouvernements de province, vendait des droits de cité. Elle aimait jouer à la courtisane, dans les bas-fonds, se livrait aux portefaix de Suburre et se prostituait dans les lupanars.

Il y a certes bien des choses à reprocher à cette aimable personne. Mais l'on retient surtout sa lubricité. Ses appétits sexuels fondent sa réputation et l'on pense à cela dès qu'on parle d'elle. Elle faisait peur, Messaline : une femme exprimant son désir fait toujours peur, et cela, même huit siècles après, comme en témoignent ces vers de Baudelaire :

> *Par ces deux grands yeux noirs, soupiraux de ton âme*
> *Ô démon sans pitié, verse-moi moins de flamme*
> *Je ne suis pas le Styx pour t'embrasser neuf fois.*
>
> (Ch. Baudelaire, *les Fleurs du Mal,* XXVI, « Sed non satiata »).

Tout est dit, dans ce vers : la peur des hommes devant le désir féminin dont notre civilisation a fait taire toute expression, la crainte de l'impuissance... Les hommes craignent-ils de découvrir chez l'autre un miroir de leurs propres désirs qu'ils jugent encore coupables ? « *Ô fangeuse grandeur, sublime ignominie !* » dit encore Baudelaire (*les Fleurs du Mal,* XXV) puis, dans le même poème : « *Femme impure ! l'ennui rend ton âme cruelle* ». Après quoi, il ne lui reste plus qu'à ajouter : « *Machine aveugle et sourde en cruautés féconde !* »

Les femmes, donc, n'ont plus qu'à se taire : leur désir, l'appel de leur chair, leur ardeur est suspecte, impure. Elles sont coupables dès que vibre leur corps. Nos mentalités continuent de porter de l'indulgence pour l'homme qui collectionne les aventures galantes, tout en méprisant les femmes ayant la velléité d'agir de même : le féminin de « *Don Juan* » reste « *putain* » dans beaucoup d'esprits. De toute façon, « vase de toutes les iniquités », la femme désirante provoque le courroux céleste : une version française du XIVe siècle de *la Vie de sainte Marie l'Égyptienne* décrit complaisamment les péchés de la future sainte, qui est d'abord prostituée. Après avoir vendu son corps un peu partout, après avoir ri lorsque des jeunes gens s'entretuaient pour elle, Marie décide de s'embarquer sur un bateau de pèlerins. Elle couche avec tous, jeunes ou vieux, déroutant ces saints hommes du droit chemin. Le Diable envoie un orage pour faire périr tout ce beau monde. Mais Dieu s'y oppose : il réserve Marie pour un sort plus grand. N'empêche que l'orage continue. Les pèlerins, effrayés, ne peuvent continuer leurs occupations érotiques ; terrifiés, ils prient. Marie, *non satiata,* « *fu toute nuit en chemise et gisoit toute seule en un lit pour faire son delit en habandon* ». Insouciante de la fureur des flots, la future sainte trouve par elle-même le moyen de se satisfaire. C'est là, sans doute, le premier énoncé de masturbation féminine de la littérature française.

L

Les plaisirs esseulés des femmes ont toujours fasciné les hommes : Herondas, un poète grec du IIIe siècle av. J.-C. fait dialoguer deux jeunes femmes, Métro et Corrito. La première veut emprunter à la seconde certain instrument d'usage intime et propre à procurer du plaisir. Cette dernière lui recommande un artisan fort habile dans la confection de tels ustensiles et la description qu'elle en fait est du plus haut comique. Ézéchiel, bien avant, parlait avec courroux des « simulacres d'hommes » auxquels certaine femme s'était « prostituée » (Éz., XVI, 17), c'est-à-dire souillée, au sens étymologique. Cette femme impure représente la Jérusalem pécheresse. On peut aussi évoquer les cautérisations et autres clitoridectomies que le XIXe siècle occidental infligea aux jeunes filles suspectes de ce genre d'attendrissements sur soi-même. On se contentait, en ces temps proches, d'entraver les garçons dans divers corsets de contention pour qu'ils ne pussent en faire autant. L'obsession sexuelle mal vécue des médecins rejoignait alors celle des religieux : l'intégrisme n'est souvent qu'un mélange de cette obsession avec un fort sentiment de culpabilité. Qu'on en juge en parcourant le *Traité de chasteté*, dans lequel il est recommandé au prêtre qui confesse les jeunes filles de leur demander si elles ont déjà caressé « légèrement avec la paume de la main la partie supérieure de la matrice » ou si elles ont appuyé leurs « parties sexuelles contre les pieds d'une table ou sur l'arête d'un mur pour exciter la pollution », si elles ont déjà connu « des attouchements de fille à garçon, aux parties sexuelles. Parfois, en essayant de forniquer quoique d'une manière imparfaite ». Le plus beau évidemment était de leur demander si elles avaient déjà essayé d'introduire « dans le vase le bec d'un poulet ou d'une poule, ou bien en mettant de la salive ou du pain dans la matrice et en attirant un chien pour faire lécher les parties pudiques par l'animal »... La peur, cette fois, de la « lubricité » des femmes s'exprime on ne peut plus clairement : ne se révèle ici que celle d'un certain clergé.

Plaisir de femme, désir de femme sont restés bien longtemps tabous. James Joyce, un homme, pourtant, l'exprima de belle façon :

« [...] *oui quand j'ai mis la rose dans mes cheveux comme les filles andalouses ou en mettrai-je une rouge oui et comme il m'a embrassée sous le mur mauresque je me suis dit après tout aussi bien lui qu'un autre et je lui ai demandé avec les yeux de demander encore oui et alors il m'a demandé si je voulais oui dire ma fleur des montagnes et d'abord je lui ai mis mes bras autour de lui oui pour qu'il sente mes seins tout parfumés oui et mon coeur battait comme fou et oui j'ai dit oui je veux bien oui.* »

Cette célèbre dernière page d'*Ulysse* montre un désir de femme dans sa plénitude radieuse, sa ferveur, sa grandeur. Il est bon qu'une voix de femme close ce discours du désir féminin. Laissons la belle sensualité de Louise Labé (1520-1566) dire ce qu'elle a à dire :

Ô ris, cheveux, bras, mains et doigts
Ô lut pleintif, viole, archet et voix :
Tant de flambeaux pour ardre une femelle !
De toy me plein que tant de feu portant
En tant d'endroit d'iceux mon coeur tatant
N'en est sur toy volé quelque étincelle.

Et, bien sûr, ces vers plus connus :

Baise m'encor, rebaise moy et baise
Donne m'en un de tes plus savoureus
Donne m'en un de tes plus amoureus
Je t'en rendray quatre plus chaus que braise.

Il convient ici de rappeler que le verbe *baiser* possède un double sens, et cela depuis le Moyen Âge, ce que Louise Labé ne pouvait pas ignorer, ni d'ailleurs Molière. Seul l'ignore généralement un nombre effarant de professeurs de lettres. Les élèves sont, la

plupart du temps, au courant de ce fait, ce qui leur permet de ricaner fort à propos durant les cours.
Sources :
Traité de chasteté, réédition in : *les Mystères du confessionnal,* Paris, 1974 ;
Tissot, *De l'onanisme* (réédition), Paris, 1980, (première édition : 1760) ;
Vie de sainte Marie l'Égyptienne, éditée par P. Dembovsky, version X, (XIV siècle), Genève, 1977 ;
Reay Tannahill, *le Sexe dans l'histoire,* Paris, 1980.

Laudator temporis acti
(Celui qui fait l'éloge du temps passé)

Vers d'Horace (*Art poétique,* 173) qui vilipende les vieillards qui passent leur temps à dénigrer le présent au profit d'un passé revu et corrigé par une mémoire défaillante dotée d'une certaine tendance à embellir les choses accomplies depuis belle lurette. Cette expression pourrait être synonyme de « menteur ».

Cet exemple d'Horace nous montre bien que les temps passés n'étaient pas meilleurs que le présent, puisque, toujours et partout, il y a eu au moins un *laudator temporis acti.*

Celui qui loue le temps passé est hors circuit : il a renoncé à lui-même et n'a plus d'espoir dans l'avenir. Ce n'est pas une question d'âge.

De toute façon, un être humain, n'est-ce pas toujours et en même temps un passé, un présent et un avenir ?

Lex Canuleia
(Loi de Canuleius)

Voir : « **Justæ nuptiæ** ».

Lex est quod notamus
(Ce que nous écrivons fait loi)

Devise de la chambre des notaires, à Paris. Elle est due à Santeul (cf. *Castigat ridendo mores*).

Le notaire est aujourd'hui un notable. Ce ne fut pas toujours le cas. L'Antiquité romaine, plus sérieuse que nous ne le sommes, utilisait, pour la rédaction des actes, des esclaves. Il y avait deux sortes de *notarii* : les privés, notaires à gages, écrivant pour leur maître, bien souvent esclaves, et les notaires publics, eux aussi asservis et prenant en note tout ce qui pouvait advenir lors d'une procédure.

Les notaires remplissaient alors le rôle de scribes spécialisés recevant les conventions des parties, voire stipulant pour elles. Plus tardivement, il y eut des *notarii,* officiers publics dont les clercs transcrivaient les volontés des parties. Ces notes servaient de point de départ à un acte définitif sur lequel les témoins apposaient leur cachet.

Le notariat, au sens moderne, ne laisse pas de trace en France avant Louis IX, qui établit soixante notaires dans la prévôté de Paris. L'époque des croisades, avec les ventes de biens, les prêts à intérêt, voire les usures qu'elle produisit, rendit nécessaire une certaine extension de la profession.

En effet, de même que, devant, pour s'équiper, emprunter de l'argent, le chevalier, le seigneur qui se croisaient ne pouvaient faire autrement que de faire enregistrer les conditions de ces prêts.

Étrangement, notaire et purgatoire sont liés. Partir en croisade obligeait à emprunter. Or, un chrétien ne pouvait prêter à intérêt, car le temps n'appartient qu'à Dieu. Le croisé devait donc aller se faire prêter de l'argent par les juifs. Mais comment vouer à l'enfer un créancier ? D'autre part, vouer aux gémonies celui à qui l'on doit une forte somme n'est pas confortable. Il fallut donc trouver un troisième lieu pour y mettre après leur mort ceux qui ne pouvaient prendre place au paradis, mais dont l'utilité empêchait qu'on les mît à l'enfer. On inventa le purgatoire. Ainsi sut-on quoi en faire : toute religion est marchandage...

Parallèlement, ces prêts furent dûment enregistrés. Notaire et purgatoire sont ainsi contemporains et... complémentaires.

Le notariat reste scandaleusement une charge vénale. Il fallut attendre Alphonse Allais pour que se créât enfin une *Société d'assurances contre le notariat*. Il faudrait la faire revivre.

En attendant, il est toujours du plus bel effet, dans certaines provinces, lors d'un dîner, d'un banquet, d'une fête, où sont réunis quelques notables locaux, de rappeler qu'autrefois les notaires étaient des esclaves.

Source :
Jacques Le Goff, *la Naissance du purgatoire,* Paris, 1981.

M

Macte animo, generose puer, sic itur ad astra
(Courage, enfant généreux, c'est ainsi qu'on s'élève jusqu'au ciel)

Vers de Stace (*Thebaïs,* VII, 280), copié de Virgile (*Énéide,* IX 641). *Mactus* signifie « glorifié », « adoré », « vénéré », mais aussi « satisfait ». L'expression *macte animo* peut se traduire par « Sois heureux dans ton cœur. » *Macte,* seul, peut vouloir dire « bravo ! » Le sens des mots varie, change, se transforme, et c'est ainsi que ce mot est devenu un encouragement.

Anima désigna d'abord l'air insufflé dans les poumons, le souffle, voire l'haleine : *Animas et olentia Medi ora fovent illo (malo)* [Virgile, *Géorgiques,* II, 134] : « Les Mèdes parfument avec cette pomme leur haleine fétide. » C'est ainsi qu'« expirer » peut signifier « rendre l'âme », puisque le souffle devint le principe vital, distinct du corps dans nos représentations mentales et s'opposant à l'*animus,* le siège de la pensée pour Épicure, comme dans tous les systèmes dualistes et simplistes qui tendent à nous couper en deux.

Magister dixit
(Le maître l'a dit)

Paroles sacramentelles par lesquelles les scolastiques médiévaux citaient comme argument sans réplique l'opinion du maître, c'est-à-dire Aristote, du moins généralement. Ces mots se disent aussi à propos de tout maître. Ce qui est une incongruité. Tout savoir est provisoire. Un maître est, certes, un mal nécessaire. Mais avancer, progresser ne se fait que lorsqu'on a bien digéré ce qu'il peut donner et que, ayant examiné son enseignement, l'on s'aperçoit de ses failles. Aucun progrès ne s'est fait autrement. Il suffit de penser aux inepties diverses qu'on trouve chez Aristote, à côté de ses sublimes clartés. Il convient

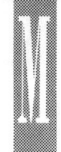

de toujours vérifier, relire, revoir les paroles des maîtres, si l'on tient à conserver un peu d'exactitude, de rigueur et d'honnêteté. Pour ce faire, il suffit de lire tout ce que le maître a lu, puis d'y ajouter tout ce qu'il n'a pas lu : dès lors, dans la vieille querelle des Anciens et des Modernes, devient-on nécessairement un moderne, voire un contestataire... du moins provisoirement : l'étape suivante est de construire, jusqu'à ce qu'une nouvelle vague de modernes nous envoie aux pelotes. Ce qui est juste et bon.
(Cf. *Jurare in verba magistri* et *Amicus Plato sed magis amica veritas*.)

Manu militari
(Par la main militaire)

Par l'emploi de la force armée : expulser un locataire récalcitrant *manu militari* signifie l'arracher de force au logement qu'il occupe. L'expression s'est étendue puisqu'il n'y a pas besoin de militaires pour ce genre de choses.

Manu militari signifie : « violemment », « à la façon des militaires ». L'expulsion d'un locataire récalcitrant pouvait se faire à l'aide d'un *recors,* personnage que l'huissier amenait avec lui pour servir de témoin dans les exploits d'exécution et, au besoin, pour lui prêter main forte. *Recors* vient du même mot que « record », qui signifie d'abord mémoire, souvenir d'un fait, puis témoignage, attestation, enregistrement (*record,* en anglais, c'est le disque microsillon). La racine en est *cor, cordis,* le cœur, considéré comme siège de la mémoire, dans la même acception que dans l'expression « apprendre par cœur ». *Manus* ne veut pas seulement dire « main », en latin, mais aussi « troupe », « poignée d'hommes », « détachement ».

Margaritas ante porcos.
(Ne jetez pas des perles devant les pourceaux)

Paroles tirées de l'Évangile (Matthieu, VIII, 6) signifiant qu'il ne faut pas parler devant un ignorant de choses qu'il ne peut pas comprendre.

C'est évidemment en ne tenant aucun compte de ce genre de préceptes que le monde a pu avancer : l'ignorant, le « porc », peut maintenant accéder à un peu plus de culture tandis qu'il deviendra de plus en plus nécessaire, sinon indispensable, de répandre les connaissances.

Le porc, animal impur, était, selon Hérodote (II, 47), horrible pour les Égyptiens. « Vous ne mangerez pas le porc, qui a la corne fendue et le pied fourché, mais qui ne rumine pas », dit aussi le Lévitique (XI, 7). L'aspect irrationnel, gratuit de certains tabous, de certains interdits choque parfois nos esprits rationnels, à tel point qu'on veut absolument leur trouver des raisons objectives. Ainsi, l'interdiction du porc a été considérée comme hygiénique, parce que la viande de porc se corrompt rapidement sous certains climats. C'est prêter un esprit trop « actuel » à la tradition, d'une part, et, d'autre part, ne pas se demander pourquoi le porc ne pose aucun problème dans des climats comparables à ceux de Palestine et autres pays de la région. Il suffit de savoir le faire cuire, voilà tout. De plus, les gens n'ont guère besoin d'interdits religieux pour éviter de consommer ce qui est malsain. En outre, au temps de Jésus, on élevait des porcs, on en consommait dans des régions très proches de celles où il exerça son ministère : la preuve en est, entre autres, dans l'Évangile puisque, lorsque Jésus va vers le possédé gadarénien (Marc, V, 2), les démons veulent que le Christ les envoie dans les pourceaux. Les Juifs n'élevaient ni ne mangeaient de porc, mais d'autres ne s'en privaient pas.

Le porc, dans la tradition islamique, sera lié à Dajjal, le « menteur », personnage qui doit apparaître à la fin des temps pour faire régner l'iniquité, l'arbitraire, avant de périr sous les coups de Mahdi qui proclamera son Islam, tuera les porcs, répandra le vin et présidera la prière à la Ka'ba.

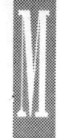

Le porc, c'est aussi le *marrano* (*marraô*, en portugais). Ce mot, dont on a donné aussi une étymologie d'après saint Paul (I Corinthiens, XVI, 22 : *marran atha,* les maudits), désignait certains juifs faussement convertis et continuant secrètement d'être fidèles à leur religion pour échapper aux persécutions (1492 en Espagne, 1497 au Portugal). Le fait de mener une vie d'apparence catholique en conservant leur foi de façon cachée amena les marranes à une religion un peu curieuse, voire syncrétique à certains égards. Il semble bien que certains convertis de bonne foi aient souvent été accusés d'être des *marranos* parce que l'on voulait leur confisquer leurs biens, selon une habitude fréquente chez les inquisiteurs.

Cette dérive entre deux fois, deux dogmes créa une culture originale, particulière, qui dura jusqu'au XXe siècle au Portugal, se répandit jusqu'en Auvergne et apporta au monde la pensée forte de Maïmonide.

Dans *Notre-Dame-de-Paris,* Victor Hugo fait une plaisante application de cette phrase. Des ambassadeurs annoncent l'arrivée de Marguerite de Bourgogne. En voyant l'un des ambassadeurs, Jean Coppenole, chaussetier de Gand, le cardinal de Bourbon fait la moue et s'adresse à l'abbé de Sainte-Geneviève, son voisin :
« Plaisants ambassadeurs que nous envoie là Monseigneur l'archiduc d'Autriche pour nous annoncer madame Marguerite de Bourgogne !
— Votre Éminence, répondit l'abbé, perd ses politesses avec ces grouins flamands : *Margaritas ante porcos.*
— Dites plutôt, répondit le cardinal, *porcos ante Margaritam...*
Toute la petite cour en soutane s'extasia sur ce jeu de mots. »

Porcos ante Margaritam constitue une inversion de la phrase initiale et signifie « des porcs au-devant de Marguerite ».

Materiam superabat opus
(Le travail surpassait la matière)

Expression d'Ovide (*Métamorphoses*, II, 5) qui décrit ainsi le temple du Soleil. Cette locution s'emploie à propos des œuvres d'art lorsque la forme l'emporte sur le sujet traité. Un sujet extrêmement mince, même inintéressant, peut se voir complètement transcendé par la forme. On peut, par exemple, décrire une altercation banale entre deux passagers d'un autobus et la répéter sur tous les tons, dans toutes les formes possibles pour en faire un pur chef-d'œuvre. Et c'est bien ce qui fut réalisé par Raymond Queneau, lorsqu'il publia ses *Exercices de style* en 1947 (cf. *Autobi passebant completi*). Virgile, au début du quatrième chant des *Géorgiques,* revendique la minceur de son sujet, mais il ajoute : « *La gloire qui en est le fruit n'est pas mince* » (cf. *In tenui labor*).

Maximus intra me deus est
(Le plus puissant des dieux est en moi)

Ainsi parle Médée (Ovide, *Métamorphoses,* VII, 55), la magicienne. Fille Æéthès, roi de Colchide, sœur de Circé, autre magicienne... Amoureuse de Jason, lorsqu'il vint chercher la Toison d'or, elle protégea les Argonautes contre les embûches que leur tendait son père, elle endormit le dragon, gardien de la Toison, et démembra son frère Absyrtos, dont elle jeta le corps morcelé dans la mer ou dans le Phase. Elle fit de même avec le vieil Éson, père de Jason. Mais elle en mit les débris dans un chaudron empli d'eau bouillante d'où elle le retira tout à fait rajeuni et en bonne santé.

Puis Jason répudia Médée pour épouser Créuse, fille du roi de Corinthe. Médée offrit à sa rivale des présents ensorcelés qui la brûlèrent vive et incendièrent le palais du roi. Elle égorgea ensuite les enfants qu'elle avait eus de Jason et disparut dans les airs sur un char attelé de dragons. Arrivant à Thèbes, elle guérit

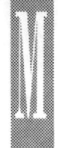

Héraclès de sa folie furieuse. Elle rejoignit l'Attique, où elle épousa le vieux roi Égée. Chassée par ce dernier, elle s'en retourna chez elle. Son père avait été déposé par son oncle Persès. Elle fit tuer celui-ci et rétablit Æéthès.

Médée prononce les mots *maximus intra me deus est*. Ce plus puissant des dieux, ce « feu violent » qui l'habite, n'est autre que sa passion, qui est si forte qu'elle suivra Jason, abandonnant tout : « Je vais emportée à la merci des vents tout abandonner ? Oui, mais mon père est cruel, ma terre est barbare », déclare-t-elle juste auparavant.

On peut alors penser, en relisant ces mots, en savourant l'expression de l'ardeur de la magicienne, à Maria Callas, qui l'incarnait superbement dans *Médée*, le film de Pier Paolo Pasolini.

Media acies
(Milieu de ligne)

Le *Lexicon recentis latinatis* est un dictionnaire dans lequel on trouve les termes du latin contemporain. Le latin, en effet, vit encore, ne serait-ce que dans les assemblées ecclésiastiques romaines : il reste la langue de l'Église et permet à des prêtres d'origines diverses de se comprendre. Il lui faut donc un lexique permettant de traiter du monde moderne, et, entre autres, des sports.

Media acies, comme d'autres expressions néolatines, permet aux évêques de parler de football. Les jeux du stade passionnent et passionnèrent les Romains. Juvénal s'en offusqua jadis (cf. *Panem et circenses*). Est-il normal, d'ailleurs, que de dignes prélats soient des *tifosi,* ce qui se dit *fautores,* selon le dictionnaire cité, et s'intéressent ainsi au football ? (Cf. *Aquila non capit muscas*.)

On ne trouve pas trace de football chez les Romains. Ce type de distraction devait avoir pour eux infiniment moins de charme que la dévoration de chrétiens par des lions ou le massacre mutuel de quelques gladiateurs. Le substantif *acies* est donc pris au vocabulaire militaire, il désigne une ligne de bataille.

Les jeux de ballon existaient cependant : la *soule* était un jeu d'équipe extrêmement populaire, qui se pratiquait encore en Bretagne au début du siècle. Il s'agit d'une sorte de dispute réglée, parfois violente, entre des groupes sociaux antagonistes : célibataires et hommes mariés, par exemple, ou entre villages voisins. On lançait la balle, et tout commençait : les participants se la disputaient à coups de pied, de poing, se mordaient, se griffaient. Ils couraient à travers champs, passaient les haies, se poursuivaient dans les chemins creux, etc. La violence, plus ou moins contenue, reste à l'origine des sports. Elle est d'autant plus dangereuse quand elle ne s'exprime pas.

Toutefois, il y eut des divertissements anciens plus gracieux. En 842, après avoir prononcé les fameux Serments de Strasbourg, qui contiennent, rappelons-le, les tout premiers textes connus en langue française, ou *lingua romana rustica,* les soldats de Louis le Germanique et de Charles le Chauve se livrent au « sport » que voici, selon ce qu'en dit Nithard :

« *Souvent aussi ils se réunissaient pour procéder à des jeux dans l'ordre suivant. On s'assemblait en un lieu pouvant convenir à ce genre de spectacle et toute la foule se rangeait de chaque côté. Tout d'abord, les Saxons, les Gascons, les Austrasiens, les Bretons se précipitaient en nombre égal d'une course rapide les uns contre les autres comme s'ils voulaient en venir aux mains ; puis une partie d'entre eux faisait volte-face et, se protégeant de leurs boucliers, ils feignaient de vouloir échapper par la fuite à leurs camarades qui les poursuivaient ; ensuite, renversant les rôles, ils se mettaient à poursuivre à leur tour ceux devant lesquels ils avaient fui d'abord ; et finalement les deux rois à cheval s'élançant au milieu des grandes clameurs et brandissant leurs lances chargeaient parmi les fuyards* tantôt les uns, tantôt les autres. Et c'était un spectacle digne d'être vu, tant à cause de la noblesse si nombreuse qui y prenait part que de la belle tenue qui y régnait. Personne, en effet, dans cette multitude de races diverses ne s'avisait de faire aucun mal ni de proférer aucune injure à l'égard de quiconque, comme on le voit arriver trop souvent entre personnes peu nombreuses qui se connaissent. »

Nithard était le fils d'Angilbert et de Berthe (cf. *Bertha rosas*), elle-même fille de Charlemagne.

Sources :
M. de Smedt, J. Varenne et Z. Bianu, *l'Esprit des jeux*, Paris, 1980 ; Nithard, *Histoire des fils de Louis le Pieux*, édition et traduction de Ph. Lauer, Paris, 1964.

Memento mori
(Souviens-toi que tu es mortel)

La foi n'est pas toujours décorative : d'innombrables tableaux représentant des saints, des Pères de l'Église, etc., nous les montrent contemplant un crâne humain ou encore possédant un crâne humain dans le fouillis de leur cabinet de travail. Depuis le début de l'ère chrétienne, les religieux tinrent à garder sous les yeux quelque chose leur rappelant la mort, le néant. Ces objets d'un genre charmant sont à l'origine des *memento mori*. Plus tard, ces derniers ne seront plus de véritables crânes, mais des œuvres d'art autant que des articles de piété. Parallèlement, on trouve sur les rosaires certains ornements présentant, adossés, le visage du Christ et une allégorie de la mort. La terrible toile de Philippe de Champaigne intitulée *Vanité* montre un crâne entouré d'une fleur dans un flacon et d'un sablier. Par son esprit, sa sévérité, elle évoque parfaitement l'esprit des *memento mori*.

Une « tête de mort », comme ça, nue, ce n'est pas d'une grande élégance. De la Renaissance au XVIIe siècle, on prit l'habitude de faire des *memento mori* de véritables objets précieux. On se mit à les sculpter en ivoire, et l'on ne négligea pas de les orner. Ces sculptures représentaient une tête décharnée, rongée par des lézards ou des serpents, le tout parfois rehaussé de gravures, de damasquinages, d'incrustations diverses, d'or, d'argent, etc.

L'expression *Memento mori* fut aussi une forme de salutation qu'un frère pouvait adresser à un autre dans certains ordres religieux, tels les trappistes.

Mens sana in corpore sano
(Un esprit sain dans un corps sain)

Tant qu'on a la santé, dit un proverbe moderne... L'idée n'est pas neuve puisque Juvénal (*Satires,* X, 336) prétendait que la seule faveur à demander aux dieux est un esprit sain dans un corps sain. Flaubert, dans le *Dictionnaire des idées reçues,* nous met cependant en garde : « *Santé : trop de – , cause de maladies.* »

À propos de *Mens sana in corpore sano,* on peut raconter l'histoire suivante : un petit malin d'une ville d'Australie de « fondation récente » décida d'ouvrir une pharmacie. Il n'avait aucune compétence particulière pour cela, mais un tel établissement, tout simplement, manquait dans cette bourgade. Au cours d'un voyage à Melbourne, notre potard improvisé vit une belle *apothicary* sur la vitre de laquelle on pouvait lire la maxime de Juvénal : *Mens sana in corpore sano*.

De retour, le nouveau pharmacien ne fit ni une ni deux et écrivit en lettres d'or sur sa devanture : *Mens & womens sana in corpore sano*. *Mens* et *womens* signifiant évidemment, en dépit d'une légère faute d'orthographe bien excusable aux antipodes, hommes et femmes, ce qui est vraiment moins restrictif que la phrase originale.

On ne s'étonnera guère que le texte dans lequel figure cette anecdote s'intitule : *Notes sur la Côte d'Azur,* ni qu'il figure dans un recueil nommé : *Deux et eux font cinq,* et encore moins qu'il soit signé d'Alphonse Allais.

N

Nec pluribus impar
(Non inégal à plusieurs)

Devise de Louis XIV signifiant « supérieur à tout le monde ». L'orgueil de ce roi, sa mégalomanie perfectionnèrent l'état de misère dans lequel son prédécesseur avait laissé la France, prospère pourtant sous Henri IV. Des guerres continuelles permirent d'ajouter à la disette le saccage des récoltes et la violence de la soldatesque dans le royaume de France.

La révocation de l'édit de Nantes eut l'effet de faire fuir une bonne partie de l'élite intellectuelle de notre pays, qui s'en fut en Hollande où prospérèrent la culture, la pensée, la philosophie et les arts. Pendant ce temps, la France devenait à peu près nulle, malgré quelques hautes intelligences généralement inquiétées, voire persécutées par le pouvoir en place. Le classicisme n'est grand que par ses marges.

Le « Siècle de Louis XIV » vit naître divers ordres religieux se destinant à aider les pauvres. Il y avait de plus en plus de pauvres. Il y eut de plus en plus d'ordres. Comme dans toutes les périodes de « grandeur », les enfants abandonnés pullulaient et saint Vincent de Paul entreprit de les sauver.

Bagnes, galères, prisons regorgeaient de monde. La mort, les épidémies s'étendaient. Louis XIV, comme tous ceux qui se gargarisent de gloire, ne fut qu'un monstre.

Delphine Gay (1804-1855), femme de lettres et d'esprit, épouse d'Émile de Girardin, déclara un jour à propos de l'odieuse devise *Nec pluribus impar* :

« *Voilà, s'écria-t-elle, une impertinente monarchie ; il ne lui suffisait pas des vers de Despréaux, de Racine et de Corneille, il lui fallait encore à chaque instant la louange et l'admiration des faiseurs de pastiches. Ô vanité de la poésie et vanité du latin !* » (Cité par Jules Janin dans sa préface des *Flores latines* de Pierre Larousse.)

Le règne de Louis XIV se signala par un décorum excessif dans les arts et les lettres : le classicisme. Inspiré par l'Antiquité, pétri d'une néolatinité suspecte, il justifie pleinement la remarque suivante à propos des styles qui pastichent Grecs et Romains, qui se veulent monumentaux, des esthétiques qui prônent le purisme linguistique, régentent les consciences et s'effraient de toute modernité. Bref, du classicisme, de tous les classicismes qui ne sont que des morales de la restriction :

« *Les rapports entre la politique et l'art ont toujours été étroits. Un peu trop à certaines époques et peut-être convient-il de s'en souvenir. Car c'est le style aimé par les tyrans : Henry VIII, Louis XIV, Robespierre, Napoléon Ier, Hitler, Staline, Mussolini. Lewis Mumfort l'appelle « l'architecture de la compensation », elle offre des pierres grandiloquentes à un peuple à qui l'on a soustrait le pain, le soleil, et tout ce qui est digne de l'homme.* »

(Gilles Néret, « Années 30, art des Césars », dans *Connaissance des Arts*, n° 429, novembre 1987.)

Le Soleil ? Louis XIV l'avait effectivement confisqué pour en faire son emblème...

Neque Dominus neque magister
(Ni Dieu ni maître)

Cette profession de foi anarchiste a été inscrite de façon vigoureuse par un potache latiniste du lycée Jacques Decour. Il y avait en fait deux inscriptions de la même main, que j'ai relevées vers la fin de l'année scolaire 1986-1987 : la première était *Neque Deus neque magister.*

Le libertaire anonyme et lycéen qui écrivit ces phrases semble posséder à la fois la langue de Virgile et un esprit nuancé. En effet, si *Deus* est bien Dieu, *Dominus* a deux sens. Ce peut être Dieu, mais aussi le maître en général, le propriétaire d'esclaves, le

« patron », le possédant... ce qui est tout à fait différent du *magister*, professeur ou maître d'école. Ainsi, la deuxième phrase complète-t-elle la seconde. Après « Ni Dieu ni maître », il restait à dire » « Ni patron ni prof ».

Espérons qu'il sera pardonné à cet élève d'avoir quelque peu dégradé la façade de son lycée, chose regrettable s'il en fut : la faute me semble atténuée par une certaine habileté dans le maniement de la langue latine joint à un sens du *distinguo*, fût-il anarchisant.

Nil novi sub sole
(Rien de nouveau sous le soleil)

Paroles de Salomon (Ecclésiaste, I, 10) d'une affligeante banalité, confirmée par ce qui la précède :

« *Une génération s'en va, une autre vient et la terre subsiste toujours. Le soleil se lève, le soleil se couche...* », etc.

Cette rêverie sans envergure surprend d'autant plus que, parmi les trois textes attribués à Salomon, l'Ecclésiaste, les Proverbes et le Cantique des cantiques, il s'en trouve au moins un, le dernier nommé, de sublime, les autres accumulant inlassablement de sinistres banalités.

Salomon fut un roi comme beaucoup d'autres : il accabla d'impôts la population de son royaume – qui se souleva –, tua son frère au cours d'une de ces querelles de succession si courantes dans la plupart des dynasties. Tour à tour magnanime et cruel, il ne se distinguerait pas de bien d'autres souverains s'il n'avait pas été nécessaire d'en faire un exemple.

Le fameux jugement de Salomon est tout de même curieux. La fausse mère allait-elle vraiment laisser scinder un enfant ? Ces choses-là existent, certes, mais, dans ce cas, la malheureuse n'avait pas tous ses esprits et le roi aurait dû s'en apercevoir de prime abord et régler le problème sans avoir à se livrer à une aussi sinistre pantomime.

Ce que nous appelons la Bible est un ensemble de textes disparates d'origines diverses réunis volontairement. Certains textes en furent enlevés, d'autres y furent ajoutés, jusqu'à l'obtention du corpus actuel. On peut se demander pourquoi les protestants comme les juifs ont préféré y inclure le sinistre Ecclésiate, à la philosophie morose, plutôt que le bel Ecclésiastique, fait de ferveur et d'espoir, mais qu'ils ont rejeté comme « apocryphe de l'Ancien Testament ». Il n'y a rien d'étonnant qu'on y trouve des œuvres de valeur inégale ni que la religion ou les religions qui y sont exposées ne soient pas toujours cohérentes d'un texte à l'autre : c'est le fait de tous les textes sacrés ayant une certaine ancienneté.

Nil novi sub sole ? Peut-on vraiment croire que le monde ne change pas, qu'à l'Est comme à l'Ouest il n'y ait rien de nouveau ? Le monde, pour le meilleur comme pour le pire, change, vibre, vit, se convulse, se métamorphose. Penser que rien ne change équivaut à démissionner, à refuser la vie qui est constante transformation.

Nil actum reputans si quid superesset agendum (« Pensant que rien n'est fait tant qu'il reste quelque chose à faire ») semble une maxime plus forte. La véritable phrase de Lucain (*Pharsale,* II, 657) est : *Actum credens dum quid superesset agendum.* Lucain parle ici de César : les souverains ne se ressemblent pas : autre gouvernement, autre rigueur.

Il existe, toutefois, des choses qui ne changent pas : la mentalité pesante des résignés qui débitent d'un air sentencieux le genre d'inepties que l'on trouve dans les Proverbes et dans l'Ecclésiaste, mais aussi dans bien des textes profanes. N'ayant vu ni les beautés ni les laideurs des époques successives de l'histoire, ils construisent doctement l'aberrante continuité de coquecigrues connues sous le nom usurpé de « *sagesse des nations* », sans se rendre compte que, si les nations étaient sages, ça se saurait, et ça serait tout à fait nouveau sous le soleil.

Noli me tangere
(Ne me touche pas)

Parole du Christ à Marie-Madeleine.

Marie-Madeleine trouva le tombeau du Christ vide. Jésus lui apparaît. Elle ne le reconnaît pas, pense que c'est un jardinier à qui elle demande : « Si c'est vous qui l'avez emporté, dites-moi où vous l'avez mis et je l'emporterai. » Jésus, alors, l'appelle « Marie ». Alors, elle le reconnaît et lui dit : « Maître ». Jésus lui répond : « Ne me touche pas, car je ne suis pas encore monté vers mon père ! » (Évangile de Jean, xx ; traduction Segond).

L'action de toucher quelqu'un a toujours suscité un certain nombre d'interprétations. La poignée de main conviviale et amicale reste un rituel indiquant qu'un accord est conclu ou qu'il n'y a pas d'inimitié entre ceux qui se l'échangent. Le « toucher des écrouelles » que pratiquaient les rois de France avait le pouvoir de guérir. C'est en lui touchant la cuisse que l'ange vainc Jacob.

Le verbe latin *tango* (infinitif : *tangere*) a donné en français l'adjectif « tangible », son contraire « intangible » et les termes mathématiques « tangente » et « tangentielle ». Le *tango,* danse dans laquelle le contact enre les partenaires est étroit, nous vient de l' espagnol d'Argentine. Le mot est sans doute de la même origine et ne provient certes pas du verbe « tanguer » qui dérive de l'ancien norois.

Le verbe français « *toucher* », quant à lui, a pour origine le latin populaire **toccare* dont les rejetons se trouvent dans toutes les langues romanes dans le sens de « toquer », ou de « sonner les cloches », sens qui se retrouve dans le substantif « *tocsin* », dans l'espagnol *tocar,* qui signifie « sonner le glas ». Une *toccata* est à l'origine un morceau de musique composé pour un instrument à touches, ce qui s'oppose à la *sonate,* normalement faite pour un instrument dont on sonne (cf. l'expression « sonnez trompettes » et le verbe « résonner ». Les deux mots se retrouvent dans la chanson *Il est né le divin enfant* : « *sonnez hautbois, résonnez musettes* »). Depuis, ces mots désignent avant tout deux formes musicales, sans tenir compte des instruments qui les exécutent.

Une étymologie plus ancienne fait dériver le verbe « toucher » du germanique **tukkan,* qui viendrait lui même de **tiehan,* qui signifie « tirer ».

L'expression *noli me tangere* désigne aussi diverses plantes munies d'épines ou urticantes. Elle pourrait s'appliquer tout aussi bien au vase dont parle Sully-Prudhomme (1837-1907) dans un poème demeuré célèbre de son recueil *Stances et Poèmes* :

> *Le vase où meurt cette verveine,*
> *D'un coup d'éventail fut fêlé.*
> *Le coup dut l'effleurer à peine :*
> *Aucun bruit ne l'a révélé* [...]
> *Personne ne s'en doute ;*
> *N'y touchez pas, il est brisé.*

Nomen omen
(Un nom, un présage)

Voir : « **Omen nominis** ».

Nulla dies sine linea
(Pas un jour sans une ligne)

Selon Pline (*Histoire naturelle,* 35, 36), telle était la maxime du peintre Apelle, qui ne passait pas un seul jour sans, au moins, tracer une ligne. Cette devise s'applique souvent aux écrivains.

Une ligne ? N'est-ce pas un peu maigre ? Le travail de l'écriture, comme celui du dessin, comme tous les arts, demande un peu plus d'exercice... L'écrivain doit, certes, pratiquer plus copieusement son art et tant pis s'il doit quotidiennement jeter à la corbeille une bonne demi-douzaine de pages... Ce n'est rien à côté du travail d'un pianiste ou d'un danseur, par exemple.

Numero Deus impare gaudet
(Le nombre impair plaît à Dieu)

Hémistiche de Virgile (*Églogues,* VIII, 75). Il est ici fait allusion à la peur superstitieuse que les Romains éprouvaient à propos des nombres pairs, comme aux propriétés magiques et mystiques attribuées depuis l'Antiquité grecque aux nombres impairs : le trois était extrêmement favorable, le cinq évoquait les noces, ce signe « nuptial » représentant le milieu des neuf premiers nombres et les unissant les uns aux autres. Il symbolise aussi l'homme disposé en cinq parties, les bras en croix : les deux jambes, le tronc, abri du cœur, la tête. Le sept était le nombre d'Apollon, puisque le soleil se lève sept fois dans la semaine... Ce nombre apparaît fréquemment dans les traditions et les légendes grecques : les sept Hespérides, les sept portes de Thèbes, les sept filles et les sept fils de Niobé, etc. On sait ce que fit de ce nombre un texte majeur, écrit en grec et pétri d'hellénisme : l'Apocalypse.

Le nombre treize, cependant, échappait à la règle, à cause de Philippe de Macédoine qui avait fait ajouter son effigie à la série des statues des douze dieux majeurs. Il mourut assassiné peu après. Le dix-sept représentait, pour les Grecs, le nombre des consonnes de l'alphabet, nombre en rapport avec la musique et l'harmonie des sphères. Il aurait été cependant considéré comme néfaste par les Romains car les chiffres servant à le noter : XVII composaient l'anagramme de VIXI, ce qui signifie « j'ai vécu ».

André Gide, dans *Paludes,* s'amuse, quant à lui, de la traditionnelle « perle » qui fait que, de génération en génération, il est toujours un potache pour traduire ainsi : « Le numéro deux se réjouit d'être impair »...

Gide ajoute : « *et il a bien raison !* »

Nunc ergo, ô vir studiose, frange tibi caput pro faciendo libros !
(Et maintenant, homme savant, casse-toi encore la tête à faire des livres !)

Triste exclamation de Benvenuto de Imola, érudit italien du XIVe siècle. Elle suit la relation de l'anecdote suivante : le maître de Benvenuto, Boccace, décide un jour de visiter le monastère du mont Cassin. Il voulait surtout voir la bibliothèque restée célèbre, et pensait sans doute, avec admiration, aux générations de copistes qui, depuis des siècles et des siècles, sauvèrent de l'oubli maintes et maintes œuvres anciennes. Il demande à un moine de lui ouvrir la bibliothèque et, à sa grande surprise, il apprend qu'elle est toujours ouverte. Une fois entré, Boccace découvre que la végétation envahit l'endroit et que les livres sont couverts d'une épaisse couche de poussière. Ces livres, de plus, portent des traces de vandalisme : cahiers déchirés, marges coupées, etc. Boccace, accablé demande à un moine les raisons d'un tel scandale. Il s'entend répondre que certains religieux, désireux de gagner quelques sous, coupaient les cahiers pour en faire de petits psautiers qu'ils vendaient aux enfants, et découpaient les marges afin de réaliser des papillotes qu'ils vendaient aux femmes.

Le respect des livres, au XIVe siècle, dans un haut lieu de culture, n'était plus ce qu'il avait été...

Les étudiants de l'époque ne se conduisaient pas mieux que les moines. Richard de Bury s'en indigne :

« *Vous verrez peut-être un jeune écervelé flânant nonchalamment à l'étude, et, tandis qu'il est transi par le froid de l'hiver, et que, comprimé par la gelée son nez humide dégoutte, ne pas daigner s'essuyer avec son mouchoir avant d'avoir humecté de sa morve honteuse le livre qui est au-dessous de lui. [...] Il a un ongle de géant parfumé d'une odeur puante avec lequel il marque l'endroit d'un plaisant passage. Il distribue, à différentes places, une quantité innombrable de brins de paille avec les bouts en vue de manière à ce que la paille lui rappelle ce que sa mémoire ne peut retenir. Ces fétus de paille que le ventre du livre ne digère pas et que personne ne retire font d'abord sortir le livre de ses joints habituels et ensuite, laissés avec insouciance dans l'oubli, finissent par se pourrir. Il n'est pas honteux de manger du fruit ou du fromage sur son livre ouvert et de promener mollement son verre tantôt sur une page, tantôt sur une autre, et, comme il n'a pas son aumônière à la main, il y laisse le reste de ses morceaux...* »

D'après Muratori, *Antiquitates italicae medii aevi*, Arezzo, 1777, et : Richard de Bury, *Philobiblion, Tractatus pulcherimus de amore librorum* (circa 1343), cités par J. Stiennon, *Paléographie du Moyen Âge*.

Nunc est bibendum
(Maintenant, il faut boire)

Début d'une ode d'Horace (*Odes,* I, 37) composée pour célèbrer la victoire d'Actium. Ces mots s'emploient généralement pour signifier qu'il convient de fêter dignement un succès.

Boire, comme offrir à boire en l'honneur d'un événement heureux ou de quelqu'un qu'on apprécie, est une forme de libation. Les libations étaient des rites consistant à offrir, au cours d'un repas auquel ils étaient censés assister, des boissons aux dieux. À Rome, le prêtre goûtait et faisait goûter à ses assistants la liqueur offerte avant de la verser entre les cornes de l'animal du sacrifice ou encore dans les flammes du feu sacré. Au cours des repas ordinaires, l'usage se répandit d'offrir des libations initiales afin d'obtenir la faveur des dieux. L'usage devint peu à peu une forme de politesse, une manière d'honorer ses convives.

La libation conviviale s'oppose à l'alcoolisme solitaire, plus redoutable encore que l'alcoolisme mondain. Voici ce qu'en racontait Brillat-Savarin (1755-1826) dans son admirable *Physiologie du goût*, qu'il publia un an avant sa mort :

« *J'ai voyagé en Hollande avec un riche commerçant de Dantzick, qui tenait, depuis cinquante ans, la première maison de détail en eaux-de-vie.*

« *Monsieur, me disait ce patriarche, on ne se doute pas en France de l'importance du commerce que nous faisons de père en fils depuis plus d'un siècle. J'ai observé avec attention les ouvriers qui viennent chez moi ; et, quand ils s'abandonnent sans réserve au penchant, trop commun chez les Allemands, pour les liqueurs fortes, ils arrivent à leur fin tous à peu près de la même manière.*

D'abord ils ne prennent qu'un petit verre d'eau-de-vie le matin, et cette quantité leur suffit pendant plusieurs années (au surplus, ce régime est commun à tous les ouvriers, et celui qui ne prendrait pas son petit verre serait honni de tous ses camarades) ; ensuite ils doublent la dose, c'est-à-dire qu'ils en prennent un petit verre le matin et autant vers midi. Ils restent à ce taux environ deux ou trois ans ; puis ils en boivent régulièrement le matin, le midi et le soir. Bientôt, ils en viennent prendre à toute heure et n'en veulent plus que de celle dans laquelle on a fait infuser du girofle ; aussi, quand ils en sont là, il y a la certitude qu'ils ont tout au plus six mois à vivre ; ils se dessèchent, la fièvre les prend, ils vont à l'hôpital et on ne les revoit plus. »

Il y a un temps pour boire, comme il y a un temps pour tout. Il convient donc de ne pas dire à toutes les heures *nunc est bibendum*. Toutefois, l'abstinence est mauvaise conseillère, en tout cas pour les poètes, puisque Horace affirme :

> Nec vivere carmina possunt
> Quae scribuntur aquae potoribus
>
> (*Épîtres,* I, 19, 3).

Ce qui signifie : « Ils ne peuvent vivre, les vers qui sont écrits par des buveurs d'eau. »

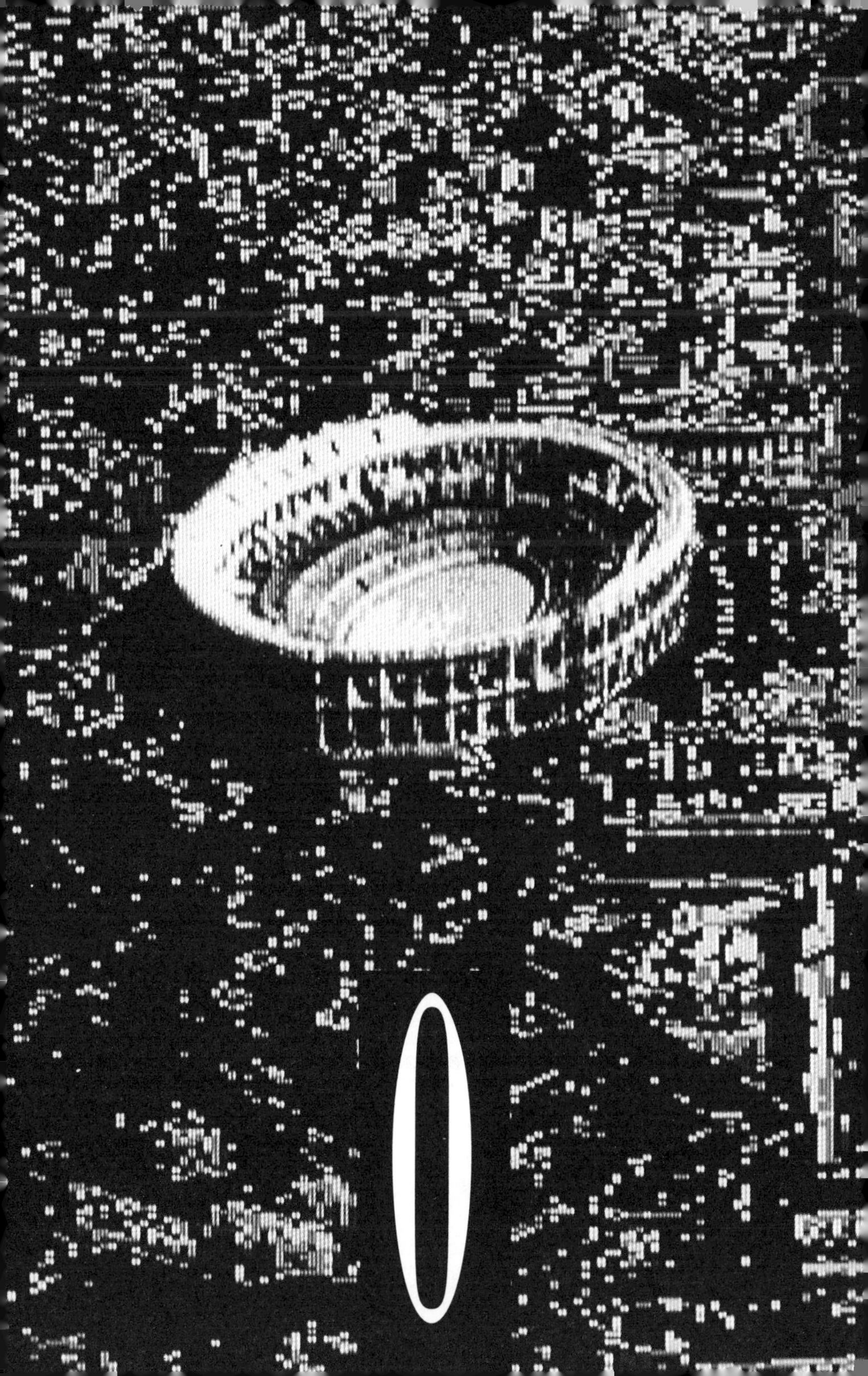
0

O beata solitudo, o sola beatitudo
(Ô bienheureuse solitude, ô seule béatitude)

Cette devise de Bernard de Clairvaux en forme de contrepet ressemble à son auteur. Curieux Bernard, qui « renonça à tout sauf à bien écrire », qui, par humilité, marchait toujours tête baissée, et ne sut jamais, d'après la légende, si les voûtes de son abbaye étaient gothiques ou romanes. Grand poète latin, admirable prosateur français, faisant vibrer la langue par des rythmes savants, complexes, luxuriants, généreux, il n'en restait pas moins austère, sévère, impitoyable. Fanatique, ce personnage profondément antipathique, professant les opinions les plus rétrogrades de son temps, réservait toute sa générosité, toute sa joie à l'écriture. La solitude du moine est parfois un manque de générosité, une frigidité de l'esprit, une inaptitude à être au monde. Bernard y trouva refuge et professa une religiosité « intégriste », un peu perverse. Il prêcha la seconde croisade, prédit la victoire et fut traité de faux prophète lorsqu'elle échoua. Il contribua à déposer le pape Anaclet II pour le remplacer par Innocent II au concile de Reims (1131). Il s'opposa violemment à Abélard (mais la forte pensée de ce dernier ne pouvait qu'effrayer les esprits manquant un tantinet d'ampleur).

Certes, il n'avait pas lu ni n'aurait voulu lire le *Dictionnaire du Diable* d'Ambrose Bierce. Cet ouvrage lui aurait pourtant donné la définition suivante :
« *Seul (adj.) : En mauvaise compagnie.* »

Oderint dum metuant
(Qu'ils me haïssent pourvu qu'ils me craignent)

Citée par Cicéron (*De officiis*, I, 28, 97), cette devise vient d'une tragédie du poète Accius (ou Attius) dont nous ne conservons que des fragments.

Lucius Accius naquit à Rome vers 170 av. J.-C. Il était le fils d'un esclave affranchi. Il composa des tragédies tirées des légendes grecques et latines.

Oderint dum metuant se trouvait dans une pièce intitulée *Atrée*. Cette phrase pourrait servir à tous les gouvernants qui règnent par la terreur. Atrée, qui donne son nom à la pièce, savait de quoi il parlait :

Fils de Pélops, roi légendaire de Mycènes, Atrée commença par égorger son demi-frère Thrysippos, aidé par son frère Thyeste. Le neveu des deux meurtriers, Eurysthée, régnait alors à Mycènes. Lorsqu'il mourut, Atrée fut proclamé roi par le peuple. Thyeste n'apprécia pas. Il fut exilé pour avoir voulu prendre le pouvoir. Il revint plus tard, implora le pardon d'Atrée, l'obtint.

Atrée tua ensuite les deux fils de Thyeste, Tantale et Plisthène. Il les coupa en morceaux et les servit, en guise de repas, à Thyeste, sans négliger de lui faire boire une coupe remplie du sang de Plisthène. La chose fut si horrible que le Soleil, paraît-il, se détourna, épouvanté, de sa route. Thyeste s'en fut en lançant des imprécations que les Érinyes, déesses de la Vengeance, entendirent, ce qui entraînera les meurtres successifs d'Atrée par Thyeste, d'Agamemnon par Égyste, de Clytemnestre par Oreste, etc.

Les descendants d'Atrée, les *Atrides,* pratiquèrent le meurtre, l'adultère, l'infanticide, le parricide, l'inceste avec une régularité, une constance, une application exceptionnelles. De l'Antiquité jusqu'à nos jours, leurs exploits furent la source d'innombrables œuvres d'art, poèmes, tragédies, ballets ou films. Ils furent aussi le sujet de prédilection du théâtre classique, montrant à la perfection ce qu'est ce théâtre et ce qu'est en général le classicisme : un ordre apparent, affirmé et grandiose, plaqué sur un désordre extrême. C'est aussi l'expression de tous les fantasmes d'une société crispée, en crise, et soumise à une effroyable autorité.

Il est normal que ce théâtre ait fleuri sous Louis XIV, qui aurait tout à fait pu s'approprier la phrase : *Oderint dum metuant*.

Odi profanum vulgus
(Je hais le profane vulgaire)

Pensée d'Horace (*Odes,* III, 1, 1) qui méprisait les applaudissements de la foule, préférant n'être apprécié que par quelques lettrés et gens de goût.

Le profane, en latin, est celui qui n'est pas initié aux arts. L'étymologie en est *pro fanum,* c'est-à-dire « en avant de l'enceinte consacrée *(fanum)* du temple ». Le mot en est venu à désigner tout ce qui est indigne d'entrer dans le temple ou dans l'église, puis l'impie, celui qui porte malheur, comme dans l'expression d'Ovide (*Métamorphoses,* VI, 431) : *profanus bubo,* ce qui signifie : « le hibou de mauvaise augure ».

L'idée d'impiété dériva jusqu'à celle d'ignorance, de mauvais goût.

Le profane, pour les Grecs, était le *Béotien.* Les habitants de la Béotie, au centre de l'ancienne Grèce, étaient considérés comme ignorants, si ce n'est imbéciles. Cette réputation contamina les Béotiens eux-mêmes puisque les poètes de cette contrée délaissèrent, comme Pindare, leur dialecte (une variété de l'éolien) pour écrire en dorien. Beotos, le héros de la Béotie, son premier roi qui lui a donné son nom, était le fils de Poséidon, le frère d'Éole.

Il est d'usage de considérer les gens de certains pays comme des crétins. Ce dernier mot dérive d'un mécanisme analogue, puisque « crétin » vient de « chrétien » (cf. **Flagitia cohoerentia nomini**). Le Béotien, aujourd'hui, ce peut être le Belge des « histoires drôles » qui circulent à son propos. Ce fut le Palestinien antique ou le *philistin* au siècle dernier. Les étudiants allemands nommaient ainsi les marchands, les fournisseurs puis toutes les personnes étrangères à l'Université. Les romantiques français donnèrent le surnom de philistins aux bourgeois d'esprit vulgaire qu'ils aimaient tant choquer.

C'est en ce sens que l'employait Jean Richepin (1849-1926) dans un poème qui fut mis en musique par Georges Brassens :

> Philistins, épiciers,
> Tandis que vous caressiez
> Vos femmes,
> En pensant aux petits
> Que vos grossiers appétits
> Engendrent,
> Vous pensiez, ils seront
> Mentons gras et ventres ronds,
> Notaires.

(*Les Blasphèmes*, 1884.)

Oleum perdidisti
(Tu as perdu ton huile)

Adage latin signifiant « tu as perdu ta peine ». Les Anciens disaient d'un livre trop travaillé qu'il sentait l'huile, à cause des veilles laborieuses, éclairées par une lampe vacillante, qu'il avait dû coûter à son auteur.

L'éclairage, jusqu'au siècle dernier, resta un problème difficile à résoudre. La lumière du jour pénètre aujourd'hui dans toutes les demeures par les vitres des fenêtres. Les ouvertures étaient rares autrefois, et ménagées parcimonieusement pour se préserver du froid. Les fenêtres étaient tendues de parchemin ou de papier huilé laissant passer un éclairage pâle. Il fallut attendre tous les progrès de l'industrie du verre pour pouvoir obtenir les grandes baies qui sont communes de nos jours.

La nuit aggravait le problème. Les Grecs utilisaient des torches formées de baguettes de bois résineux et d'étoupe enduites de poix, mais aussi des lampes à huile qu'une mèche textile trempée dans ce liquide rendait relativement efficaces. Il y eut des lampes à cire, à graisse, des lanternes faites de corne, voire formées par une vessie. Cette vessie, de porc ou d'un autre animal, restait rustique et peu luxueuse, comparée aux lanternes parfois ouvragées, faites de métaux précieux ou ornées de gemmes. L'expression « prendre des vessies pour des lanternes » vient probablement de là.

Des chandelles de cire ou de suif éclairèrent, en plus des lampes, torches et flambeaux, les nuits médiévales. Elles permirent aux scribes d'écrire non seulement le soir, mais durant la journée lorsqu'elle était sombre et que la lumière ne pouvait se frayer un chemin dans les ouvertures étroites des fenêtres aux parois peu translucides.

Vers 1784, au cours du « Siècle des Lumières », Argand et Quinquet utilisèrent des mèches cylindriques, ce qui permit que les lampes éclairassent mieux du fait que l'air les traversait, activant ainsi la combustion. Carcel, en 1800, fabriqua une lampe à *modérateur,* ce dernier étant un système permettant l'ascension automatique de l'huile. Il y eut aussi des lampes à alcool qui précédèrent les lampes à pétrole, plus efficaces et moins dangereuses. Le combustible utilisé, d'un prix modique, en favorisa l'extension. Des lampes à acétylène existèrent ensuite qui produisaient ce gaz par le moyen de quelques gouttes d'eau tombant sur un fragment de carbure de calcium impur. Il suffisait d'enflammer le gaz ainsi produit. En 1881, Edison inventa l'ampoule à incandescence dans le vide que nous connaissons encore, bien que le vide soit remplacé maintenant par un gaz comme le krypton.

Écrire le soir, ou lire la nuit, resta donc malaisé jusqu'à une date récente. On raconte qu'Augustin Thierry, l'auteur des magnifiques *Récits des temps mérovingiens,* inspirés de Grégoire de Tours, devint aveugle pour avoir trop travaillé « le soir à la chandelle » (ou plus probablement à la lumière d'une lampe à pétrole).

Omen nominis
(Le présage du nom)

Expression de Cicéron (*Pro Aemilio Scauro*, 30), souvent résumée par la formule *nomen omen* (le nom est présage). « Un nom est bien utile aux gens qui en appellent d'autres, sinon, pourquoi les choses auraient-elles un nom ? » dit l'Alice de Lewis Carroll, ce qui ne répond pas tout à fait à la question : « Un nom doit-il toujours signifier quelque chose ? »

Cratyle, dans le dialogue de Platon ainsi intitulé, soutient que les noms sont tirés de la nature des choses, qu'il y a un rapport direct entre le nom et ce qu'il désigne. Hermogène, lui, n'y voit qu'une convention, quelque chose d'arbitraire. Les étymologies données dans ce dialogue, pour inexactes qu'elles soient, permettent d'envisager combien les noms furent considérés comme « chargés de sens », signes évocateurs dans l'Antiquité.

Cette volonté d'interpréter les noms, les mots, de leur trouver un *etumos logos,* un « vrai sens », parcourut tout le Moyen Âge et fut illustrée par Isidore de Séville (*circa* 560-636). Ce dernier, l'un des plus influents penseurs de son temps, traite à peu près de tous les domaines. Ses *Étymologies* reflètent les opinions de l'époque : ainsi, *mulier,* une femme, serait *mol aerens,* faite d'air mou. Un cadavre serait chair donnée aux vers, ce qui apparaît à la lecture des premières lettres de chaque mot composant l'expression : *CAro DAta VERmibus*.

Le sens du mot, du nom expliquerait le caractère, la vie, l'action, de celui qui le porte et pourrait influer sur le cours de son existence. Dans la *Légende dorée*, Jacques de Voragine fait précéder les vies de saints qu'il raconte par une rubrique expliquant en quoi le nom du saint est « signifiant ». Voici, comme exemple, ce qui concerne saint Fabien :

« *Fabien, comme on dirait fabriquant la béatitude suprême, c'est-à-dire se l'acquérant à un triple droit d'adoption, de droit et de combat.* »

Rattaché ainsi à *faber,* « celui qui fait, qui fabrique », saint Fabien précède dans ce livre saint Sébastien, dont Jacques de Voragine explicite le nom de la façon suivante :

« *Sebastianus* vient de *sequens,* "suivant", *beatitudo,* "béatitude", *astin,* "ville" et *ana,* "au-dessus" ; ce qui veut dire qu'il a suivi la béatitude de la cité suprême et de la gloire d'en-haut. »

Les peuples anciens, semble-t-il, n'ont pas connu quelque chose d'équivalent à notre nom patronymique. La personne était souvent désignée par un nom individuel ayant une signification symbolique. En Grèce, on y adjoignit le nom du père. Rome inventa un nom légal, composé de trois parties : le *praenomen,* désignant l'individu, le *nomen gentilicus,* désignant la *gens,* la lignée dont il était issu, le *cognomen,* ou surnom, indiquant la branche de la *gens* dont il faisait partie. De plus, les sobriquets n'étaient pas rares : *Glaber,* le chauve ; *Cato,* le maussade ; *Rufus,* le roux ; *Claudius,* le boiteux ; *Brutus,* le stupide ; *Cicero,* le pois chiche ; *Varus,* le pustuleux, le cagneux ; *Nasica,* le long nez, etc.

« Et c'est don du néant, ce pouvoir de nommer », écrit Roger Giroux (cité par Gaëtan Picon, *Panorama de la nouvelle littérature française*). Donner un nom est un acte grave, autant que de le recevoir. Les gens portèrent souvent le nom de la terre natale et s'appelaient Picard, Berroyer. En ce cas, leur nom signifiait aussi l'exil : nul ne s'appelle Picard en Picardie, puisque tout le monde l'est. Pour s'appeler Picard, il faut être ailleurs, il faut que ce soit remarquable. Ainsi Marcel Pagnol doit son nom à un ancêtre espagnol venu se fixer en Provence.

Lorsqu'on voyage en Bretagne, il n'est pas rare de voir les panneaux indicateurs des noms de ville barbouillés rageusement et, une fois recouverts, porteurs du même nom de ville, mais en breton. Les noms français sont ressentis comme étrangers par certains qui s'opposent au « vol linguistique » que la langue française a commis, coupant les gens de leurs racines, les empêchant de donner un prénom traditionnel à leurs enfants, etc. Changer le nom des gens et des choses est une prise de possession : le mariage porte encore la trace des mentalités anciennes où le mari, en donnant son nom à la femme, se l'approprie, devient son « seigneur et maître », exactement comme un navigateur donnait le nom de son roi, de sa reine à toute terre nouvellement découverte, sans se soucier de l'avis des habitants du lieu, qu'il suffisait généralement de massacrer.

Donner un prénom est un acte magique, permettant de placer un enfant sous l'égide d'un saint patron. Toutefois, le prénom, aujourd'hui, est le plus souvent choisi pour des raisons esthétiques, poétiques : la sonorité plaît, ou encore en fonction des usages de certaines classes sociales. Le sens du prénom est un peu oublié : certains seraient surpris en sachant que Maurice *(Mauritius)* signifie « le fils du Maure ». On oublie que Dolorès veut dire « douleurs » : en ce cas, si le nom est un présage, ce n'est pas un cadeau... On peut aussi se demander pourquoi, dans les contrées anglo-saxonnes, il arrive que des jeunes filles se prénomment Tamara, variante locale de Tamar dont l'histoire est relatée un peu plus haut (cf. *Coitus interruptus*). Toutes les Catherine sont-elles aussi pures que le suggère l'étymologie grecque de leur prénom, qui a donné aussi *cathare* (le pur) et *catharsis* (purification) ? Chaque Benoît est-il *benedictus,* béni ? Se nommer Didier signifie-t-il qu'on soit *desiderius,* désiré. Érasme se prénommait ainsi. Il ajouta un pseudonyme grec latinisé, *Erasmus,* à ce prénom latin.

Erasmus signifie aussi « désiré ». Desiderius Erasmus veut donc dire « deux fois désiré ». Une manie renaissante fut de traduire son patronyme en grec ou en latin : Dubois devenait *Sylvius*. Cet usage se nomme métonomase.

Benoît, Désiré, Parfait, Séraphin, Céleste, Félicie, Léonie, tous ces prénoms placent ceux ou celles qui les portent sous un bon signe : le nom, s'il est présage, est bénéfique. Toutefois, trouver un nom, avec un prénom péjoratif, peut devenir un procédé littéraire. Dans *le Désespéré*, roman sombre s'il en fut, Léon Bloy n'hésite pas à donner à son héros le nom terrible de Caïn Marchenoir. Et ça ne lui porte, évidemment, pas bonheur.

Sources :
Jacques de Voragine, *la Légende dorée,* traduction de J.-B. M. Roze, Paris, 1967 ;
Roger Caratini, *la Force des faibles, Encyclopédie mondiale des minorités,* Paris, 1986.

Omnia vincit amor
(L'amour triomphe de tout)

Première partie d'un vers de Virgile (*Églogues*, X, 69) cité généralement de façon positive, c'est-à-dire à contresens par rapport à Virgile. Car, pour ce poète, il s'agit bel et bien de l'Amour personnifié, tyran des hommes et des dieux.

Le mot « amour » recouvre plusieurs réalités comme plusieurs illusions. Certains, comme Freud, diraient qu'il est imprécis :

« *L'imprécision avec laquelle le langage use du terme « amour » est justifiée du point de vue génétique.* »

(Malaise de la civilisation.)

Ce qui revient à dire que c'est un mot efficace, « économique ». Aucun mot, dans aucune langue, ne peut avoir qu'un seul sens, sinon la langue ne serait qu'une collection de mots distincts sans espoir de rencontre et jamais on ne pourrait dire, comme André Breton dans *les Pas perdus* :

« *Les mots font l'amour.* »

Non seulement ils le font, mais ils le créent : l'amour est aussi langage, voire, pour certains, n'est que langage. Le terme « amour » est en fait d'autant plus précis qu'il englobe un bon nombre de sentiments voisins qu'il est nécessaire, pour diverses raisons, de mêler dans la langue courante. L'amour, ce langage, ne veut exprimer qu'une seule chose : finalement, le monde est bon, puisque nous sommes là et que nous nous aimons. Ainsi représente-t-il parfaitement la confusion des sentiments qui fonde notre société. En même temps, il est ressenti comme trouble, désordre, agitation superfétatoire et désire sa propre fin. Le mariage, croit-on généralement, permet d'y parvenir :

« *Car l'amour espère toujours que l'objet qui alluma cette ardente flamme est capable en même temps de l'éteindre, il n'en est rien, la nature s'y oppose.* »

(Lucrèce, *De natura rerum*, IV, 1080.)

L'institution matrimoniale permet d'éviter les désordres de la passion. Il est nécessaire, en effet, que l'amour devienne calme, perde son impétuosité, car, aujourd'hui, l'amour est le garant de l'ordre social : le choix libre d'un être par un autre suffit maintenant à assurer la cohésion des groupes sociaux, des familles dans le monde occidental. Le sentiment doit donc devenir tranquille, bourgeois, sous peine de graves troubles individuels et collectifs. La passion est dangereuse :

« *Amour, fléau du monde, exécrable folie.* »

(Alfred de Musset, *Premières Poésies.*)

Ou encore :

« *Amour (n.) : accès de folie temporaire curable par le mariage ou par l'éloignement du patient des influences néfastes qui lui ont valu de contracter son affection. Cette maladie, à l'instar de la carie dentaire et autres désordres de l'organisme, exerce ses ravages uniquement parmi les races civilisées qui vivent dans des conditions artificielles ; les nations barbares, grâce à l'air pur qu'elles respirent et aux aliments simples dont elles se nourrissent, sont à l'abri de ses atteintes. Elle est parfois fatale, mais plus souvent aux médecins qu'aux malades. »*

(A. Bierce, op. cit.)

On ne saurait mieux dire que l'amour est un phénomène culturel, social et politique. Car, si le mariage est ressenti comme un choix individuel, son institution n'en est pas moins l'un des piliers de notre société. Cette dernière, dans ses drames bourgeois, s'amuse de l'adultère, joue avec la frayeur qu'elle éprouve devant ce qui pourrait attaquer sa cohésion. L'adultère est rarement cité comme un symbole dans les ouvrages consacrés aux mythes. Pourtant, il possède la force même du symbole, comprenant à la fois une chose et son contraire, étant à la fois bénéfique et maléfique et non pas seulement immoral, mais a-moral. « L'Occident, c'est avant tout une conception de l'Amour... » Ainsi pense Denis de Rougemont, en étudiant Tristan et Yseut *(l'Amour et l'Occident)*. Et c'est des rapports entre mariage, amour et adultère que se fonde une grande partie de la mentalité occidentale.

Le mariage, malgré tout, reste suspect. Pour Nietzsche, il faut choisir entre la création littéraire ou artistique et le mariage avec son corollaire, la procréation : *Aut liberi, aut libri* (« soit des enfants, soit des livres »)... Le mariage, c'est, encore et toujours, la fin de l'histoire : ils furent heureux et eurent beaucoup d'enfants. Rien ne se passe donc ensuite qui vaille la peine d'être raconté. En même temps cohabitaient dans la mentalité chrétienne les opinions les plus diverses et les plus contradictoires à propos du mariage. Saint Paul considérait cependant qu'« *il vaut mieux se marier que brûler* ».

(I Corinthiens, VII, 9.)

Ce que Molière reprend dans les *Fourberies de Scapin* :
  « *Il vaut mieux encore être marié qu'être mort.* »

Le mariage était souvent considéré par les autorités religieuses comme un remède à l'amour humain, qui éloigne de Dieu, et, bien entendu à la fornication. De plus, en le réglementant, ces mêmes autorités augmentées de celle des médecins pouvaient exorciser leurs craintes et leur propre sentiment vis-à-vis de la sexualité en régentant celle des autres (cf. *Semel in hebdomada* et *coitus interruptus*).

L'histoire de Tristan et Yseut révèle en quoi le mariage, en ce qu'il tue l'amour, même s'il le conserve autrement, a pour corollaire l'adultère, que justifie la passion. Les drames bourgeois, plus féroces pour la bourgeoisie même qui méprise la gratuité du désir, préfèrent en faire une affaire sexuelle, l'une des manifestations du « démon de midi ». Mais pourquoi le désir serait-il impur ? Parce qu'en tant que tel il ne produit pas, ou alors il produit quelque chose d'indigne, de « naturel » : un enfant naturel, et non ce qui reproduira l'espèce comme il faut qu'elle le soit. Toute activité gratuite et improductive est coupable dans le monde chrétien, bourgeois et libéral : on ne peut tenir compte du plaisir que si son objet devient une marchandise susceptible d'être consommée. Ainsi peut-on parler de « femme-objet ».

De tout temps, le mariage s'oppose à l'amour qu'il est censé consacrer. C'est ce qu'affirme le *Jugement* de la comtesse de Champagne (1174) à l'issue d'un procès tenu devant une « cour d'amour » :

« *Nous disons et assurons par la teneur des présentes que l'amour ne peut étendre ses droits sur deux personnes mariées. En effet, les amants s'accordent mutuellement et gratuitement sans estre contraints par aucun motif de nécessité tandis que les époux sont contraints, par devoir, de subir réciproquement leurs volontés et de ne se refuser rien les uns aux autres.* »

Tout cela parce qu'au choix initial, libre ou ressenti comme tel s'ensuit une vie commune dénuée de liberté, avec ses obligations, ses contraintes souvent vécues comme une condamnation à vivre ensemble, à se supporter l'un l'autre tout en supportant, en plus, le reste. De là des conflits quotidiens, l'impression d'un continuel sacrifice de soi, de sa vie, des acrimonies, voire des haines :

« *Le mariage, tel qu'il existe aujourd'hui, est le plus odieux de tous les mensonges, la forme suprême de l'égoïsme.* »
(L. Tolstoï, *la Sonate à Kreutzer*.)

Autrefois, le choix des conjoints n'était pas libre et l'on assurait autrement la pérennité de la société : les mariages scellaient l'accord entre familles ou clans, alliaient des biens, des patrimoines. L'amour restait secondaire.

L'amour, puisqu'il est un phénomène culturel, a une histoire, même s'il est « éternel ». Cette histoire est, entre autres et non seulement, celle de la possession, puis de l'aliénation des femmes par les hommes, de celle des hommes par eux-mêmes, comme celle des peurs et des hontes touchant la sexualité. À cela se superpose évidemment une mentalité essentialiste : il s'agit d'être, et non spécialement de devenir ou de se transformer. Phénomène historique, l'amour pose, aussi et encore une fois, la fin de l'histoire, sa négation même... Ce qui justifie tout. Jacques Lacan ne peut que constater les faits :

« *L'amour se distingue du désir* [...] *car sa visée n'est pas de satisfaction mais d'être* [...] ; *l'amour de celui qui désire être aimé est essentiellement une tentative de capturer l'autre dans soi-même, dans soi-même comme objet.* »
(*Le Séminaire*, I.)

Ainsi, de la pulsion, point de rencontre du physique et du psychique, au désir, le sexe suit son chemin. Tout se complique avec les sentiments, leur confusion, leur complexité. D'une affection particulière, d'une élection, d'un attachement naissent peu à peu l'appropriation, la jalousie, bref, tout ce que les sentiments peuvent ajouter de néfaste à la pureté du désir.

Ainsi va le monde qui préfère déclarer le désir impur et réserver la noblesse aux sentiments. Ne serait-il pas pertinent d'inverser l'ordre de la maxime évangélique *Spiritus promptus est, caro autem infirma* (cf. *infra*) ? car la chair est prompte et c'est bien l'esprit qui est faible en cette matière. C'est par la manière de vivre la pulsion comme le désir que la sexualité humaine est ingénieuse. L'invention de l'érotisme nous distingue bien mieux que toute autre chose des autres espèces.

« *L'amour humain ne se distingue du rut stupide des animaux que par deux fonctions : la caresse et le baiser.* »

(Pierre Louÿs, *Aphrodite*.)

L'Occident, avec ses « cours d'amour », et plus encore la mystique cathare, a su porter au plus haut point la perversion, face à une Église elle-même perverse mais ayant eu le temps de ménager quelques accommodements. La peur du corps, l'effroi devant la sensualité, la volonté d'opposer l'âme au corps ont perfectionné ces dangereuses tendances. La situation économique et sociale, établissant des hiérarchies, a permis que les dominations s'ensuivent et nous en sommes au point où la liberté individuelle, la vie même peuvent être menacées presque impunément ; nos tribunaux sont indulgents envers les « crimes passionnels », ce qui montre qu'implicitement l'amour donne des droits sur la vie de l'autre :

« *Ce qui se fait par amour se fait toujours par-delà le bien et le mal.* »

(F. Nietzsche, *Par-delà le bien et le mal*.)

N'y a t-il pas moyen de gérer plus harmonieusement l'attirance, le désir, l'affection, l'amitié profonde, l'harmonie des esprits ou des corps régnant entre deux personnes ? Y en aurait-il un que notre société s'y opposerait de toutes ses forces.

À l'amour chrétien ou cathare, hérité de diverses traditions s'oppose l'amour germanique, celui de sociétés dans lesquelles les femmes sont beaucoup mieux considérées et respectées qu'ailleurs à tel point que certains ont pu penser qu'il existait alors une égalité de droits. Cette égalité, hélas, est encore à conquérir et c'est le progrès de notre époque que d'y atteindre. Toujours est-il que les mythologies nordiques attachent moins d'importance au pur et à l'impur que les pensées d'ailleurs. Aussi les femmes n'y furent-elles pas entachées d'une impureté consubstantielle comme dans le monde méditerranéen. Il en résulte, par ailleurs, que les pays nordiques restent ceux qui montrent le plus grand respect envers les droits civiques et dont les systèmes sont les plus démocratiques, et depuis plus longtemps. Une telle liberté, même incomplète, fait peur et l'on invente la légende d'un grand nombre de suicides en ces pays, car il est scandaleux que quelque chose puisse s'y passer bien. La réalité est tout autre : on y publie, à ce propos des statistiques précises. De même, la libération de la pornographie devrait multiplier le nombre des crimes sexuels. En fait, et au rebours, ce type d'exutoire un peu puéril (qu'y a-t-il de plus enfantin ?) en diminue sensiblement la quantité : la liberté, fût-elle la licence, est toujours bénéfique.

En français, le mot « amour » est féminin au pluriel. Cette bizarrerie grammaticale peut annoncer toute la diversité des pensées concernant l'amour. D'où vient-il ? Est-il ce petit angelot ailé des sculptures et peintures ou reste-t-il « enfant de bohème », selon l'expression de Meilhac et Halévy, dans l'opéra de Bizet, *Carmen,* dont ils écrivirent, d'après Mérimée, le livret ? Lui qui n'a « jamais connu de loi », comment peut-il « régir le monde » ? « L'amour en mer brûle

ses vaisseaux » (Saint-John Perse, *Amers*)... « Cœur amoureux toujours loyer demande » (Clément Marot, *le Balladin*). En attendant, déclare Colette dans *Sido* : « *L'amour n'est pas un sentiment honorable.* »
Que n'a t-on pas encore dit sur l'amour ? La vérité, peut-être...

Bref, *Amor omnia vincit,* et même la raison qui voudrait que l'on renonçât à exalter ce sentiment pernicieux qui n'est en fait qu'une justification de tous les esclavages, de toutes les possessions. À tel point que toutes les révolutions ont tenté de lui faire sa place en remettant en cause le mariage. Mais, dès qu'il a fallu durer, le mariage fut rétabli.

Virgile connaissait autre chose que l'amour pour triompher de tout. En effet, il écrivit (*Géorgiques,* I, 144), de façon presque similaire :
Labor omnia vincit improbus.
Ce qui signifie : « un travail opiniâtre triomphe de tout ». Que dire, alors, de l'amour du travail ?

Ô sancta simplicitas !
(Ô sainte simplicité !)

Ainsi parla Jérôme de Prague, disciple de Jean Hus, au moment d'être brûlé vif lorsqu'il vit une vieille femme apporter une bûche sur son bûcher.

La conduite politique, financière et morale de l'Église catholique, romaine et apostolique fut tellement scandaleuse à une certaine époque qu'elle souleva l'opposition vive de personnes honnêtes et courageuses. Jean Hus comme son disciple Jérôme furent du nombre.

Jérôme de Prague (1374-1416) ne fut jamais ordonné prêtre. Il obtint le grade de maître ès arts à Paris, puis alla étudier à Oxford où il s'initia aux doctrines de Wyclif. Il assista Jean Hus dans sa lutte contre l'Église. Mais, effrayé, c'est humain, par le supplice de son ami, il se rétracta en septembre 1415.

On le maintint cependant en détention. Il reprit courage et décida de continuer la lutte.

Il demanda à être entendu publiquement et opposa une éloquente réponse aux cent sept articles de son acte d'accusation, juste avant de prononcer un éloge de Jean Hus. Il fut condamné comme hérétique et relaps, puis brûlé le 30 mai 1416 après avoir prononcé les mots dont nous traitons. Le bourreau se dissimula pour mettre le feu au bûcher. Jérôme lui déclara : « Viens ici, allume devant moi, pauvre homme ! Si j'avais craint ce feu, je ne serais pas ici, pouvant échapper ! » Ses cendres, comme celles de Hus, furent jetées dans le Rhin.

Le combat de Jérôme, comme celui de son maître, ne s'acheva pas pour autant : la relève était prête.

Attachés aux doctrines de Wyclif, les partisans de Jean Hus eurent une très grande importance. Jean Hus (1369-1415), dont le nom signifie « *oie* » et qui signait souvent *auca* en latin, maître ès arts, prêtre, doyen de la faculté de théologie, recteur de l'université de Prague, prédicateur de la chapelle de Bethléem, connaissait bien la théologie. Mieux, en tout cas, que le léger Jean XXIII qui le fit condamner. Ce pape, un ancien corsaire nommé Balthazar Cossa, fut si malhabile, si scandaleux dans sa vie privée et si maladroit en politique qu'on finit par le déposer. La condamnation de Jean Hus fut confirmée par son successeur, Oddo Colonna, pape sous le nom de Martin V. Il faut dire qu'à l'époque trois papes se disputaient le trône de saint Pierre : Jean XXIII, Grégoire XII et Benoît XIII. Cette situation de crise, cette incurie de Rome et d'Avignon pesèrent lourd dans la montée des diverses hérésies qui virent le jour à cette époque.

Hus se dressa contre les divers scandales ecclésiastiques de son temps. Il opposa la clarté d'un homme de culture à la balourdise ignorante de ses adversaires. Il leur montra leur propre bassesse. On ne le lui pardonna pas : il vaut mieux ne pas être trop savant ni trop généreux face aux malhonnêtes et aux ignorants. Hus, de plus, attaque ce qu'il ne faut pas attaquer : la primauté du latin.

Déjà, au IXe siècle, Méthode avait été arrêté par les prêtres bavarois qui sévissaient en Bohême, parce qu'il prêchait en langue nationale, en vieux slave, afin de parler au peuple, aux pauvres : tout se passait comme si les prêtres craignaient que les fidèles pussent comprendre ce qu'on leur prêchait. Méthode, avec Cyrille, avait inventé l'alphabet slave, dit « *cyrillique* » pour évangéliser les gens des contrées correspondantes. Tous deux traduisirent l'Évangile en slave, avant d'organiser le clergé de ces pays.

Jean Hus suivit la voie de Méthode et réforma l'orthographe de la langue tchèque en la simplifiant (*De orthographia bohemica*, 1410) et en en remplaçant les tournures par trop germaniques rendues nécessaires, puisque cette langue était encore mal considérée, colonisée et ne pouvait parvenir à trouver en elle-même ses propres expressions dès qu'il s'agissait des choses de l'esprit. Dès lors, une grande littérature tchèque prit son essor, comme toujours lorsqu'on délivre les langues d'un code graphique caduc ou rendu artificiellement complexe.

Une littérature tchèque existait malgré tout, même si elle s'écrivait souvent en latin. Lorsqu'on la rédigeait en vieux tchèque, elle prenait souvent son inspiration ailleurs comme, par exemple, l'*Alexandréis*. Cette œuvre d'un anonyme du XIIIe siècle doit beaucoup à Gautier de Châtillon (cf. *Incidis in Scyllam cupiens vitare Charybdin*). Un esprit tchèque émergeait cependant, émergea toujours, subvertissant les modèles et les langues importées.

Patriote et réformateur religieux, Hus fut le précurseur de Luther. On le brûla pour des opinions qui feraient certes moins scandale aujourd'hui. De toute façon, l'Église ne peut plus se permettre de brûler les gens. Déjà, quelques années après la mort de Hus, les suites du mouvement hussite firent de ce qui préfigurait la Tchécoslovaquie actuelle une nation à part entière, se fondant en résistant à l'Église. Cette résistance, menée par le fameux Jan Zizska, puis par Procope le Grand, vainquit la croisade organisée contre le mouvement hussite, et, pour la première fois dans l'histoire, l'Église dut composer.

O tempora, o mores !
(Ô temps ! ô mœurs !)

Exclamation que l'on trouve dans les *Verrines* de Cicéron (*De signis,* 25, 26).

Dans quel temps vivons-nous ? À chaque époque, certains fustigent les mœurs de leurs contemporains, plus par principe qu'avec raison. Généralement, c'est en regard des époques passées (cf. *Laudator tempori acti*), ressenties comme meilleures. Il semble que notre temps ait pourtant certains avantages par rapport aux âges passés. La question reste en suspens : *adhuc sub judice li est* (« la question est encore devant le juge », cf. *Grammatici certant*).

Toutefois, ceux qui peuvent utiliser cette phrase ont une fâcheuse tendance à réinventer le passé, à le parer de beautés qu'il n'eut pas. Le présent, certes, est fait de passé et d'avenir au même moment. Le passé n'est pas grand-chose s'il ne sert l'avenir :

L'avenir est ce qui dépasse la main tendue.

(Louis Aragon, *le Fou d'Elsa*.)

Quant à réinventer le passé, autant que ce soit pour la bonne cause, afin de pouvoir fièrement dire :

J'ai réinventé le passé pour voir la beauté de l'avenir.

(*id., ibid.*)

P

Panem et circenses
(Du pain et des jeux)

Les aspirations, les désirs, l'idéal des Romains se réduisent à avoir du pain et des distractions, déclarait Juvénal (*Satires,* 10, 81). Les choses, sur ce point, n'ont pas beaucoup changé.

De nos jours, les jeux sont, certes, moins cruels qu'aux temps antiques. Toutefois, ils ont le même rôle social et politique : distraire les gens, les abêtir si possible pour qu'ils ne se préoccupent pas trop de politique. Parallèlement, la politique elle-même est dévalorisée par ceux-là mêmes qui la font.

Nos pays occidentaux sont relativement bien nourris. Le pain ne manque qu'au « quart-monde » dont le dénuement effroyable n'intéresse personne ou presque. Le tiercé, le loto permettent de vivre par procuration, comme le spectacle du sport. Les chaînes de télévision investissent dans des jeux de plus en plus stupides et ce ronron confortable est renforcé par le mépris sous-jacent des « intellectuels ». Bref, la démocratie formelle s'installe et peut-être serons-nous un jour comme les Américains, désintéressés par ce qui nous gouverne au point de ne presque plus voter.

Le spectacle du sport influence l'éducation sportive. Cette dernière se tourne exclusivement vers la compétition et l'on voit des enfants surentraînés s'épuiser à suivre un rythme qui n'est pas le leur. Au lieu de rechercher une pratique sportive constructrice et de conservation, l'enseignement continue dans l'esprit ridicule et fascinant des coubertinades et autres championnats.

Il y a pourtant moyen de faire autrement, d'encourager une pratique sportive plus saine et pouvant durer toute la vie.

Rien n'est plus laid à voir qu'une course cycliste ou une compétition de marche. Le football et le rugby sont, certes, plus beaux, mais ne tiennent pas le coup

devant la gymnastique ou la danse : quelque chose empêche les gens d'apprécier ce qui est directement fait pour être beau afin de se tourner vers ce qui fait souffrir...
De là l'intérêt croissant pour les jeux cruels. Il n'y a certes plus de combats de chiens chez nous ni de combats de coqs. Ces spectacles fascinent cependant des millions d'habitants d'autres pays. La corrida reste un spectacle de choix, malgré le juste combat de ses détracteurs.

Paterna paternis, materna maternis
(Les biens du père à la lignée paternelle, ceux de la mère à la lignée maternelle)

Cette ancienne formule de dévolution dans les héritage est maintenant caduque : le Code civil l'a remplacée par l'égalité de partage.

La famille romaine, légalement, ne ressemblait pas à la nôtre et le droit romain ne pouvait que différer du droit actuel. Le mot famille, lui-même, est d'usage récent : il apparaît au XVe siècle et remplace les notions de *lignage* ou de *maisnie* (ce dernier mot vient de *mansio*, qui désigne la maisonnée).

Familia, en latin, désignait l'ensemble des *famuli*, des domestiques. Il n'avait pas la connotation rassurante d'aujourd'hui, puisque ces *famuli* inquiétaient, effrayaient parfois au point que Tacite pensait qu'il ne fallait pas trop laisser vaquer dans Rome la *multitudo familiarum*, de peur que les domestiques ne se regroupent et ne se révoltent.

Nous ne distinguons plus les parents de la lignée maternelle de ceux de la lignée paternelle. Rome procédait tout autrement. Mais commençons par le commencement.

D'abord, il y eut les ancêtres, les *antecessors*, qui engendrèrent les *atavius* et *atavia*, les trisaïeux, lesquels donnèrent le jour aux *abavus* et *abava*, père et mère des *avus* et *avia*... Ces grands-parents conçurent le *pater* et *la mater*. Les grands-parents s'appelaient familièrement, c'est le cas de le dire, *aviolus* et *aviola*.

Le *maritus* épouse l'*uxor*. À leur tour, ces derniers seront *pater* et *mater* d'un *filius*, et/ou d'une *filia*. Lesquels ont peut-être des oncles et des tantes. L'oncle du côté paternel est un *patruus*. Celui qui est frère de la mère se nomme *avunculus*. Une tante maternelle est une *matertera*, et, du côté du père, une *amita*. Ce dernier mot devient *ante* en ancien français, *aunt* en anglais. On suppose que *tante* provient du possessif élidé *t'* (ta) joint à *ante*. Étrange destin des mots : l'oncle, dont le nom provient d'*avunculus*, est sémantiquement du côté maternel, tandis que la tante est du côté du père... Ils ne peuvent étymologiquement être frère et sœur (*frater* et *soror*), ni d'ailleurs époux...

Le *filius* épousera une *bru*, ce mot d'origine germanique, *brudis* (cf. *bride* en anglais) remplace aujourd'hui le latin *nurus* qui pouvait aussi désigner la femme d'un petit-fils ou la fiancée d'un fils (*Digeste* de Justinien, XXIII, 2, 12 et XXIII, 2, 14). La *filia* épousera un *gener*, un gendre. mais un *gener* peut aussi être le mari d'une petite-fille ou un beau-frère (*id.,* XVIII, 4).

Les parents deviendront peut-être *avus* et *avia*. Alors, ils joueront avec leurs *nepos* et *neptis*, qu'ils gâteront. *Nepos* et *neptis* signifiait « petit-fils » et « petite-fille », mais sont l'origine étymologique de *neveu* et *nièce*.

Atavus a donné l'adjectif *atavique*. Son féminin est à l'origine du mot picard *taie*, qui signifie, lui aussi, « grand-mère » et sur lequel on a refait le masculin *tayon*. « Cousin » et « cousine » se nommaient *consobrinus* et *consobrina*.

Pejor avis ætas
(Le temps présent ne vaut pas celui des ancêtres)

Paraphrase du début d'une ode d'Horace (III, 6, 46) dont le texte exact dit : *Ætas parentum pejor avis*. Ce n'est pas la première fois que nous voyons une phrase, une locution « adaptée » par la tradition. Tout se passe comme si la culture classique consistait à déformer ce qu'ont dit les auteurs. Cette habitude doit avoir une nécessité pour certains

Ce que nous appelons classicisme est toujours un mensonge : pour devenir « classique », une œuvre d'art doit passer par l'amortissement, l'amoindrissemnt du bon goût, de la bienséance. L'ennui, c'est que l'art, même officiel, porte toujours quelque violence qui s'oppose à ce « bon goût ». Ainsi voit-on quelques esthètes furieux qu'on ait restauré les Michel-Ange de la chapelle Sixtine, préalablement défigurés par la poussière des ans : quelque chose de la force, de la violence originelle de Michel-Ange a surgi qu'ils ne peuvent supporter, habitués qu'ils sont au conformisme. Ainsi ressemblent-ils à l'affreux Gillio da Fabiano, qui critiqua les nudités de Michel-Ange. Ce mauvais esprit eut cependant gain de cause : Paul IV demanda, en 1539, au malheureux Daniele de Volterra de voiler les sexes qu'on ne saurait voir. Volterra, à contrecœur, s'exécuta.

Dans la querelle des Anciens et des Modernes, ces derniers ont en général raison : ils ont reçu, au départ, autant que les Anciens, ils remettent en question cette connaissance, vont aux sources, sont au courant de ce qui est neuf et avancent dans un monde bien plus vaste et bien plus divers.

D'une certaine manière, le bon goût, l'esprit de classicisme, a en cela remplacé la religion. La question s'est posée, aux premiers temps de l'Église, de savoir si l'on pouvait continuer de lire les textes païens. Leur impiété choquait. Mais comment se passer de la pensée antique ? Certains tentèrent de montrer, à cause d'une ou deux phrases, qu'Ovide était chrétien. D'autres, plus habiles et moins bêtes ont trouvé dans la Bible le moyen de satisfaire les exigences contradictoires de la culture et de la religion : l'histoire de la *Captiva Gentile*.

P

« *Lorsque tu iras à la guerre contre tes ennemis [...] peut-être verras-tu parmi les captives une femme belle de figure et auras-tu le désir de la prendre pour femme. Alors tu l'amèneras à l'intérieur de ta maison. Elle se rasera la tête et se fera les ongles, elle quittera les vêtements qu'elle portait quand elle a été prise, elle demeurera dans ta maison et elle pleurera son père et sa mère pendant un mois. Après cela, tu iras vers elle, tu l'auras en ta possession et elle sera ta femme.* »

(Deutéronome, xxi, 10, 40.)

Raban Maur (780 ?-856), le « précepteur de la Germanie », abbé de Fulda (*De clerici institutiones,* III, 18) commente cet épisode ainsi : « *C'est ce que nous avons l'habitude de faire et ce que nous devons faire quand nous lisons les poètes païens, quand les livres de la sagesse du monde tombent entre nos mains. Si nous y trouvons quelque chose d'utile, nous le convertissons à notre dogme (Ad nostrum dogma covertimus).* »

Quelles qu'en soient les raisons, ce genre de « conversion » instaure le mensonge de la tradition : dès qu'on cherche un peu, la plupart des traditions sont suspectes, « revisitées » recréées, revues et corrigées. C'est absolument nécessaire, car, sinon, les esprits rétrogrades ne pourraient pas dire *pejor avis ætas,* car une vision objective des choses constate assez vite que les époques passées sont parfois pires, parfois meilleures que la nôtre et qu'en cette matière, comme en d'autres, il convient de se méfier des généralités.

L'un des tout premiers écrivains français (on a longtemps cru qu'il s'agissait de Thibaut de Vernon, mais cette attribution est douteuse) se souvenait peut-être d'Horace lorsqu'il commença sa *Vie de saint Alexis* par les vers suivants :

Bons fu li siecles al tems ancienour
Quer feiz i eret e iustice ed amours
S'i ert credance dont or n'i at nul prout
Toz est mudez perdude at sa colour
Ja mais n'ert tels com fu as anceisours.

Ce qui signifie : « Le monde était bon au temps des anciens, car il y avait la foi, la justice et l'amour. Il y avait la croyance dont nul ne tire aujourd'hui profit. Le monde est changé, il a perdu sa couleur. Plus jamais il ne sera comme au temps des ancêtres. »

L'idée d'un âge d'or est décidément tenace. Elle offre l'avantage de favoriser une paresse, une résignation empêchant, évidemment, d'essayer de construire un avenir un peu meilleur.

Non, le passé ne semble pas offrir tant de douceur. Il convient d'avoir maintenant la nostalgie de l'avenir : « *La connaissance est le dernier recours de la nostalgie* », écrivit Yves Bonnefoy *(l'Improbable)*.

À propos de nostalgie, de temps passé ou perdu, puis-je dire que, longtemps, je me suis couché de bonne heure car l'avenir appartient à ceux qui se lèvent tôt ?

Per aspera ad astra
(Par les difficultés jusqu'aux astres)

Le succès passe par les épreuves, c'est bien connu. Cette phrase est la devise du 50e régiment d'infanterie italien qui, certes, doit se rendre compte combien il est difficile d'aller au ciel en marchant avec de lourds godillots.

Un jeu de mots courait dans les préaux des écoles d'autrefois. Bien des années après, peut-être, lui trouvera-t-on un sens, car ce jeu de mots permet d'ouvrir un champ sémantique fécond, alliant la perle, la fleur et l'étoile.

Une marque connue de succédané de beurre (la margarine) est Astra. La publicité prétendait qu'il ne fallait pas lui préférer le beurre : « un préjugé qui vous coûte cher »... On s'élève, évidemment, de façon difficultueuse à la margarine. Il faut même, parfois, remporter un concours.

P

Tout commença avec le chimiste Chevreul (1786-1889), spécialiste des corps gras, inventeur de la bougie de stéarine, qui donna, en 1813, le nom de margarine à la combinaison d'acide margarique ($C^{17}H^{34}O^2$) et de glycérine.

Plus tard, Napoléon III constata, avec contrariété, la mauvaise qualité du beurre servi dans la marine française. Conscient, de surcroît, des difficultés de la conservation d'une telle denrée, il lança un concours : il s'agissait de trouver un produit de remplacement, ressemblant au beurre, de coût moindre et se conservant plus longtemps. Hyppolite Miège-Mouriès gagna ce concours et breveta son produit le 15 juillet 1869, en lui donnant le nom de margarine.

Ce nom provient d'un terme grec, *margaron,* d'origine sémitique *(margaritès)* signifiant « perle ». La couleur de la margarine évoquait celle du calcul morbide de certaines huîtres que nous nommons ainsi. Pour des raisons de même nature, une fleur s'appelle marguerite, c'est celle qu'on effeuille afin de savoir comment l'on est aimé, ce qui s'appelait jadis : « jouer à la franche marguerite ». Ce chrysanthème blanc est décidément relié à la parure, la joaillerie, la bijouterie, puisque le nom de l'espèce provient, quant à lui, de *khrysos* qui veut dire « or », suivi d'*anthemon* qui veut dire « fleur ».

Selon certaines traditions, la perle peut naître d'un éclair ou par la chute d'une goutte de rosée dans une coquille. « Perle » vient du latin *pirula,* « petite boule », mot de la même famille que *« pilule »*. La perle, comme l'étoile, appartient au ciel, elle est un symbole lunaire, liée à l'eau, enclose dans l'huître, cachée.

Ubi vivis margaritis surgunt aedificia
Aureo celso micant tecta radiant triclinea.

Ces vers de saint Augustin (*Rythme sur les joies du paradis*) signifient : « Là, tout est en perles vives, surgissent les bâtiments, l'or étincelle sur les toits, rayonne dans les salles. » Les différentes visions médiévales de la Jérusalem céleste sont à l'avenant. Une œuvre anonyme, *De variis mansionibus urbis celestis Hierusalem,* au XIVe siècle, décrit un par un des édifices extraordinaires, merveilleux dans la construction desquels on fait un grand usage de perles... Le Royaume des cieux est « *semblable à un marchand qui cherche de belles perles, il a trouvé une perle de grand prix et il est allé vendre tout ce qu'il avait pour la posséder* » (Matthieu, XIII, 46).

La perle tombée du ciel est comme l'astre, l'étoile, la *stella maris,* l'échinoderme stelléride nommé « *astérie* ». Ce dernier mot, synonyme d'« étoile de mer » depuis 1742, désignait auparavant une pierre précieuse présentant le phénomène d'astérisme, c'est-à-dire qu'elle laisse apercevoir une étoile lumineuse dans sa masse quand on la regarde au soleil. La perle est cachée : pour s'en emparer, il faut vaincre des difficultés ; le pêcheur de perle, *per aspera ad margaritam,* est comme le pêcheur d'étoiles : la perle représente la connaissance, la science qui s'acquiert difficilement. Il ne faut pas la gâcher, ne pas divulguer le savoir vers les sots qui ne peuvent rien comprendre (cf. *Margaritas ante porcos*) « de peur qu'ils ne se retournent contre vous et ne vous déchirent » (Matthieu, VII, 6). Ainsi, la sœur Rosalie déconseillait qu'on enseignât la musique aux jeunes femmes pauvres qu'elle recueillait, de peur qu'elles n'acquièrent des goûts au-dessus de leur condition. La charité, l'éducation religieuse voulaient, en ce temps, curieusement donner « à chacun selon ses besoins », dès qu'il s'agissait de savoir, de culture et, bien sûr, de plaisir.

La perle, l'étoile, l'infini, la mer, la féminité, souvent liés dans les traditions, se retrouvent chez Rimbaud :

> *L'étoile a pleuré rose au cœur de tes oreilles,*
> *L'infini roulé blanc à ton flanc souverain,*
> *La mer a perlé rousse à tes mammes vermeilles*
> *Et l'homme a saigné noir à ton flanc souverain.*

L'étoile tombera du ciel après l'ouverture du Cinquième Sceau (Apocalypse, VI, 13). L'étoile a cinq branches, le nombre de la perfection, du pentagramme construit à partir du nombre d'or.

La fleur, calice, réceptacle, reçoit la goutte de rosée comme l'huître ouverte reçoit la perle tombée du ciel : comme le coquillage, elle symbolise la féminité. Pour saint Jean de la Croix, elle est l'image de vertus de l'âme et représente l'amour pour Novalis. Peut-elle renfermer une « perle rare » ? Toujours est-il qu'elle peut contenir une minuscule jeune fille :

> A l'entree d'iver encontre la froidure
> Entrent toutes en terre et muent lor faiture
> Et quant este revient et li clers tans s'espure
> En guise de flors blanques viennet a lor nature
> Celes qui dedans nessent s'ont del cors la figure
> Et la flor qu'est defors si est lor vesteure
> Que ja n'i ara force ne cisel ne cousture
> Et cascuns vestement jusc'a la terre dure.

(Alexandre de Bernay, *li Romans d'Alexandre*.)

(« À l'entrée de l'hiver, en prévision du froid, elles entrent en terre et se métamorphosent. Lorsque revient l'été, elles retournent à leur nature sous forme de fleurs blanches ayant à l'intérieur figure de corps humain. Au-dehors, la fleur n'est que leur vêtement, si bien taillé qu'il n'est besoin ni de ciseaux ni de couture, et chaque vêtement tombe jusqu'à terre. »)

Le voyageur découvre, dans ce roman du XIIe siècle, la grâce des vierges habitant ainsi la « forêt aux pucelles », vivant dans les fleurs, abreuvées de rosée. Cette rosée, on l'a vu, peut être à l'origine de la perle lorsqu'une goutte en tombe dans une huître. Hildegarde de Bingen, toujours au XIIe siècle, n'est pas d'accord :

> Ô flos, tu non germinati de rore nec de guttis pluviae
> nec aer de super te volatit
> sed divina claritas in nobilissima
> virga te produxit.

(« Ô fleur, tu ne germes pas de la rosée ni des gouttes de pluie et les ailes de l'air n'ont pas battu autour de toi, mais la divine clarté t'a fait éclore sur la branche la plus illustre. »)

Virga, virgo. Le premier mot désigne la branche de l'arbre généalogique ou de l'arbre tout court, la baguette, la verge. Virgo, c'est évidemment la vierge : chez Hildegarde, le jeu homophonique « fonctionne » à plein régime. Et, puisque nous citons ici Hildegarde de Bingen, autant profiter de l'occasion pour signaler au lecteur que cette impeccable poétesse fut aussi musicienne. Un « opéra » écrit par elle, l'*Ordo virtutum,* est disponible en un coffret de trois disques édités par Harmonia Mundi sous la référence HM 20395/96. L'écouter, tout en lisant le livret, est un plaisir extrême et dépaysant.

Connaissance, pureté, perfection : les thématiques et les symboliques de la perle, de la fleur et de l'étoile se rejoignent souvent. Il reste à se demander pourquoi la devise *per aspera ad astra* se retrouve sur le paquet rouge des cigarettes Pall Mall. Peut-être est-ce parce qu'il est difficile d'arrêter de fumer... (cf. *In hoc signo vinces.*)

Post hoc ergo propter hoc
(À la suite de cela, donc à cause de cela)

Formule par laquelle on dénonçait, au temps de la scolastique, l'erreur habituelle consistant à prendre pour conséquence ce qui n'est qu'une succession accidentelle dans le temps.

L'année 1811 fut marquée par l'apparition d'une comète. Il y eut, par ailleurs, une abondante récolte de bon vin. Certains conclurent que les comètes influent sur la qualité du vin. Il y eut malgré tout des années sans comète durant lesquelles le vin fut meilleur qu'en 1811. Toujours est-il que l'on fait grand cas des « vins de la comète », c'est-à-dire récoltés durant l'année du

P

passage d'une de ces dernières. En d'autres temps, les comètes étaient considérées comme néfastes : l'une d'entre elles « annonça » la mort de César (cf. *Isti mirant stella*).

Il arrive tout de même qu'un événement antérieur détermine un événement postérieur. Encore ne faut-il pas se tromper et en parler à contre-sens. En 1982, le Premier ministre anglais, madame Thatcher, déclara qu'il ne fallait pas écouter le « chant des sirènes » trompeur et fallacieux des travaillistes. Elle poursuivit : *« Si Ulysse avait écouté le chant des sirènes, son navire aurait sombré et il n'aurait pu rentrer à bon port. »*

L'occasion fut trop belle pour un député de l'opposition qui n'eut qu'à rétorquer :

« Premièrement, Ulysse a écouté la voix des sirènes. Deuxièmement, son navire a sombré. Troisièmement, il est tout de même rentré à bon port. Quatrièmement, je demande une commission d'enquête sur l'état des études classiques dans le Royaume-Uni. »

Source :
Le Soir, Bruxelles (II, 1982), cité par Olivier Reboul, *la Rhétorique*, Paris, 1984.

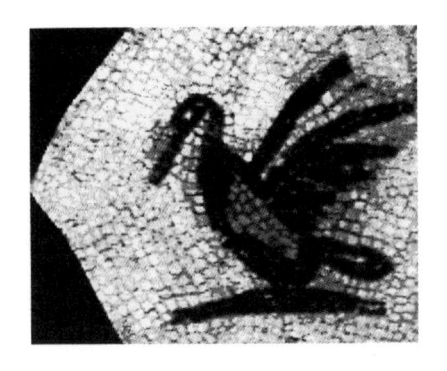

Q

Quandoque bonus dormitat Homerus
(Le bon Homère sommeille quelquefois)

Fragment d'un vers d'Horace (*Art poétique*, 359) signifiant qu'un auteur de génie n'est pas toujours égal à lui-même. En effet, il arrive aux plus grands de laisser passer quelque inadvertance.

Un esprit clair, précis, rationnel, un phare de la pensée, un précurseur de la démocratie n'en laissa pas moins échapper ceci :

« *J'ai observé le tissu extérieur d'une langue de mouton dans l'endroit où elle paraît à la simple vue, couverte de mamelons. J'ai vu, avec un microscope, sur ces mamelons de petits poils ou une espèce de duvet ; entre les mamelons étaient des pyramides qui formaient par le bout comme de petits pinceaux. Il y a une grande apparence que ces pyramides sont le principal organe du goût.*
J'ai fait geler la moitié de cette langue, et j'ai trouvé, à simple vue, les mamelons considérablement diminués ; quelques rangs même des mamelons s'étaient enfoncés dans leurs gaines. J'en ai examiné le tissu avec le microscope, je n'ai plus vu de pyramides. À mesure que la langue s'est dégelée, les mamelons, à vue simple, ont paru se relever ; et, au microscope, les petites houppes ont commencé à reparaître.
Cette observation confirme ce que j'ai dit, que, dans les pays froids, les houppes nerveuses sont moins épanouies : elles s'enfoncent dans leurs gaines où elles sont à couvert de l'action des objets extérieurs. Les sensations sont donc moins vives.
Dans les pays froids, on aura peu de sensibilité pour les plaisirs ; elle sera plus grande dans les pays tempérés ; dans les pays chauds, elle sera extrême [...]. Il en sera de même de la douleur [...]. Il faut écorcher un Moscovite pour lui donner du sentiment. »

(Montesquieu, *l'Esprit des lois*, XIV, 2.)

Qui bene amat bene castigat
(Qui aime bien châtie bien)

Cette maxime était l'idée maîtresse de l'ancienne pédagogie. Elle servit et sert encore de prétexte aux partisans d'une « éducation à la dure » et des sévices appelés « châtiments corporels ». Cette sorte de dressage devrait être considérée comme un crime : la plupart des criminels ont été « éduqués » ainsi.

En matière éducative, les coups n'ont jamais donné de résultats probants. Si l'on bat quelqu'un, il s'endurcira, certes, et deviendra parfois insensible, voire déshumanisé. Le châtiment en question est d'ailleurs souvent le fait de quelqu'un ayant subi le même type d'atteinte à la dignité humaine.

La connaissance que nous avons maintenant des motivations profondes des individus nous montre ce qu'il en est de ces châtiments pour celui qui les inflige. Encore une fois, un certain mépris du corps, une honte par rapport à la sexualité déterminent ces cruautés qui vont parfois jusqu'au sadisme. Celui qui châtie bien aime peut-être, mais d'une façon perverse. Il y a fort à parier qu'il ne distingue pas tout à fait le fantasme du réel. Son idéologie, presque toujours réactionnaire, s'accommode fort bien d'une religiosité extrémiste et d'un respect aveugle de tout ce qui est présenté comme « classique » ou traditionnel ; il y a fort à parier qu'il considère, de plus, les femmes comme inférieures aux hommes. À ce sexisme se joint fort souvent le racisme, de même nature et qui lui fait pendant. S'ajoute à cela une certaine dose de lâcheté : en userait-on de la sorte si ceux que l'on veut « éduquer » ainsi possédaient une forte musculature ou une bonne expérience de la boxe ?

L'aspect sexuel des châtiments corporels et des violences physiques avait fort bien été perçu par Lichtenberg qui note, un siècle avant Freud, dans ses *Aphorismes* :

« *Donner des coups était pour lui une forme d'instinct sexuel : il ne battait que sa femme.* »

La littérature érotique fait grand cas de la flagellation et des rituels de punition. Encore une fois, il convient de ne pas mélanger le fantasme et le réel et faire la part du jeu, comme celle de l'humour :

« *Un petit « oh ! » d'admiration, vite réprimé par un regard de Mistress Grant, courut dans les rangs des spectatrices quand apparurent à l'air les admirables fesses de la fillette callypige.*
C'était pur de lignes, aimablement rond, pas trop copieux, mais bombé avec grâce, une croupe en pomme, séduisante, mutine, affriolante et douce au toucher comme une pêche.
Parmi tous les beaux derrières de Saint Paul School, le derrière de May tenait le premier rang. [...]
— Vous lui en donnerez vingt-cinq coups, pour cette fois.
— Bien Madame, répondit Kate.
Elle leva les verges. [...]
Bébé ne pensait même plus à la honte de montrer son derrière. La douleur enlevait en elle toute autre sensation. Et elle laissait bondir sa croupe juvénile sans penser – heureusement – aux mystères ravissants qu'elle dévoilait – oh ! en toute innocence ! – dans les bonds désordonnés qu'elle faisait pour se dérober à l'averse de feu qui torturait les parties les plus charnues de son gentil petit corps potelé. Jamais elle n'aurait cru pouvoir supporter une telle souffrance sans mourir. Et pourtant, elle se sentait solidement fessée et elle ne mourait pas. »

Sadie Blackeyes [Pierre Mac Orlan], *Baby douce fille*, Paris, 1912. Cité par J.-J. Pauvert, *Anthologie des lectures érotiques*, Genève, 1981.

Ici, l'érotisme se mêle un tantinet de pédophilie. Qui châtie bien aime bizarrement, si ce n'est abusivement et, pour le moins, désire.

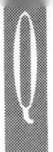

Qui scribit bis legit
(Celui qui écrit lit deux fois)

Cet adage signifie tout simplement que, pour retenir un texte, l'écrire équivaut à le lire deux fois. Il est vrai que, dans les temps où la mémoire humaine était vaste, les lecteurs étaient souvent scribes eux-mêmes.

Lorsqu'il fallait aller loin pour lire un livre, lorsque son prix ne permettait pas de l'acquérir, la meilleure solution restait de le copier : les étudiants désargentés du Moyen Âge ne s'en privaient pas. Le fait d'écrire, de recopier complétait ainsi les techniques d'éducation de la mémoire en usage à l'époque.

Un jour, dans une bibliographie, un chercheur découvrit qu'il existait un manuscrit inédit de Karl Marx intitulé *Spinoza*. Le chercheur, joyeux, crut bien avoir découvert la perle rare. En effet, un essai de Marx sur Spinoza serait une chose précieuse. Hélas, lorsqu'il fit le voyage jusqu'à La Haye où se trouvait conservé le manuscrit, le chercheur découvrit qu'il s'agissait en fait du texte de l'*Éthique*, que Marx, étudiant pauvre à l'époque, avait recopié de sa main.

Copier les œuvres des autres est, certes, un bon moyen de les apprendre. Toutefois, cela peut avoir quelques inconvénients : un érudit préparant une édition des *Œuvres* de Paul Verlaine trouva dans les papiers du poète un poème inconnu écrit de la main de Verlaine. Il s'empressa de le publier. L'ouvrage fut imprimé avant que le malheureux pût savoir qu'il s'agissait en fait d'un poème de Sully-Prudhomme que Verlaine avait recopié.

Quod dixit ille ?
(Que dit-il ?)

Exemple choisi par Jean-Pierre Brisset (1857-1923) pour illustrer sa thèse selon laquelle le latin est une langue artificielle. Enfant, Brisset s'amusait, comme beaucoup, à inventer un langage secret. Il inversait les lettres des mots. Considérant la syntaxe latine, il en vient à penser que l'ordre des mots en latin, si illogique selon lui, procède du même type de construction inversant non pas l'ordre des lettres, mais celui des mots : « Nous pensons (déclare Brisset dans *la Grammaire logique*) que, si les Gaulois des premiers siècles reparaissaient parmi nous, ceux des bassins de la Seine et de la Loire, au moins, comprendraient sans hésiter : *Ké k'il a don di stila ? – E j s'éti*, de même que nos paysans le comprendront, tandis que nul ne devinera : *Quod dixit ille ? – Nescio (...).* »

Le latin, donc, aurait été inventé par des chefs et des « maîtres savants » pour asseoir leur supériorité sociale « au milieu des braves gens qu'on pillait ». Le latin, toujours selon Brisset, ne vient pas plus du Latium que l'argot ne vient d'Argovie ou le javanais de Java : *latinus* est un dérivé de *latus*, qui signifie transporté, transposé. Il s'agit donc d'une langue artificielle qui, d'ailleurs, n'a eu aucune influence sur la langue française. D'autre part, les *Serments de Strasbourg* sont écrits en italien...

Les fascinants délires linguistiques de Jean-Pierre Brisset se fondent sur des jeux de mots, le tout allant, avec une précision rigoureuse, vers la plus réjouissante absurdité : l'homme ne descend pas du singe, mais de la grenouille, parce qu'on ne peut pas faire fumer une cigarette à un singe tandis que Brisset prétend que c'est possible chez les batraciens. Citons maintenant un texte bien connu des amateurs de Brisset :

« *La formation du sexe.* »

L'ancêtre n'avait pas de sexe apparent : c'est à sa venue que la parole commença à se développer pour atteindre une quasi-perfection chez les êtres de première formation. Cela causait des sensations et des surprises. *Eh ! Qu'ai ce ? exe. Sais qu'ai ce ? Sais que ce ? Ce exe-ce*, c'est un sexe. *Sais que c'est ? ce exe est, ce excès.* Le sexe fut le premier excès ; il causa et cause tous les excès.

« *On se exe y t'ai, on sexe y t'ai,* on s'excitait. *L'exe ai air sice ;* l'exercice. *On se exe peux au z'ai ;* on s'exposait. *Exe sé d'ai, c'est de roi ;* excéder ses droits. *C'est un exe, y tend ;* c'est un excitant. *Exe* fut le premier sexe fait, c'est un *exe pré fait,* un ex-préfet. »

Ces lignes sont extraites des *Origines humaines.* L'autre ouvrage, dans lequel il est question du latin, se nomme *la Grammaire logique* et se conclut par : « *Je suis un feu dévorant...* ».

Brisset n'est pas le seul linguiste foisonnant. Alcée Durrieux, lui aussi, s'insurge contre l'existence du latin. La meilleure preuve que cette langue n'a jamais pu être parlée n'est-elle pas que les descendants des Romains ne parviennent pas à l'apprendre : « À cette heure encore, notre jeunesse lettrée consacre huit années à l'étude ingrate de cette langue enseignée cependant avec art et méthode. Combien sont-ils, non pas qui la parlent, mais qui puissent seulement en expliquer les auteurs à livre ouvert ? »

Sources :
Jean-Pierre Brisset, *la Grammaire logique,* Paris, 1980 (réédition ; original, 1883) et les *Origines humaines,* Paris, 1980 (original, 1913) ;
Alcée Durrieux, *Dictionnaire étymologique de la langue gasconne avec la racine grecque ou celte de chaque mot gascon suivi du mot latin et français,* Auch, 1889-1901 ;
André Blavier, *les Fous littéraires,* Paris, 1982 ;
Organographes du Cymbalum pataphysicum, n° 27 (30 janvier 1986 vulg.). On trouvera, d'autre part, dans le n° 4 de la revue *Bizarre* (Paris, 1956), un dossier consacré aux « Hétéroclites et fous littéraires » incluant Brisset, mais non, hélas ! J. Prat, qui prétendait que les langues bantoues viennent du latin.

Quo non ascendet
(Jusqu'où ne s'élèvera-t-il pas ?)

Ou *quo non ascendam,* ou *quo non ascendo,* voire ce que l'on voudra. La fière devise de Nicolas Fouquet se prête à toute sorte de variations grammaticales, aussi diverses que les jugements que l'on peut avoir à propos du personnage.

Durant l'une des époques les plus noires de notre histoire, Fouquet s'enrichit. La misère et la famine régnaient bien plus que Louis XIV, roi inconscient, qui ne se souciait que de grandeur et de guerres, lesquelles accentuaient la pauvreté épouvantable des gens.

Dans ce pays exsangue, l'usage, pour un surintendant des Finances, était de mélanger allègrement ses propres caisses et celles de l'État, ce qui n'arrangeait rien.

Nicolas Fouquet (1615-1680), marquis de Belle-Île, vicomte de Melun, ne fut donc pas plus prévaricateur qu'un autre. L'eût-il été qu'il n'y aurait pas eu besoin, lors de son procès inique, de corrompre des juges, de susciter des faux témoignages et de falsifier des pièces. Nicolas Fouquet eut le tort de déplaire à Colbert et de porter ombrage à un roi qui n'avait jusque-là connu qu'une relative pauvreté eu égard à son rang. Malgré les courageuses prises de position de magistrats comme d'Ormesson et Lamoignon, malgré le soutien de Mme de Sévigné, de Corneille et de La Fontaine, Fouquet fut arrêté par d'Artagnan et condamné à la détention à vie. On identifia souvent le malheureux surintendant au célèbre Masque de fer.

S'élever est bien souvent une preuve d'orgueil, voire de témérité. Guillaume de Malmesbury (*Gesta regnum anglorum,* II, 225) raconte le désir d'élévation, physique, cette fois, d'un moine du XIe siècle nommé Elmer.

Ce dernier, qui avait sans doute un peu trop lu Ovide (cf. *Métamorphoses,* VIII, 183, 235) voulut renouveler l'exploit de Dédale. Il se fabriqua donc des ailes pour les bras et les jambes. Après quoi il s'élança du haut d'une tour.

Il survola la distance d'un stade (192,27 m ou 157,50 m ou encore plusieurs longueurs comprises entre 140 et 200 m : le stade varie selon les auteurs). Mais la violence d'un tourbillon, jointe à la prise de conscience par Elmer de sa témérité, fit choir le pauvre moine, qui se brisa les deux jambes et demeura infirme.

Une autre raison de sa chute, pensa-t-il, était d'avoir négligé de se munir d'une queue *in posteriori parte,* à l'instar des oiseaux.

Cette histoire se trouve aussi chez Vincent de Beauvais (*Speculum historiale,* XXV, 35). Mais ce dernier a dû la trouver chez Guillaume de Malmesbury.

Quousque tandem
(Jusqu'à quand ou *jusques à quand)*

Premiers mots du discours que Cicéron (*Catilinaires,* I, 1) prononça contre Catilina et qui continue ainsi : *Quousque tandem, Catilina, abutere patientia nostra ?* (« Jusqu'à quand, Catilina, abuseras-tu de notre patience ? »)

Lucius Sergius Catilina, né vers 109 av. J.-C., fut propréteur en Afrique. Il mit au pillage la province dont il avait la charge. Sa femme, son beau-frère, son fils, victimes de ses amours criminelles, furent tués par lui-même. À son retour d'Afrique, il voulut devenir consul. Mais ses exactions précédentes firent que le sénat le raya des listes de candidature. Il se voua, dès lors, à la révolution.

S'appuyant sur les vétérans qui souhaitaient la guerre civile pour refaire leurs bourses, il complota pour assassiner les nouveaux consuls, élus au suffrage même dont il avait été exclu. Puis il se rapprocha du sénat, mena à bien d'habiles alliances. Accusé de concussion, il fut gracié, mais ruiné.

Catilina reparut plus tard au sénat. Cicéron l'en chassa par le discours dont nous traitons.

Catilina partit rejoindre l'armée d'Étrurie, mais ses partisans infestaient Rome. Cicéron fit arrêter les principaux conjurés et les fit illégalement condamner à mort, malgré l'opposition de César. La sentence fut exécutée sur-le-champ et Cicéron, traversant le Forum, déclara : « Ils ont vécu. »

Catilina tenta de se rendre en Espagne pour échapper aux poursuites, mais peu à peu l'armée qu'il avait réunie l'abandonna. Il mourut assiégé, près de Pistoia, après une résistance acharnée.

Sources :
M.T. Cicéron, *Catilinaires ;*
C. Salluste, *Histoire de la conspiration de Catilina.*

R

Rara avis in terris
(Oiseau rare sur la terre)

Début d'un vers de Juvénal (*Satires,* VI, 165) qui compare au cygne noir, oiseau rare s'il en fut, les femmes de son époque fidèles à leurs maris. Le cygne est décidément lié à l'infidélité puisque c'est en cygne que se transforma Jupiter pour séduire Léda.

Le cygne, généralement, est symbole de blancheur, de lumière, de pureté. Il incarne la clarté mâle et solaire ou encore celle de la nuit, lunaire et femelle, mais parfois assume les deux parties du symbole et devient androgynal. Le cygne noir permet donc une inversion symbolique qui se lit dans une légende du folklore scandinave qui fut adaptée par Hans-Christian Andersen dans *le Camarade de voyage.* Ce conte narre l'histoire d'une princesse vierge ensorcelée et sanguinaire qui apparaît sous la forme d'un cygne noir. Plongé par trois fois dans une eau purifiante, tantôt un bassin, tantôt un lac, le cygne redevient blanc et la princesse, exorcisée, peut enfin épouser son promis.

Le cygne noir reste l'exemple de la rareté et toute chose peu fréquente, par dérivation, se voit qualifiée d'oiseau rare. Pierre Larousse dans ses *Flores latines* cite à ce propos Alexandre Dumas, sans autre précision :
« *Il ne connaît pas le chastre et il se vante d'être chasseur ! Le chastre, mon ami, c'est un oiseau augural, c'est le* rara avis *du satirique latin.* »

Chastre est le nom que l'on donne dans le Midi au merle à plastron. Et nous en revenons à l'oiseau rare, puisqu'un merle blanc désigne communément une chose introuvable, aussi difficile à trouver qu'un cygne noir.

Rari nantes in gurgite vasto
(Rares naufragés flottant sur le vaste abîme)

Vers de Virgile (*Énéide,* VI, 118). Peut-être exprime-t-il la condition humaine, l'errance de l'humain et tout ce qui s'ensuit. Chacun de nous a ses naufrages.

L'un des plus célèbres naufrages fut celui de *la Méduse,* navire français envoyé par le gouvernement de la Restauration pour reprendre possession du Sénégal que les traités de 1815 restituaient à la France. L'incapacité du capitaine Duroy de Chaumareyx fit que *la Méduse* échoua sur le banc d'Arquin, non loin de la côte d'Afrique, le 2 juillet 1816. 149 personnes se réfugièrent sur un radeau improvisé, qui dériva durant douze jours. Le brick *l'Argus* recueillit quinze mourants. Les autres naufragés étaient morts, noyés ou dévorés par les survivants. Cet événement atroce réveilla les passions politiques du moment : le capitaine de *la Méduse* était un ancien émigré n'ayant aucune véritable expérience de la navigation et qui ne devait son titre qu'à la faveur royale.

Ce naufrage, cette effroyable aventure comme l'horreur de ceux qui se retrouvent abandonnés sur la vaste mer inspirèrent le très jeune Théodore Géricault.

Il avait vingt-huit ans lorsqu'il peignit *le Radeau de la Méduse*. Il devait mourir à trente-trois ans. Il eut le temps de peindre quelques-uns des plus purs chefs-d'œuvre de la peinture française. Avant Courbet, il se dirige vers un réalisme au lyrisme fort et, bien sûr, et comme tous les grands, vers une critique sociale.

Le Radeau de la Méduse n'est pas seulement la représentation d'un fait divers, d'ailleurs dû à l'incurie d'un commandant. C'est aussi une satire, le symbole du malheur d'un pays gouverné par des imbéciles, comme un refus d'un art un peu « pompier » qui régnait déjà.

Géricault cherchait la vie et la mort : le vrai, le réel dans sa grandeur comme dans son atrocité. Il réalisa, en 1822, pour le docteur Georget une série de dix portraits d'aliénés, remarquables et saisissants. Le médecin utilisa ces portraits pour illustrer son cours.

Ce souci du vrai, cette intransigeance n'étaient pas neufs pour le grand peintre, qui, avant de s'occuper de la dérive de la raison, allait, à la morgue, dessiner des cadavres, des fragments de corps humains mortifiés, afin de dépeindre mieux l'horreur du fameux radeau. Cette toile fabuleuse nécessita quarante-neuf études.

Construit selon les lignes d'une pyramide, *le Radeau de la Méduse* est toute modernité, malgré une facture classique : la technique maîtrisée est comme détournée de son but. Géricault se souvient de David ou d'Ingres, mais se sert de leur matériel d'une tout autre façon. Il y a au moins deux façons d'être moderne : on peut subvertir une technique pour la mettre au service d'autre chose, et l'on peut aussi inventer une technique nouvelle. Géricault avait choisi, comme plus tard Magritte dans un autre genre, la première solution...

Rebus
(Choses)

Le rébus consiste à exprimer des mots ou des phrases au moyen de dessins ou d'arrangements graphiques de lettres. Ceux qui usent de dessins, comme les hiéroglyphes, sont les plus anciens et constituent l'une des premières manières d'exprimer la pensée. Hérodote (*Histoires,* IV, 131, 132) raconte que les Scythes envoyèrent à Darius un oiseau, une souris, une grenouille accompagnés de cinq flèches. Il s'agissait d'une sorte de rébus signifiant : « Si tu ne te caches pas sous terre comme la souris, dans l'eau comme la grenouille, et si tu ne fuis pas dans les airs comme l'oiseau, tu n'échapperas pas aux flèches des Scythes. » César, sachant que la loi romaine interdisait de graver le nom d'un magistrat vivant sur les monnaies, fit frapper sur les pièces l'image d'un éléphant. En carthaginois, le même mot désignait César et le pachyderme.

Le mot *rebus,* ablatif pluriel de *res,* qui signifie « chose », servit à désigner les libelles que les étudiants picards avaient l'habitude de lancer en temps de carnaval. Ces libelles, contenant de scandaleuses indiscrétions, masquaient ces dernières sous des énigmes ou des pictogrammes. Leur dénomination complète semble avoir été, selon Ménage : *De rebus quae geruntur* (« des choses qui arrivent »). L'admirable Tabourot des Accords (1547-1590) reproduit un grand nombre de *rébus* (le mot prend un accent aigu en français) picards dans ses *Bigarrures et Touches* (1582), ouvrage composé pour « se chatouiller soi-même et se faire rire le premier et ensuite les autres ». Ce livre, grand classique pour tous ceux que les jeux de mots passionnent et qui perçoivent la gravité de tels amusements, traite des équivoques, acrostiches, vers léonins, contrepèteries, antistrophes et rébus.

Les rébus, très populaires au XVIe siècle, furent d'un usage fréquent dans les armoiries. On appelle « armes parlantes » celles qui sont conçues de la sorte. Colbert, par exemple, se fit désigner par une couleuvre (*coluber,* en latin). Louvois fut représenté par un loup aux yeux bien visibles : « Loup voit. »

Ménage appelle « *rébus de Picardie* » les libelles en question. Toutefois, cette appellation apparaît bien tard, alors que le mot *rebus,* lui-même est transcrit dès 1480. Il faut sans doute y voir le mot « choses », *rebus* en latin, opposé aux *litteris,* aux « lettres », le tout indiquant qu'il s'agit d'écrire au moyen de dessins.

Nous pouvons donc distinguer le rébus proprement dit, fait de choses, de dessins, du rébus de lettres, plus proche du calligramme. Un dessin représentant six girafes ailées, pour la première catégorie, peut servir d'épitaphe pour un grand peintre et se déchiffre ainsi : « Six girafes à ailes » (Ci-gît Raphaël). Tout le monde connaît le fameux lion doré qui sert d'enseigne à certaines auberges et qui est de plus en plus souvent présenté sous sa forme écrite, ce qui le fait appartenir

R

à la seconde catégorie : « Au lion d'or » (au lit, on dort). Dans cette seconde catégorie, nous pouvons citer celui du frère d'Arago :

URE

ARE   ERIL

(*Are* à gauche, *éril* à droite, *ure* par-dessus tout : Arago chérit la droiture par-dessus tout.)

Ou encore celui-ci, dû à Alphonse Allais :
AID KN NE OPI D IN E L IA ET LV. LS MIT AT
(« Haidée Cahen est née au pays des hyènes et elle y a été élevée. Elle est sémite et athée. »)

Mentionnons, car c'est nécessaire, que les rébus, comme les contrepets, spécialement chez Tabourot des Accords, sont souvent obscènes, ce qui est naturel et nécessaire : les jeux de mots, Freud l'a compris, ont, d'une part, des rapports avec l'inconscient, donc avec les tabous, et, d'autre part, une salutaire fonction de subversion que les lyrismes inconvenants remplissent admirablement.

Rescipiens post te hominem memento te
(Souviens-toi en te retournant que tu es un homme)

Voir : « **Cave ne cadas** ».

Roma tibi subito motibus ibit amor
(À Rome, l'amour ira aussitôt vers toi)

La traduction de ce vers reste malaisée, ce qui n'a rien d'étonnant puisque l'auteur en serait le Diable, d'après Tabourot des Accords, qui raconte cette histoire dans ses *Bigarrures* :

Le Diable transportait saint Antible (?) sur ses épaules. Sans doute lui serre-t-il le cou trop fort. En, tout cas, le Diable déclare :
Signa te, signa te tenere me tangis et angis
Roma tibi subito motibus ibit amor.

Ce que l'on peut traduire par : « Signe-toi, signe-toi (en se signant le saint doit probablement lâcher le cou du Diable), à Rome, l'amour ira aussitôt à toi (pour cette action de se signer, ou d'avoir étranglé le Diable, l'amour ou la faveur populaire iraient au saint)... » Bref, ce distique ne pêche pas par un excès de clarté.

Le sens de ces vers pentamétriques importe peu : il s'agit d'un exemple classique de *palindrome*. Ce mot vient du grec *palin,* qui veut dire « nouveau », et *dromos* qui signifie « course », comme dans ses composés français tels que « *hippodrome* ».

Un palindrome peut se lire de gauche à droite ou de droite à gauche, comme le nom de la ville qui vit naître le douanier Rousseau (Laval), l'adverbe « *ici* » ou le nom du plus grand de tous les rois de Pologne, le Père *Ubu*. Quelques mauvais esprits affirmeront que l'adverbe de lieu *y,* comme le nom du Marquis d'O, mignon d'Henri III ou de l'héroïne de l' *Histoire d'O,* de Pauline Réage, sont aussi des palindromes. Sans oublier les nombreux cours d'eau nommé *Aa,* dans les pays celtiques et germaniques. *Aa* correspond au haut-allemand *Aha,* au gotique *ahua,* au breton *ac'h,* au picard *ewe* ou *eve* (qui a donné le substantif *évier*) et provient du latin *aqua*, qui signifie « eau ». Source aussi, mais des connaissances et du savoir : l'œuvre de Pierre Van der Aa, imprimeur hollandais du XVIIe siècle qui édita les monumentales *Œuvres complètes* d'Erasme en 11 volumes, de 1703 à 1706... *Aa,* faut-il le préciser, diffère sensiblement de *Haha,* le mot de Bosse-de-Nage dans les *Gestes et Opinions du docteur Faustroll,* d'Alfred Jarry, dont le retournement donne *Ahah,* dont le sens est tout à fait autre, ce qui en fait un anacyclique, comme nous allons le voir.

Oô n'est pas en reste, puisque ainsi se nomme un lac dit aussi « *Boum de Séculetgé* », au sud-ouest de Bagnères-de-Luchon.

Le palindrome n'est pas réservé aux langues latines : en Grèce, dans les églises, les fonts baptismaux portent souvent l'inscription :

NIYON ANOHMATA MH MONAN OYIN,

qui signifie : « Lave mes péchés et non seulement mon visage ».

Les langues germaniques ne sont pas en reste. Voici, par exemple, l'un des plus connus parmi les palindromes allemands :

Ein neger mit gazelle zagt in regen nie,

ce qui signifie : « un nègre avec une gazelle ne dit rien sous la pluie ». Joliment rythmé, le palindrome anglais suivant est, de plus, assez satisfaisant pour ce qui est du sens :

« *A man, a plan, a canal : Panama* »,

ce qui veut dire : « un homme, un plan, un canal : Panama ».

Les palindromes versifiés se distinguent des vers dits « *anacycliques* » (du grec *anakuklein*, retourner en sens inverse). L'anacyclique peut, lui aussi, se lire dans les deux sens, mais joue plus souvent sur les mots que sur les lettres et peut présenter une nuance, une signification légèrement différente selon qu'on le lise de droite à gauche ou de gauche à droite :

Praecipit modo quod decurrit tempore flumen
Tempore consumptum jam cito deficiet,

ce qui signifie : « Le fleuve qui, durant un temps, court de façon précipitée, en un temps bientôt s'évanouira épuisé », peut se retourner ainsi :

Deficiet cito jam consuptum tempore flumen
Tempore decurrit quod modo praecipit,

qui veut dire : « En un temps bientôt épuisé s'évanouira le fleuve qui... », etc.

L'anacyclique se distingue du contrepet de mots (différent lui-même du contrepet de syllabes) par le fait que l'ordre des mots doit être strictement inversé et non pas bouleversé comme dans le contrepet célèbre : « *le Boulevard des Filles-du-Calvaire* », qui devient : « *le calvaire des filles du Boulevard* ».

L'anacyclique est plus rare que le palindrome : bien sûr, le possessif *sa* donne *as,* le *sac* devient le *cas*. Il est rare de dépasser quatre lettres, ni même de les atteindre. Toutefois, que fait *Zeus* en Egypte ? *Suez,* évidemment...

Les palindromes, comme tous les jeux de mots, purent servir à illustrer une vérité morale, ou jugée telle : le Moyen Âge renversait *Eva* en *Ave,* pour faire comprendre que le salut à la Vierge, l'*Ave Maria,* rachetait le péché d'*Eva,* la première femme. Selon Léon Gozlan : « La tradition des cloîtres rapporte que plusieurs moines perdirent la raison en cherchant des anacycliques. »

La langue française connut très tôt les palindromes, l'exemple médiéval le plus connu reste :

« *L'âme des uns jamais n'use de mal.* »

On peut trouver, dans la *Rhétorique des savans* (1767) de l'abbé Charuel d'Antrain, divers jeux sur les mots, dont cette énigme alliant logogriphe et palindrome :

Aux champs comme à la ville on m'entend fort souvent
Dépouillé de mon chef je rends l'homme puissant ;
Remis dans mon entier prenez-moi par derrière,
Je suis exactement aussi dur que la pierre.
Réponse : COR-OR, ROC.

D'autres palindromes, plus longs, sont de création moderne. Par exemple :

Léon émir cornu d'un roc rime Noël.

Qui serait, d'après Paul Eluard, dû à Charles Cros. Il y a aussi :

Tu l'as trop écrasé, César, ce Port-Salut.

Ou encore :
Esope reste élu par cette crapule et se repose.

Le terme « *palindromie* » désigne un « reflux des humeurs peccantes vers les parties nobles » pour la médecine ancienne, ce qui n'empêche pas l'*anacycle* d'être, un « genre de composée anthémidée, annuelle ou vivace, glabre ou légèrement pubescente croissant au sud de l'Europe ». Sans doute de telles plantes poussent-elles dans la patrie de Brassens et de Paul Valéry, dont le nom résonne dans nos cœurs estivaux :

Sète sonne en nos étés.

Sources :
Paul Eluard, *Œuvres complètes*, T.1. p. 1158, cité dans :
Bernard Dupriez, *Gradus, les procédés littéraires (Dictionnaire)*, Paris, 1984 ;
Luc Estienne, *l'Art du contrepet*, Paris, 1957 ;
Organographes du cymbalum pataphysicum, n° 28 (19 avril 1986 vulg.) ;
Monitoires du cymbalum pataphysicum, n° 4 (15 Juin 1987 vulg.).

S

S

Secundum antiquam habitudinem Lexoviani celebrant naissanciæ Christi anniversarium empiffrandos se ipsos cum boldini fantastici quantitatibus
(Suivant une habitude ancienne, les Lexoviens fêtent l'anniversaire du Christ en s'empiffrant de boudin en quantité fantastique)

Malgré des recherches assidues, nous n'avons pas pu retrouver cette phrase dans les sept livres des *Commentaires* de César, ni dans leur continuation par Hirtius. Sans doute Alphonse Allais, qui la cite, l'a-t-il trouvée ailleurs, par exemple dans une œuvre inconnue, rarissime et sans doute apocryphe de Jules César dont l'unique manuscrit serait conservé dans la célèbre bibliothèque latine de Tadblagtown (Nouvelles-Galles du Sud). En tout cas, il en parle dans *le Captain Cap*, à l'intérieur d'un texte bref portant le titre suggestif et suivant : *Où il est question, c'est le cas de le dire, d'un tas de cochonneries*.

Les Lexoviens sont les habitants de Lisieux. Ce furent aussi de farouches Gaulois, ce qui n'empêcha pas César de les vaincre en restant sur le haut d'une diligence, suivant la traduction habituelle et erronée d'une célèbre version : *Caesar cepit Galliam summa diligentia*.

Le substantif « boudin » ne dérive pas, hélas, d'un *boldinus* latin, contrairement à « saucisse » qui vient de *salcicia* et « andouille » dont l'origine est *inductile*. « Boudin » apparaît chez Étienne Boileau en 1260 et semble plutôt onomatopéique, voire expressif, comme le verbe « bouder » et le substantif « boudine » qui sont de la même famille, sans parler des boudoirs.

De ce fait, et quoi qu'on en ait, le peintre Giovanni Boldini (1842-1931) n'est, en aucun cas, l'homonyme transalpin de son collègue Eugène Boudin (1824-1898), lequel est cependant compatriote d'Alphonse Allais, puisque natif d'Honfleur (Calvados).

Sella stercoraria
(Chaise percée)

Stercorarius désigne ce qui concerne le fumier ou les excréments. *Stercoreus* signifie « sale », « immonde » et est une injure. Le *sterculinum* est une fosse à fumier. *Stercutus* est le surnom donné à Saturne, qui inventa l'art de fumer les terres... ce qui n'empêche pas que l'on fasse asseoir le pape sur un siège qualifié par l'adjectif *stercoraria* (cf. *Duos habet et bene pendentes*).

Semel in hebdomada
(Une seule fois par semaine)

Le premier livre de médecine jamais imprimé le fut en 1478. Il s'agit d'un traité intitulé *De medicina libri VIII*, inconnu jusqu'alors. Tomaso Parentucelli, bibliothécaire de Saint-Marc et futur pape sous le nom de Nicolas V, en avait découvert le manuscrit quelques années auparavant. Ce pontife érudit – ce qui est de plus en plus rare – homme de goût et de culture, fit décorer une partie du Vatican par Piero della Francesca et Fra Angelico. Découvrant, donc, un manuscrit ancien traitant de médecine, il en comprit immédiatement la valeur.

L'auteur de ce livre se nommait Celse (Aulus Cornelius Celsus). Il ne faut pas le confondre avec l'autre Celse, l'auteur du *Discours vrai* (cf. *Flagitia cohoerentia nominis*).

Ce livre de médecine reste mystérieux. On ne sait rien de son auteur ni de sa date de composition. Celse vécut sans doute au Ier siècle. Mais était-ce sous Auguste, Tibère ou Caligula ? Fut-il romain ou florentin ? Est-il vrai qu'il n'était pas médecin ?

Ce dernier point intrigue encore plus que les autres. Les auteurs anciens parlent de ses traités sur l'art militaire, l'agriculture, la rhétorique, mais aucun ne fait allusion à son *De medicina*. Il est possible que Celse n'ait fait que compiler toute la science médicale de son époque, sans toutefois l'exercer. Celse serait l'un de ces grands encyclopédistes latins par qui le savoir se transmettait de génération en génération.

La médecine traditionnelle, la vieille médecine que Celse expose et décrit, fut combattue au xve siècle par Philipus Aureolus Theophrastus Bombastus von Hohenheim, qui, s'opposant à ce qu'il considérait comme de vieilles lunes, prit tout simplement le surnom de Paracelse.

C'est dans le livre de Celse qu'on trouve la formule **semel in hebdomada**. L'auteur conseille de n'avoir de rapports sexuels qu'une seule fois par semaine. Il est regrettable que les traités de Straton *Sur le coït* et *Sur le plaisir* soient perdus ; ils nous auraient fait savoir ce que l'on pensait de la question un siècle après Celse...

L'activité érotique a permis, par la peur qu'elle suscite auprès de ceux qui aiment régir, réglementer, gouverner, l'écriture de nombreux traités. Le plaisir, le désir, la sexualité, éléments fondamentaux de la grandeur de l'être humain, restent un scandale pour beaucoup de nos contemporains. Il n'est donc pas étonnant que les autorités diverses des époques passées aient cherché à en maîtriser les manifestations : « *l'œuvre conjugale accomplie pour la volupté seule est exempte de toute faute, même vénielle* » est une proposition condamnée par Innocent XI, pape rigoriste qui fit des lois contre le luxe de la toilette des dames et s'opposa à Louis XIV à propos du clergé français. Il n'en prohiba pas moins l'usure dans ses États, ce qui signifie qu'elle ne l'était pas auparavant... Tout se passe comme si, depuis le fond des âges, on avait voulu justifier l'opinion de Nietzsche (cf. *Homo sum, humani nihil a me alienum puto*), selon laquelle l'homme cherche un principe lui permettant de mépriser l'homme, n'inventant un autre monde que pour pouvoir calomnier celui-ci...

Luther, plus indulgent que Celse, pensait que deux fois par semaine constitue une bonne moyenne. Tomaso Campanella (1568-1639), dans sa belle utopie intitulée : la *Cité du Soleil (Civitas Solis)*, trouvait qu'une fois tous les trois jours ne pouvait pas nuire.

Rejoignant l'Église, la morale libérale ne sait pas trop quoi penser du plaisir. Voilà bien quelque chose de gratuit, de non productif. Il convient de le considérer comme une perte. Cette « angoisse de la perte » suinte chez Rousseau, s'exprime chez Quesnay et se révèle chez Tissot. Le courant malsain et obsessionnel que l'Église entretient encore à propos du sexe s'est vu renforcé par la pensée laïque et surtout libérale : « s'adonner aux femmes », selon l'expression du XVIIIe siècle, est considéré comme pernicieux : la perte de la semence est assimilée par divers auteurs à une crise d'épilepsie. Tissot recommande donc un » coït modéré », ce qui rejoint les termes du *Traité de chasteté*, qui recommande un « coït complètement pur, c'est-à-dire fait dans un but légitime et avec cette modération qui convient aux chrétiens ».

Un coït modéré ? Qu'est-ce à dire ? Heureusement, Montaigne est là pour nous expliquer la marche à suivre afin d'éviter les débordements du désir :

« *Il faut, dit Aristote, toucher sa femme prudemment et sévèrement, de peur qu 'en la chatouillant trop lascivement le plaisir la fasse sortir hors des gonds de la raison. Un plaisir excessivement chaud et voluptueux altère la semence et empêche la conception.* »

(*Essais*, I, 29.)

Il s'agit là, évidemment, de l'épouse, il en va tout autrement avec une maîtresse. Cependant, on ne saurait être trop prudent. Car on pourrait aussi se laisser séduire par une amante très « habile dans le déduit ». Dès lors, la tentation du mariage peut apparaître. Encore une fois, Montaigne nous avertit :

S

« *Peu d'hommes ayant épousé leur amie qui ne s'en soient repentis : c'est chier dans le panier pour après le mettre sur sa tête.* »

(*Id*., II, 15)

Laissons là ces extrêmes délicatesses : après tout, à chacun son fantasme.

Diderot, contrairement à d'autres, ne méprisait pas le plaisir. Il ne partageait pas entièrement l'étrange sentiment de culpabilité des Occidentaux confrontés à leurs désirs. Mais il ne pouvait toutefois pas imaginer un gratuité du plaisir, fût-il solitaire :

« *La nature ne souffre rien d'inutile ; et comment serais-je coupable de l'aider lorsqu'elle appelle mon secours par les symptômes les moins équivoques ? Ne la provoquons jamais, mais prêtons-lui la main à l'occasion.* »

(*Suite à l'Entretien avec d'Alembert.*)

Une trop grande rigueur morale, une trop grande censure sont extrêmement dangereuses. La fascination sexuelle, les obsessions qu'elles entraînent peuvent mener loin. C'est dans les sociétés les plus prudes qu'ont lieu les crimes sexuels : Jack l'Éventreur ne pouvait être qu'un sujet, obsédé de pureté, de la reine Victoria. Le « Vampire de Dusseldorf » ne pouvait exister que dans un pays où une crise sévissait, tandis que montaient des forces réactionnaires qui allaient accéder au pouvoir. C'est, au contraire, dans les pays les plus libres à ce propos qu 'il y a le moins de viols... Il faut donc se méfier de tout conseil, de toute recommandation à propos de la manière de faire l'amour et de la fréquence hebdomadaire des jeux érotiques.

Qu'en est-il réellement de cette fameuse fréquence ? Kinsey dans ses volumineux... *Rapports,* établit des statistiques : les couples de moins de vingt ans s'adonneraient trois ou quatre fois par semaine aux jeux de l'amour. Ceux qui se situent entre vingt et trente sacrifient deux ou trois fois par semaine à Vénus, suivant l'avis de Luther, et les âges supérieurs suivent le conseil de Celse.

Y a-t-il un danger lorsqu'on abuse ? Rien n'est moins sûr. Wilhelm Reich, cependant, a fixé le besoin d'orgasmes dans une vie humaine moyenne autour de 5 000. Mais tient-on vraiment des comptes en cette matière ? Peut-on imaginer quelqu'un se disant : « plus que mille trois cent deux », ou l'angoisse de celui qui approche des quatre mille neuf cent quatre-vingt dix-neuf ?

Non semel sed saepe (« pas une seule fois mais souvent »), dit Cicéron (*Tuscalanae Disputationes*, V, 56) mais à propos de tout autre chose... Pour finir, citons encore l'effroyable Tissot et son tissu de fantasmes aigris :

« *En 1746, une fille âgée de vingt-trois ans défia six dragons espagnols, et soutint leurs assauts pendant toute une nuit dans une maison aux portes de Montpellier. Le matin, on l'apporta en ville mourante : elle expira le soir, baignée dans son sang qui ruisselait de la matrice. Il eût été intéressant de s'assurer si cette hémorragie était la suite de quelque blessure ou si elle ne dépendait que de la dilatation des vaisseaux, produite par l'action augmentée de cet organe.* »

C'eût été assurément fort intéressant. Toutefois, et puisqu'il s'agit de militaires, nonobstant Tissot, il vaut mieux faire l'amour que la guerre... (Cf. *Lassata sed non satiata.*)

Sources :
Tissot, *De l'onanisme,* réédition, Paris 1980 (première édition : 1760) ;
Alfred Kinsey, *le Comportement sexuel de l'homme*, Paris, 1948 ;
Le Comportement sexuel de la femme, Paris, 1954 ;
Reay Tannahill, *op. cit.*

Sesquipedalia verba
(Mots longs d'un pied et demi)

Horace (*Art poétique*, 97) conseille aux auteurs tragiques de ne pas mettre dans la bouche de leurs personnages trop de paroles ampoulées et de mots d'une longueur démesurée. Racine reprit l'idée dans *les Plaideurs,* où Petit-Jean déclare :

Il me fait dire aussi de mots longs d'une toise.

On peut se demander de quel pied il s'agit. S'il s'agit du pied, *pes,* mesure de longueur, curieusement composé de quatre palmes, c'est-à-dire seize pouces, soit 0,296 m, les mots en question mesurent 0,444 m. C'est qui est long pour un mot. Racine trouve que ce n'est pas assez. Ne voulant pas être en reste avec Horace, il donne aux mots que doit prononcer Petit-Jean la longueur, à mon avis fort exagérée, d'un mètre quatre-vingt-quatorze centimètres et neuf millimètres, ce qui correspond à une toise dans notre ancien système de mesure.

La citation dont nous parlons se trouve dans l'*Art poétique* d'Horace. Il peut donc s'agir de la mesure rythmique permettant d'analyser la scansion d'un vers. Le mot en question peut se composer de trois syllabes (un pied de deux syllabes, par exemple un *iambe ;* ce pied comprend une syllabe brève suivie d'une longue, ce qu'on note ainsi : ᴗ-), auquel on rajoute une moitié d'*ïambe* (c'est à dire une syllabe brève). Il peut aussi se composer de six syllabes, si l'on prend un pied de quatre syllabes avant de lui ajouter sa moitié. Prenons, par exemple, l'*antipaste* : (ᴗ--ᴗ), composé d'une brève, suivie de deux longues, puis d'une brève. Il suffit de lui ajouter une longue pour obtenir un pied et demi : -ᴗ. Il existe aussi des pieds de trois syllabes, comme le *dactyle* (-ᴗᴗ) ou l'*amphimacre* (-ᴗ-). On se rend compte qu'un mot d'un pied et demi peut avoir trois syllabes, six syllabes, mais aussi, et c'est bien ennuyeux, quatre syllabes et demi dans le cas d'un pied de trois syllabes. La versification latine offrait des charmes dont, hélas, nous n'avons plus idée.

Notre langue n'aime guère les mots « longs d'une toise ». Ils ne peuvent être employés que d'une façon pédante ou cocasse. Le français, de toute façon, tend à devenir monosyllabique. Du latin au français, on estime qu'une syllabe sur trois a disparu. Ces disparitions affectèrent d'abord les finales des accusatifs latins qui ont donné la plupart des mots de notre langue : ainsi *murum* devint « *mur* » dès le IIIe siècle. Les consonnes situées entre deux voyelles disparurent ensuite et l'hiatus qui s'en suivit se résolut en une syllabe au lieu de deux, etc. ; de plus, divers raccourcissements en aphérèses (chute du début d'un mot) ou apocope (chute de la fin d'un mot) contribuèrent à la tendance du français à user de mots courts, voire de monosyllabes. Les mots les plus longs sont en général des constructions savantes ou puristes qui restent un peu à l'écart de la langue générale.

Les abréviations populaires ou « branchées » représentent assez bien le mécanisme qui permit au latin tardif de devenir du français : dire « *appart'ment* » montre combien la syllabe précédant une tonique (ici la syllabe *ment* est accentuée) tend à disparaître. La réduction en « *appart* » est une apocope, etc. Le français, le vrai français ne change pas : son système est toujours le même, bien qu'il évolue, et seules des actions extérieures, c'est-à-dire des actions contre la langue, l'empêchent de suivre son chemin selon les lois qui lui sont propres. Hélas, ce qui paraît élémentaire aux phonéticiens, aux historiens de la langue et aux linguistes ne l'est pas pour tout le monde. Et, tant que l'histoire de la langue, la linguistique générale, voire la phonétique historique ne seront pas enseignées dans le secondaire, on entendra encore et toujours les « perles d'inculture » des puristes et assimilés.

Le mot « *anticonstitutionnellement* », qui est le plus long des dictionnaires, n'est donc à peu près pas du français. Il est une formation savante bricolée de latin *(constitutio)* et de grec *(anti)*. Il apparaît à une époque de charabias divers puisqu'on le lit à partir de 1803. Il est trop long pour un mot français et, puisque de formation savante, il n'a subi aucune des modifications que notre langue fait subir à ce type de mot, à part la transformation du *t* dur latin en sifflante comme la nasalisation de la finale, déjà présentes dans le radical « constitution ». Il existe ainsi une sorte de « faux français » jamais parlé, jamais spontané, mais qui sert de modèle à certains, ceux-là mêmes qui s'inquiètent des emprunts étrangers...

L'allemand n'a pas, comme le français, une tendance à raccourcir les mots. Le mot allemand le plus long est : *Lebensmittelzuschusseinstellungskommissionsvorsitzender,* nom désignant le président-député de la Commission de rationnement de la nourriture.

Si augur augurem...
(Si un augure [voit] un autre augure...)

Réflexion de Caton l'Ancien reprise par Cicéron (*De divinatio,* II, 24). Il s'agit ici de vilipender les augures privés qui, paraît-il, abusaient de la crédulité populaire.

Il n'est évidemment pas question, pour Cicéron, de remettre en question la divination, ni les augures officiels : ces *Augures publici populi romani Quiritum* formaient, à Rome, l'un des quatre collèges de prêtres.

Officielle ou non, la divination reste suspecte. À quoi peut-elle servir ? Et, fût-elle efficace, à quoi bon vivre s'il n'y a plus de surprises ? Malgré cela, les devins fascinent encore et toujours, au point que Nostradamus, grand médecin, est plus connu pour ses *Centuries,* sans grand intérêt (d'autant plus que certaines de ses prophéties semblent s'être réalisées), que pour son véritable et admirable chef-d'œuvre, à savoir le *Traité des confitures,* ouvrage indispensable qui parut à Lyon en 1555. Une réédition de 1981 a permis à l'auteur de ces lignes de s'assurer de l'impeccable excellence de ce livre dans lequel on trouvera d'amirables recettes de sirops, nougats, pâtes de fruits et autres trésors de la vieille Provence, patrie de Nostradamus...

Michel de Nostre-Dame, dit Nostradamus (1503-1566), inventa la *pharmaceutie,* remède qui sentait bon et, accessoirement, soignait la peste. Médecin, condisciple de Rabelais à la faculté de Montpellier, il se consacra à la lutte contre cette effroyable maladie. Il publia ses recettes sous le nom de *Fardements*. Ce « prophète de Salon », ainsi nommé non pas à cause d'une excessive mondanité mais parce qu'il vivait à Salon-de-Provence, se livra, hélas, à l'astronomie. Le ciel clair de la région permet, certes, de scruter les étoiles mieux qu'ailleurs. Salon n'est d'ailleurs pas très éloigné d'Apt, capitale du fruit confit dont Nostradamus fut l'un des plus zélés serviteurs.

L'un des fils de Nostradamus, portant le même prénom que son père, écrivit un *Traité d'astrologie*. On peut le lui pardonner, puisqu'il eut le bon goût de n'émettre que des présages qui ne s'avérèrent point. Le pauvre en fut réduit à tenter de brûler lui-même la ville de Pouzin, dans le Vivarais, cité assiégée par les troupes royales et dont il avait prédit la ruine. Cette malencontreuse tentative d'incendie fut surprise et valut à Nostradamus Junior le déboire imprévu d'être tué.

Source :
Nostradamus, *Traité des confitures,* Paris, 1980 (rééd. ; original, 1555).

Sic et non
(Oui et non)

Titre d'un ouvrage d'Abélard (1079-1142) dans lequel il collectionne des sentences tirées des Écritures et des Pères de l'Église mettant au jour certaines contradictions et pesant le pour et le contre des opinions formulées par ceux qu'il citait. Loin de vouloir enseigner le scepticisme, Abélard se proposait d'exciter la curiosité des élèves et de favoriser l'exercice de la réflexion. Ces rapprochements de textes parurent trop audacieux et le *Sic et non* ne fut publié qu'en 1836, par Victor Cousin, d'après les deux seuls manuscrits existant encore.

S

Sic transit gloria mundi
(Ainsi passe la gloire du monde)

Pensée tirée de *l'Imitation de Jésus-Christ*. Cet ouvrage de piété attribué à Thomas a Kempis et à Gérard Grote qui vivaient à la fin du XIVe siècle et au début du XVe, est le livre qui a été, de loin, le plus édité et le plus traduit. Il représente le mouvement religieux que l'on a appelé *Devotio moderna*.

Ce livre autrefois célèbre n'est plus lu que par quelques religieux (cf. *Habent sua fata libelli*). Gérard Grote fut l'une des personnes les plus vénérées de son temps. Thomas a Kempis eut une grande renommée, liée au fait qu'on lui attribuait *l'Imitation de Jésus-Christ*. Qui se souvient aujourd'hui de tout cela ? Ainsi passe la gloire du monde...

Si vis pacem, para bellum
(Si tu veux la paix, prépare la guerre)

Ou : *Qui desirat pacem praeparet bellum* (Végèce, *Epitoma rei militaris,* III, Prol.). Flavius Vegetius Renatus, par cette phrase, montre que, déjà, vers la fin du IVe siècle, les militaires, comme les écrivains traitant de la guerre, n'étaient pas très malins. L'histoire nous montre en effet que, chaque fois que l'on prépare une guerre, elle arrive. Il n'est pas d'exemple d'une arme nouvelle qui n'ait pas été utilisée. De plus, on ne voit pas comment il pourrait en être autrement.

Préparer la guerre pour préserver la paix ? Il faut donc entretenir une armée puissante, mais inactive. Les armées puissantes mais inactives s'ennuient. Elles cherchent toujours à s'occuper. Le moyen le plus simple est de renverser le pouvoir en place pour installer une dictature militaire : à défaut de guerre extérieure, une bonne guerre civile les contente.

Décidément, *Si vis pacem, para bellum* est encore l'un de ces adages ridicules que l'on peut citer à la fin d'un banquet, l'air entendu. Préparer la guerre est le meilleur moyen connu pour qu'elle advienne. Une fois qu'elle bat son plein, peut-être, alors, peut-on enfin penser à préparer la paix. Dans ce cas, la phrase est juste : les guerres sont généralement suivies de paix. C'est parfois faute de combattants. On oppose à cette phrase la maxime contraire : *Si vis pacem, para pacem* (« si tu veux la paix, prépare la paix »).

Sol lucet omnibus
(Le soleil luit pour tout le monde)

Ce proverbe signifie que tout le monde a droit à certains avantages.

Étrange destinée des mots : en notre langue, le mot latin *sol* a donné « soleil », par l'intermédiaire d'un diminutif latin populaire *soliculus*. En revanche, ce qui se trouve à nos pieds s'appelait *solum* chez les Romains. Ce terme est à l'origine du substantif français « seuil », mais aussi de « sol », nom désignant « étendue sur laquelle reposent les corps à la surface de la Terre ». Or, le sol est ce qui s'oppose au Soleil qui se trouve dans le ciel.

Le Soleil luit effectivement pour tout le monde. Hélas, tout le monde n'a pas de lunettes teintées.

Spiritus promptus est caro autem infirma
(L'esprit est prompt mais la chair est faible)

« Vous n'avez donc pu veiller une heure avec moi ! Veillez et priez afin que vous ne tombiez pas dans la tentation. » Le Christ au mont des Oliviers s'adresse ainsi aux disciples endormis (Matthieu, XXVI, 41 ; Marc, XIV, 38).

S

On ne dit pas si c'est la promptitude de l'esprit qui rend la chair faible ou le contraire. On ne voit pas pourquoi la chair serait faible. Elle est, simplement, et suit ses tendances. L'esprit seul peut juger si elles sont bonnes ou mauvaises : *There is nothing either good or bad but thinking makes it so* : « il n'y a rien de bon ou de mauvais, c'est la pensée qui le rend ainsi », écrivit quelque part William Shakespeare, paraphrasant saint Paul. L'esprit est peut-être la cause de toute faiblesse. De toute façon, scinder l'être en deux parties, corps et esprit, crée un dilemme, une schizophrénie qui empêche un peu trop le bonheur, si tant est qu'on puisse s'en rapprocher...

Traduttore, tradittore... L'esprit varie : dans la traduction de Louis Segond, il n'est pas prompt, mais « *bien disposé* ». Pour celle de l'abbaye de Maredsous, il est « *ardent* », ce qui rejoint la *Traduction œcuménique de la Bible* qui le décrit « *plein d'ardeur* ». Ne jetons pas la pierre aux traducteurs : leur tâche est ardue, tandis que leurs disparates témoignent, justement, de leurs scrupules.

Autour de 1950 naissaient aux États-Unis les premiers ordinateurs. L'informatique balbutiait. Les premières machines de traduction automatique voyaient le jour. On entra dans l'une d'elles « *l'esprit est prompt mais la chair est faible* ». Cette phrase était évidemment en anglais. On demanda à la machine de la traduire en russe, ce qu'elle fit. On eut ensuite l'idée de procéder à l'opération inverse, c'est-à-dire de la refaire traduire en anglais, mais à partir de la traduction russe. Ce qui donna quelque chose comme : « *L'alcool est fort, mais la viande est avariée* », ce qui montre l'étendue du vocabulaire contenu par la mémoire de la machine, et la richesse des synonymes qu'il comprenait.

Puisque nous parlons de traduction (cf. ***Turris eburnea***) comme de latin, n'hésitons pas à mentionner la jolie histoire suivante. Une petite fille avait à traduire *Caper peperit*. *Caper,* c'est la chèvre. Pour *peperit*, vite, le Gaffiot ! Bon, c'est le passé simple de *pario* (« accoucher, mettre ses petits bas »). Mettre ses petits bas ? Le fillette, fûtée, décida de traduire élégamment en rendant la chose un peu plus au goût du jour. Elle écrivit donc : « *La chèvre mit ses chaussettes...* »

Sources :
Weaver W., « *Translation* », in *Machine Translation of Language*, New York, 1955 ;
Jean Guichard-Meili, « *Le Latin perdu* », in *le Monde,* 17-18 septembre 1978.

S. P. Q. R.
(Senatus populusque Romanus : le Sénat et le peuple romains)

Gravées sur les monuments, appliquées aux enseignes militaires, ces lettres témoignaient partout de l'autorité de Rome, en établissaient la légitimité fondée sur la citoyenneté et le Sénat, attestaient de la pérennité des institutions, bref, exaltaient la puissance romaine en tous les points de l'Empire.

Cette autorité fut vivement niée par les ennemis de Rome, particulièrement par certains Gaulois qu'une célèbre bande dessinée évoque. Obélix, le marchand de menhirs, n'a pas beaucoup d'estime pour les Romains, ce qu'il exprime par un leitmov : « ils sont fous, ces Romains ». Le traducteur en langue italienne des albums en question a tout simplement transposé la phrase de façon littérale, mais sans omettre de lui donner des initiales significatives. En effet, dans les versions transalpines de l'œuvre d'Uderzo et Goscinny, Obélix déclare à tout bout de champ : *Sono Pazzi Questi Romani...*

Stans pede in uno
(Debout sur un seul pied)

Expression d'Horace (*Satires*, I, 4, 10) représentant Lucilius dictant deux cents vers à l'heure debout sur un seul pied. On l'assimile en général à l'expression française « *au pied levé* ».

S Lucilius était né en −149. Il mourut en −103. Chevalier, il servit contre Numance dans l'armée de Scipion l'Africain. Poète de grand talent, on lui doit, d'après Horace et Quintilien, l'invention de la satire.

Dicter deux cents vers à l'heure est une prouesse. N'oublions pas que le mode de composition antique, comme celui du Moyen Âge, ignorait le brouillon : la composition d'un poème se faisait en esprit et tout l'art de la rhétorique consistait à y parvenir. Les supports de l'écriture, du papyrus au papier en passant par le parchemin, étaient trop précieux pour servir à la rédaction d'essais. Ce que l'on couchait définitivement sur un support de cette sorte devait être parfait. Cicéron improvisait ses discours que transcrivait, grâce à une sténographie à lui, son esclave et secrétaire Tiro. Tout au plus prenait-il quelques notes sur des tablettes de cire... L'expression *Notes tironiennes* désigna longtemps divers systèmes d'abréviations permettant d'écrire plus vite.

Pourquoi sur un seul pied ? Peut-être Lucilius réservait-il l'autre pour saisir ce qui était à portée de sa main. En effet, la traduction littérale de l'expression latine signifiant « à portée de la main » est : « se trouver devant les pieds » *(ante pedes positum esse).* On la trouve chez Cicéron (*De oratore,* III, 160). Ou alors Lucilius était-il en proie à une crise de violence, puisque la locution « en venir aux mains » se dit en latin *pedem conferre,* toujours selon Cicéron (*Pro Cn. Plancio.,* 48) ?

Il serait intéressant de savoir combien de temps Lucilius resta ainsi, debout sur un seul pied. Put-il tenir aussi longtemps que Corey Fletcher et Kevin Farell qui, le 28 août 1974, restèrent ainsi durant sept heures et trente minutes ?

Parler rapidement est aussi important lorsqu'on veut dicter. Deux cents vers à l'heure semblent une quantité raisonnable, cependant, comparés au débit impressionnant du Dr Charles Hunter de Rochdale dans le Lancashire. Ce dernier n'hésita pas, en 1968, à réciter les 262 mots du monologue d'Hamlet de Shakespeare en 36 secondes, ce qui correspond à une moyenne de 436, 6 mots à la minute... John Fitzgerald Kennedy, en 1961, prononça un discours à la vitesse moyenne de 327 mots à la minute.

Pour des raisons pratiques, nous pouvons penser que Lucilius aurait aimé pouvoir dicter, comme le fit Peter Siegel, 908 syllabes en une minute lors d'un concours de sténographes en octobre 1965.

Il ne semble pas que le Dr Hunter, ni John Kennedy, ni même Peter Siegel aient accompli leur intéressante prestation debout sur un seul pied.

Source :
Norris et Ross Mac Whirter, *The Guiness Book of Records,* Dublin, diverses éditions.

Sutor, ne supra crepidam
(Cordonnier, pas plus haut que la chaussure)

Pline (*Histoire naturelle,* 35-36) raconte une anecdote à propos du peintre Apelle, portraitiste d'Alexandre le Grand : un cordonnier critiqua une chaussure, sur l'une de ses œuvres. Après quoi le cordonnier voulut critiquer le reste. Ce proverbe s'adresse à ceux qui veulent juger de choses au-dessus de leurs compétences.

Ce proverbe n'en est pas moins ridicule. À qui s'adresse la peinture ? aux seuls peintres ? aux spécialistes et critiques ?

Le cordonnier avait tout à fait raison d'aimer ou de ne pas aimer l'œuvre d'Apelle et encore plus raison de le dire. Notre monde n'est-il pas un peu trop peuplé de peintres pour peintres, de musiciens pour musiciens, de philosophes pour philosophes, alors que l'art, la science, la pensée devraient s'adresser à tous ? Il ne faut pas laisser aux seuls marxistes l'idée que la ménagère doit apprendre à diriger l'État : la culture, l'éducation, le savoir doivent être accessibles au plus

S grand nombre, car le monde, de plus en plus, a besoin de toutes les aptitudes, de toutes les compétences. Et dire que nous en sommes encore à sélectionner !

Apelle, né à Colophon en Lydie, vécut dans la seconde moitié du IVe siècle avant notre ère. Il fut l'élève de Pamphilos à Sicyone, alla en Égypte, à la cour de Ptolémée, revint à Éphèse. Cette anecdote, comme d'autres à son sujet, reste suspecte. Il ne nous est rien resté de ses œuvres. Ainsi ne pouvons-nous savoir si le cordonnier « s'y connaissait » en peinture.

T

Tædium vitæ
(Le dégoût de la vie)

Expression latine désignant une lassitude distincte du désespoir. Le dégoût de la vie peut mener au suicide. Les stoïciens faisaient une vertu de cette auto-destruction dans le cas où l'on ne pouvait rester conséquent avec soi-même en demeurant dans le monde. Les stoïciens, prédicateurs du suicide, étaient cohérents : ils ne croyaient pas en l'immortalité.

Le suicide pouvait être recommandé, durant les temps anciens.

Ce « chemin de la liberté » ne pouvait qu'être désapprouvé par la doctrine chrétienne : le Moyen Âge semble l'ignorer, sauf dans l'épisode de Renart *le Confesseur*. Renart se confesse auprès d'un oiseau et finit par lui avouer qu'il a mangé ses oisillons. L'oiseau demande alors à Renart d'ouvrir la gueule et s'y plonge... Le suicide, dans le monde chrétien, équivalait cependant à un homicide de soi-même. Le corps du suicidé était traîné sur une claie, face contre terre, puis pendu par les pieds. On privait le suicidé de sépulture et l'on saisissait ses biens.

Le droit français n'admet pas le suicide par personne interposée active. La complicité de suicide n'existe pas.

Lorsque deux amants ont décidé d'en finir ensemble avec la vie en se tuant l'un l'autre avec un revolver, il y a homicide volontaire si l'un d'eux survit. C'est ce qui aurait pu arriver au début d'*Hôtel du Nord,* d'Eugène Dabit, dont Carné fit un film célèbre, si le personnage joué par Jean-Pierre Aumont avait effectivement tué sa compagne. Il en va tout autrement lorsque les deux personnes usent d'un même procédé dans le même temps. Si l'un d'eux survit, il n'a pas commis de meurtre, n'ayant pas participé activement à la mort de l'autre.

Sources :
L'Histoire du suicide, dossier présenté dans *Histoire*, n° 27, octobre 1980.

Tantæne animis cælestibus iræ !
(Tant de ressentiment peut-il entrer dans l'âme des dieux !)

Virgile s'étonne ici du ressentiment de Junon contre les Troyens (*Énéide,* I, 33).

Cette phrase est une exclamation, alors même qu'elle semble poser une question. L'exclamation possède cette propriété d'être affirmative avec une forme interrogative, et peut avoir un sens positif sous une forme négative. Ainsi subvertit-elle la grammaire habituelle.

L'exclamation est une figure de rhétorique qui suppose que le narrateur ou le poète cède soudain à un élan spontané qui le conduit à élever la voix sous la pression de l'admiration, de la colère ou de la joie. L'exclamation est ainsi l'arrivée du discours dans le récit, le narrateur y intervenant directement, rompant ainsi la tradition du narrateur qui, par convention, sait tout, voit tout et raconte sans jamais prendre part à ce qui arrive dans l'histoire qu'il narre, sans en être un actant.

La phrase de Virgile *Tantæne animis cælestibus iræ* représente une forme particulière d'exclamation : l'épiphonème. Ce dernier mot désigne, en effet, une exclamation à valeur de sentence, énonçant une généralité, une maxime, une vérité commune, etc., par laquelle on termine un récit et qui lui sert de résumé, de morale, de conclusion...

Fontanier étendait la notion d'épiphonème à toute « *réflexion vive et courte à l'occasion d'un récit [...] mais qui s'en détache absolument par sa généralité [...] et le précède, l'accompagne ou le suit* ». Il dépassait ainsi la définition de Littré qui dit, un peu trop brièvement : « *Exclamation sentencieuse par laquelle on termine un récit* ». Littré est, de plus, imprécis, puisque son dictionnaire traite de la langue en général et non de ses acceptions particulières concernant l'art d'écrire : l'adjectif « sentencieuse » avait déjà, de son temps, un sens figuré péjoratif et courant. Son emploi prête alors à confusion : on pourrait croire à un effet forcément comique ou alors à quelque chose de très ennuyeux.

Boileau a imité Virgile dans ce vers du *Lutrin* :

Tant de fiel entre t-il dans l'âme des dévôts ?

Sources :
J.-M. Klinkenberg, et al., *Rhétorique générale,* Paris, 1970 ;
Pierre Fontanier, *les Figures du discours,* Paris (réédition de 1968) ;
Bernard Dupriez, *Gradus, les procédés littéraires,* Paris, 1984 ;
Henri Morier, *Dictionnaire de poétique et de rhétorique,* Paris, 1961.

Tarde venientibus ossa
(Ceux qui viennent tard à table ne trouvent que des os)

Proverbe latin : ces mots s'emploient au figuré pour signifier qu'il faut prendre garde de ne pas manquer une bonne affaire par négligence ou par oubli. Le sens propre paraît évident.

On peut cependant fort bien accommoder les restes.

Il arrive aussi qu'au restaurant l'on ait très envie de tel ou tel plat figurant à la carte. Mais, trop tard : le serveur, d'un air contrit, déclare qu'« il n'y en a plus ». On se rabat alors sur un autre plat. C'est évidemment préférable aux os.

Certains, toutefois, aiment les os. Si l'on n'est pas chien, le mieux, lorsqu'on décide de bien dîner, reste de suivre l'excellent conseil de Luc et Matthieu Voge :

« L'humeur du chef, le cours des choses et le caprice des saisons sont de nature à modifier la carte de certains restaurants. S'il veut éviter la déconvenue, le lecteur impatient de découvrir tel ou tel plat sera donc bien inspiré en s'assurant qu'il figure toujours au menu de la maison. »

Source :
Luc et Matthieu Voge, *Paris Plats,* Paris, 1987.

Tergoro ego ergo tergo
(Je me roule dans la fange, donc je me purifie)

Devise de Sylvère Goudamain, personnage principal du roman éponyme que publia en 1832 Michel Lachampend (1800-1897). Ce « petit romantique », aujourd'hui oublié, a laissé, outre cet unique roman, deux ou trois plaquettes de poèmes qui doivent beaucoup à Lamartine.

Dans ce roman, Sylvère Goudamain, jeune peintre normand, vient à Paris pour rechercher sa sœur. Cette dernière s'étant enfuie de la maison familiale mène dans la capitale une vie de courtisane qui scandalise ses parents. Sylvère pense pouvoir la convaincre de revenir au pays pour continuer d'aider sa mère à la fromagerie qu'elle dirige d'une main de fer. Las, au lieu de sauver sa sœur de la débauche, Sylvère se laisse entraîner par elle dans tous les lieux de plaisir de Paris. Y prenant goût, il devient l'exemple même de l'artiste débauché et cynique, héros archétypique d'un certain nombre de romans. Il s'invente donc cette devise qui peut aussi se traduire de la façon suivante : « Je me roule dans la fange, donc je m'essuie. » *Tergo* est le radical du mot « détergent » : il signifie à la fois : purifier, essuyer, fourbir, frotter et nettoyer. Sylvère Goudamain périt, à la fin du livre, d'une atroce maladie vénérienne. Il semblerait qu'Émile Zola ait pensé à cette fin lorsqu'il décrivit la mort de Nana.

Timeo Danaos et dona ferentes
(Je crains les Grecs, même quand ils font des offrandes aux dieux)

Ainsi s'exprime le grand prêtre Laocoon dans *l'Énéide* (II, 49) de Virgile. Les Grecs avaient laissé le fameux cheval de Troie sur le rivage et Laocoon se méfiait, même s'il ignorait que cette effigie contenait des guerriers dissimulés dans ses flancs.

Le petit-fils de Poséidon se nommait Danaos. Il avait un frère, Ægyptos, avec qui il régna sur l'Égypte. Les deux frères se brouillèrent et Danaos dut s'enfuir, avec ses cinquante filles. Plus tard, il feignit de se réconcilier avec Ægyptos et maria ses filles aux cinquante fils de son frère.

La nuit des noces, chacune des filles de Danaos, suivant un ordre paternel, égorgea son nouvel époux. Une seule s'y refusa : Hypermnestre, qui épargna Lyncée. Athêna et Hermès purifièrent les Danaïdes de ce meurtre, ce qui leur permit de se remarier avec des Pelasges, c'est-à-dire des Grecs de souche, et de donner naissance aux Danéens, c'est-à-dire aux Grecs si craints de Laocoon. Plus tard, elles furent tuées comme leur père par Lyncée. Aux enfers, elles furent condamnées à emplir un tonneau sans fond.

Ainsi s'explique le nom de *Danaos,* que nous traduirions par *Danéens*, donné aux Grecs par Laocoon.

Provenant sans doute d'une vieille épopée aryenne, l'histoire de Danaos représente l'influence égyptienne sur la civilisation archaïque grecque.

Salieri a composé un opéra intitulé *les Danaïdes*. Les paroles en furent rédigées par le baron de Tschudy et le bailli du Roulet. Cette œuvre lugubre, atroce, voire sinistre, fut représentée à l'Opéra de Paris le 26 avril 1784.

Tu quoque, fili
(Toi aussi, mon fils)

Cri de surprise douloureuse de César, le 15 mars 44, lorsqu'il s'aperçut que Brutus était au nombre de ses assassins. Brutus était le fils de Servilia, sœur de Caton d'Utique, que César avait beaucoup aimée, et qui fut peut-être son premier amour.

Marcus Junius Brutus n'était pas, en fait, le fils de César. Orphelin, élevé par Caton, il rejoignit Pompée à Pharsale. Après la défaite de Pompée, César, qui se croyait peut-être le père de Brutus, ordonna qu'on l'épargnât. D'après Suétone, Octave fit trancher la tête de Brutus et la fit jeter au pied de la statue de César. Pour Salluste, Antoine l'aurait fait ensevelir honorablement.

La trahison d'un père par son fils, fût-il adoptif, soulève l'indignation. Parfois, cependant, mais aussi parce qu'elle ne va pas jusqu'au meurtre, elle peut avoir de quoi surprendre.

Léonard Fristoe tua deux policiers en 1920. On l'arrêta. Il fut jugé, puis incarcéré dans la prison d'État du Nevada. Le 15 décembre 1923, il s'évada. Il coula des jours paisibles. Il aurait pu continuer ainsi, mais son fils décida, le 15 novembre 1969, de le ramener à la police à Compton, en Californie. Léonard Fristoe, âgé de 77 ans, se retrouva en cellule, après 45 ans et 11 mois de liberté.

Source :
The Guiness Book of Records.

Turris eburnea
(Tour d'ivoire)

Que tes pieds sont beaux dans ta chaussure, fille de prince !
Les contours de ta hanche sont comme des colliers
Œuvre des mains d'un artiste
Ton sein est une coupe arrondie
Où le vin parfumé ne manque pas
Ton corps est un tas de froment
Entouré de lis
Tes deux seins sont comme les faons jumeaux d'une gazelle
Ton cou est comme une tour d'ivoire...

Le Cantique des cantiques (VII, 2, 5), attribué à Salomon par la tradition, qui y va toujours un peu fort, décrit ainsi le corps d'une femme. Il est intéressant de noter que le sein n'est pas les seins.

La description, hautement rhétorique, part de bas en haut, comme c'est l'usage : on va des pieds à la tête. Force nous est donc de supposer que les femmes de ce temps-là possédaient un troisième sein « pareil à une coupe arrondie où le vin parfumé ne manque pas » situé à peu près au niveau de la hanche. Le plus curieux est que d'autres traductions emploient, à la place de sein, le mot « *giron* », d'autres encore parlent de « *nombril* »…. Quelle peut donc être cette partie du corps que les femmes modernes ne semblent pas posséder ? Quel est ce sein que nous ne saurions voir ? Les traducteurs, pour une raison ou pour une autre, se seraient-ils trompés ? Il doit bien y avoir quelque chose, là...

L'érotisme du Cantique des cantiques est ainsi édulcoré par les traducteurs. Un très ancien petit mot français de trois lettres, jugé inconvenant, serait tout à fait à sa place pour remplacer le mot « *sein* », employé faute de mieux pour désigner certain *vas unguentatum*, « bijou, dieu des bijoux », selon Paul Verlaine (*Œuvres Libres*, 1868).

Maintenant, comment se fait-il qu'un artiste, un savant, un poète éprouvent parfois, pour mieux créer, le besoin de se retirer dans une tour d'ivoire ? Peut-être que l'on pense mieux en se réfugiant dans le cou d'une belle Sulamite.

La tour, beffroi ou donjon, est, pour la tradition chrétienne, le symbole de la vigilance et de l'ascension : le poète, l'artiste, etc., s'y réfugient donc pour qu'à force de vigilance, d'attention ils puissent s'élever au sublime ou à la connaissance et parfaire leur œuvre.

La tour est symboliquement liée à Marie dans les *Litanies de la Vierge*. Tour de David ou tour d'ivoire, elle sert à guetter l'ennemi, mais joint la terre au ciel, comme devait le faire la tour de Babel (Genèse, XI, 1, 19). Cette dernière eût-elle été achevée que nous nous passerions de traducteurs. Dès lors saurions-nous directement ce qui se trouve non loin des hanches de celle dont le cou est comme une tour d'ivoire...

U

Ultima forsan
(La dernière, peut-être)

Il s'agit des heures. Cette devise s'inscrivait sur les cadrans solaires. Cf. ***Vulnerant omnes, ultima necat***.

Utopia
(Utopie)

L'île d'Utopie doit son nom à Utopus, l'un de ses premiers conquérants. Elle se situe à quinze milles environ de la côte de l'Amérique latine à laquelle un bras de terre la reliait jadis.

Cinquante-quatre grandes villes y sont bâties. Entre chaque ville, la distance est d'un jour de marche. La capitale, Amaurote, se trouve au centre de l'île.

Les maisons d'Utopia ont des façades de silex ou de brique, leur toit est recouvert d'un ciment ignifugé. Elles sont louées par tirage au sort et redistribuées tous les dix ans. L'économie d'Utopia est extrêmement dirigiste : la distribution est planifiée, il n'y a pas de propriété privée. L'or et les métaux précieux sont réservés aux objets ordinaires : pots de chambre, ustensiles divers, etc. Les esclaves sont entravés par des chaînes d'or et l'on couvre de bijoux les coupables des crimes les plus honteux. C'est en Utopie que naquit le géant Pantagruel, père de Gargantua.

Utopie n'est pas une société égalitaire. Son organisation est pyramidale : le père de famille a toute autorité. L'esclavage y est en vigueur.

Thomas More écrivit son *Utopie (De optimo reipublicae situ deque nova insula Utopia libellus)* en 1515. La société rêvée qui s'y trouve décrite est a priori démocratique. La religion, simple, tolérante et chrétienne se joint à une conception relativement épicurienne, dans le sens courant, du bonheur. On y travaille six heures par jour et les choses de l'esprit dominent.

Toutefois, cette béatitude ressemble par trop à celle de nos modernes sectes. Les conceptions idéalistes finissent par étouffer l'individu : la collectivité est partout, chacun est observé par des milliers d'yeux *(omnium praesentes oculi)*, tandis que, du prince aux esclaves, la tyrannie de l'idée pose son intransigeance sur les êtres et les choses... Le bonheur obligatoire fait parfois ressembler l'*Utopie* au *Meilleur des mondes* d'Huxley.

Thomas More naquit à Londres en 1478. Après de solides études, il devint grand chancelier d'Angleterre. Il connut Érasme.

Lorsque Henry VIII abjura le catholicisme, More ne le suivit pas. Restant catholique, il refusa d'assister au couronnement d'Ann Boleyn et fut condamné à la prison perpétuelle. Il ne voulut pas céder. Furieux de cette résistance, le roi le fit décapiter en 1535. Il fut canonisé par L'Église catholique, apostolique et romaine.

Le rêve d'une société plus ou moins idéale exista de tous les temps : la Cité de Dieu de saint Augustin, les multiples Jérusalem célestes des auteurs médiévaux devaient servir de modèles aux gouvernants. On peut encore mentionner la *Città del Sole* de Campanella dont les préoccupations sexuelles sont assez curieuses et dénotent de la misère morale du catholicisme en cette matière au XVIIe siècle. Il est assez drôle, cependant, de savoir que, dans cette cité idéale, les beaux hommes s'unissent aux belles femmes, mais les grosses aux maigres et les femmes maigres aux gros hommes, etc. La sodomie y est punie d'une étrange façon : le coupable doit faire le tour de la ville avec une chaussure pendue au cou. En cas de récidive, il doit faire la même chose avec deux chaussures. S'il continue, c'est la mise à mort.

On ne lit plus beaucoup l'*Utopie* de Thomas More, qui, dès sa parution, fut traduite dans la plupart des langues. Il est étrange qu'un livre de cette importance

U reste ignoré, tandis que le nom de l'île dont il raconte la vie est passé dans le langage courant, est devenu un nom commun : une utopie, c'est maintenant n'importe quelle organisation sociale, politique, économique qui nous semble absurde. On peut se demander si les systèmes qui nous régissent actuellement ne portent pas suffisamment de dérisoire et d'odieux pour qu'on puisse les qualifier d'utopies. Nos sociétés ne se différencient peut-être de ces dernières que par leur existence.

V

V

Le v, pour les Romains, ne se distinguait pas de la voyelle u, qui était donc tantôt voyelle, tantôt consonne. Toutefois, il est d'usage, dans les éditions de textes latins et les dictionnaires modernes de les différencier. Cette tradition, pour la commodité des choses, est ici respectée. (Voir la lettre j).

Vade retro Satana !
(Arrière, Satan !)

Paroles du Christ. Jésus dit en fait, plus simplement, *Vade, Satana* dans l'Évangile de Matthieu (IV, 10) Et, en réprimandant Pierre qui veut lui donner un conseil et contrarie au projet de Dieu, il répond : *Vade retro me, Satana* (« éloigne-toi de moi, Satan ») [Marc, VIII, 33].

Les premiers actes connus du Christ, dans les Évangiles canoniques, furent de chasser les démons. Le Christ apparut, au départ, comme un exorciste. Jésus, de plus, a donné à ses disciples un pouvoir contre les forces de l' Enfer.

La fonction d'exorciste peut, normalement, être pratiquée par tous les prêtres. Certains moines en furent plus spécialement chargés puisque l'ordre d'exorciste était le deuxième en dignité des ordres mineurs. Mais cette fonction n'est pas exercée sans que l'évêque ait auparavant fait faire une enquête sérieuse à propos des cas de possession qu'on lui signale.

Aujourd'hui, Robert Gauthier est l'exorciste du diocèse de Paris. Son bureau ne désemplit pas : on lui demande mille rendez-vous par an, sans compter ceux qui tentent de le consulter par correspondance.

Le père Gauthier est le dernier espoir de ceux qui collectionnent les revers, les malheurs et qui en arrivent à penser qu'ils sont maudits, possédés par le Diable. Ce sont majoritairement des femmes et des personnes d'âge moyen. Certains affirment entendre des voix, se plaignent de disparitions d'objets. Le racisme se mêle bien souvent à leurs observations. Ils viennent voir l'exorciste après avoir tout essayé : mages, voyants, marabouts et cartomanciens.

L'exorciste n'est donc pas, comme on pourrait le croire, un personnage de roman, perdu dans les brumes moyenâgeuses des « romans gothiques », mais une sorte de psychologue écoutant les malheurs des infortunés qui viennent à lui.

Source :
Henri Tincq, « *L'exorciste reçoit sur rendez-vous* », dans *le Monde des spectacles*, 17 septembre 1987.

Væ victis
(Malheur aux vaincus)

D'après Tite-Live (V, 48), phrase qu'aurait prononcée Brennus, chef gaulois, lorsque, après un long siège, Rome se rendit.

En 390, Brennus avait accepté de lever le siège contre un tribut de mille livres d'or. Le tribun Sulpicius apporta la somme. Mais une contestation s'éleva, les Romains accusant les vainqueurs de faire usage de faux poids. Brennus jeta alors son épée sur le plateau supportant les poids et, l'ayant ainsi encore alourdi, il déclara : *Væ victis !*

Brennus aurait auparavant fait égorger quatre-vingts tribuns qui s'étaient offerts en holocauste. L'épisode, cependant, est suspect et pourrait être inspiré par l'histoire de la prise de Delphes en 279 av. J.-C., qui se déroula sous le commandement d'un chef gaulois nommé, ou surnommé, Brennos (ce mot signifiant : *« chef »*, ou *« roi »*). En effet, Tite-Live est le seul à donner un nom au chef gaulois tandis que d'autres historiens le contredisent formellement, tels Polybe ou Diodore, qui racontent une version de l'affaire tout à fait différente.

Brennus aurait pu tout aussi bien jeter son bouclier dans la balance pour faire bon poids. Toutefois, le « bouclier de Brennus » n'a rien à voir avec le chef gaulois. Ce trophée, qui revient chaque année aux vainqueurs du championnat de France de rugby, est l'œuvre du graveur parisien Charles Brennus, passionné de rugby, président d'associations sportives, arbitre et joueur. Il grava une rondache ciselée avec des motifs de feuillages et de fruits portant la devise *ludus pro patria*. C'est cet objet d'art que les rugbymen français se disputent toujours.

Vanitas vanitatis et omnia vanitas
(Vanité des vanités, tout est vanité)

Paroles *(logia)* par lesquelles s'ouvre l'Ecclésiaste, lequel sombre dans la délectation morose et la déprime du début jusqu'à la fin, puisque ce livre n'est qu'une paraphrase de cette expression. Le malheureux Ecclésiaste passe en revue toutes les choses du monde et conclut que tout est vain. Ce qui nous permet de dire que l'Ecclésiaste n'est qu'un livre vain, se complaisant dans la déréliction. Comme on l'attribue à Salomon, disons aussi que c'est un ouvrage hypocrite, puisque son auteur présumé ne pensait qu'aux richesses de ce monde, accumulant l'or, les pierres précieuses et tout ce qui s'ensuit. S'il n'est pas de Salomon, il est peut-être d'un pauvre hère accablé par les malheurs et qui geint sur son triste sort. Si tout est réellement vanité, on se demande pourquoi l'auteur de l'Ecclésiaste a dépensé tant d'énergie pour écrire ce livre.

Très étrangement, notre langue a réservé le nom de « *jérémiades* » à un certain type de lamentations. Pourtant, les Lamentations de Jérémie ont une autre force, une autre grandeur et sont parfois des imprécations. Elles expriment une révolte, une colère apostrophant directement le Seigneur avec une belle vivacité. Elles lui adressent même des reproches véhéments : « T'irriterais-tu contre nous jusqu'à l'excès ? » (Jérémie, v, 22). Jérémie peste, râle, mais se lamente assez peu par rapport à l'Ecclésiaste. Il serait donc bon de remplacer le mot *jérémiade* par un dérivé du nom de l'ouvrage qui s'ouvre par *Vanitas, vanitatis et omnia vanitas*...

Mais la langue ne se refait pas, puisqu'elle est toujours en train de se faire...

V

Veni, vidi, vici
(Je suis venu, j'ai vu, j'ai vaincu)

Par ses mots, César annonça au sénat la rapidité de la victoire de Zalas, qu'il venait de remporter sur le roi du Pont, Pharnace. Depuis, on emploie cette phrase pour désigner la rapidité d'un succès quelconque.

Une application amusante fut faite de cette phrase durant les heures noires de l'occupation allemande. Un calembour prêtait au maréchal Pétain la devise : *Veni vidi Vichy*...

Verba volant, scripta manent
(Les paroles volent, les écrits restent)

Adage latin conseillant la circonspection dans les situations dans lesquelles il peut être imprudent de laisser une preuve matérielle d'une opinion ou d'un fait. Il engage aussi, ceux qui écrivent, à ne publier que des ouvrages dignes d'eux-mêmes, puisque leurs livres resteront et témoigneront de leurs qualités.

Verba volant ? Voilà qui est un peu catégorique. Il arrive que les livres brûlent et se perdent à jamais. Les traditions orales, quant à elles, traversent les siècles et restent encore plus fidèles quand les sociétés auxquelles elles appartiennent n'ont pas d'écriture.

Les légendes, les mythes fondateurs survivent et durent. Après quoi, on les transcrit sur papier. Cependant, ils restent aussi dans les mémoires. Rien n'est plus tenace que la voix humaine venant du fond des âges...

L'adage s'applique mieux à la parole donnée : Louis B. Mayer avait bien raison de dire qu'« un accord verbal ne vaut même pas le papier sur lequel il est écrit ». Il est certain qu'un bon acte certifié devant notaire vaut mieux qu'une convention faite de vive voix. Cependant, il reste encore des gens pour qui la parole donnée est sacrée... c'est de plus en plus rare, à ce qu'on dit (cf. *Judicum rusticorum*).

Virago
(Femme n'ayant rien à envier aux hommes pour ce qui est des qualités dites viriles)

Une femme courageuse, une femme exerçant un métier jusque là réservé aux hommes, une femme « hommasse », une lesbienne, intellectuelle ou travailleuse de force, bref, tout ce est du sexe féminin et qui ne correspond pas à l'idée que les hommes se font des femmes peut être appelé *virago,* en mauvaise part.

Le terme, cependant, fut admiratif, et noble, du moins pour les esprits mâles, durant un bon bout de temps. Il permettait de qualifier heureusement les femmes qui, par leur conduite ou leur aspect, arrivaient à égaler la médiocrité de certains hommes. Il s'appliqua aussi à des femmes qui, simplement, étaient elles-mêmes et n'en demandaient pas tant. Les hommes s'étonnent toujours lorsqu'ils s'aperçoivent que, si les femmes sont différentes d'eux, elles n'en sont pas moins leurs égales, ce qui n'est pas toujours commode pour eux.

La première *virago* fut Ève, selon la Vulgate. En effet, dans la traduction de la Bible par saint Jérôme, *virago* est le mot qualifiant la première femme. Homme se disant *vir, virago* pouvait en dériver, puisque la première femme fut, toujours d'après la Genèse (II, 23), créée à partir d'une côte, première ou seconde, d'Adam.

Ce mot, donc, dans la bouche des hommes, fut longtemps un compliment. Ce fut même souvent un honneur. Mais parlons d'une virago célèbre chez nos voisins, mais peu connue chez nous : Mathilde, comtesse de Toscane.

Urbain VIII, en 1635, fit graver une épitaphe sur un tombeau, le seul tombeau de femme jugé digne de se trouver dans la basilique Saint-Pierre. Y était ensevelie « la comtesse Mathilde, femme d'un courage viril, défenseur [sic] du siège apostolique [...] laquelle oubliant son sexe [re-sic] s'égala aux Amazones antiques, menant à la guerre des hommes bardés de

V

fer » selon le texte de l'épitaphe. Il fallut pourtant cinq siècles pour que Mathilde ait cet honneur : Mathilde mourut en 1115.

Cette femme « d'un courage viril » à moitié lorraine, à moitié italienne est « la Jeanne d'Arc italienne ». Le roi d'Allemagne Henri IV avait défié le pape Grégoire VII en demandant sa déposition. Le pape avait excommunié le roi. Les princes allemands ne voulurent pas d'un souverain hors des lois de l'Église. Le pape réfugié chez Mathilde à Canossa attend. Le roi parcourt la vallée du Rhin, la Savoie, les pentes glacées du mont Cenis, la plaine du Pô et finit par demander pardon au pape. Peut-être, cependant, avait-il quelques arrière-pensées.

Car le conflit se ranimera : Henri IV, en 1084, fait élire un antipape, Guibert de Ravenne et attaque les châteaux appartenant à Mathilde, où le pape Grégoire se réfugie successivement. Henri IV attaque furieusement ces places fortes, en détruit certaines, accuse Mathilde de trahison, soudoie ses vassaux. Mais rien n'y fait : Mathilde reste fidèle au pape. Elle s'entoure d'hommes de guerre et résiste. Rome capitule en 1083. Henri IV se fait proclamer empereur, Clément III est intronisé. Mathilde tient bon. En juillet 1084, elle est victorieuse : elle vainc les Lombards alliés à Henri. Ce dernier, n'obtenant pas les succès qu'il souhaitait, finit par capituler, et rentre chez lui. Le calme revient. Entre-temps, le pauvre pape Grégoire VII meurt, épuisé par tant de péripéties.

Le 12 mars 1088, Urbain II, c'est-à-dire Eudes de Châtillon succède à Grégoire VII. Il sera le pape de la première croisade. Il joue avec les alliances et fait épouser à Mathilde, alors quadragénaire, ce qui était vieux à l'époque, un seigneur bavarois. Mathilde, veuve, consent à ce mariage.

L'alliance ainsi faite renforce le parti papal. Henri IV attaque à nouveau. Le sort des armes finit par donner raison à Mathilde et, en 1093, les villes du Pô s'allient avec elle. Après maintes péripéties Henri IV renonce et la paix revient. Mathilde divorce d'avec son seigneur bavarois, ce que le pape arrange et tout va bien.

La « Jeanne d'Arc italienne » fut rien moins que pucelle : ses deux mariages scandalisèrent. Amie des lettres, juriste, polyglotte, elle fut parfois objet de scandale : on l'accusa d'être la maîtresse du pape Grégoire VII. Deux fois veuve, elle épousa en secondes noces un homme qu'on accusait d'être l'assassin de son premier mari. On la disait « digne d'être appelée *virago,* comme celle qui, dans son âme, surpasse les meilleurs ». Le surnom de « Jeanne d'Arc italienne » ne rend pas hommage à Mathilde. À courage égal, à foi égale, à fidélité égale, elle surpasse de loin par sa culture, son intelligence, sa grandeur le modèle qu'on lui a attribué. Elle vivait, de plus, dans un monde semi-païen et dut dépenser une énergie considérable pour rester fidèle à ses options. Seule lui manquait la virginité, qui fait les saintes pour la bêtise des hommes. Pourtant, les fidèles de Cambrinus, plus souvent hommes que femmes, lui doivent beaucoup : ils lui voueront une reconnaissance éternelle, puisqu'elle fonda l'abbaye d'Orval qui produit l'une des plus délicieuses bières du monde.

Un jeu de mot classique, selon Robert Édouard, se prononce à propos de certaines épouses ou maîtresses, voire égéries d'artistes ou de poètes auxquelles on reproche un peu trop d'autorité. Il s'agit d'un calembour fondé sur le fait que la dame des pensées de Lamartine était nommée par lui *Elvire.* Afin de signifier à la fois le statut d'égérie et l'autorité de la personne, on surnomme celles-ci « *Elvirago* ».

Sources :
R. de Briey, *Mathilde, duchesse de Toscane, fondatrice de l'abbaye d'Orval (1046-1115),* Gembloux, 1934 ;
U. Bellochi et G. Marzi, *Matilde e Canossa, il poema di Donizone,* Modène, 1970 ;
Robert Édouard, *Dictionnaire des injures,* Paris, s.d.

Visita interiorem terræ rectificando invenies operæ lapidem
(Descends dans les entrailles de la terre, en distillant, tu trouveras la pierre de l'œuvre)

Cette formule était célèbre chez les alchimistes, dont elle exprimait la doctrine. On ne prononçait que les initiales de chaque mot de cette phrase dont l'assemblage forme « Vitriol ». Ce qui permet de dater approximativement l'époque durant laquelle cette formule circulait, puisque *vitriolum* n'apparaît dans les écrits qu'au XIIIe siècle pour désigner l'apparence vitreuse des sulfates. Le vitriol désigne aujourd'hui l'acide sulfurique.

Le sens de V.I.T.R.I.O.L., mot initiatique, peut être traduit ainsi : « Descends au plus profond de toi-même et trouve le noyau insécable sur lequel tu pourras bâtir une autre personnalité, un homme nouveau. »

Une variante donne la phrase *Visita interiora terræ rectificando invenies occultum lapidem,* ce qui signifie : « Explore l'intérieur de la terre. En rectifiant, tu découvriras la pierre cachée. » Le symbolisme des deux expressions est à peu près identique.

Sources :
Jean Servier, *l'Homme et l'Invisible,* Paris, 1964 ;
Kurt Seligmann, *le Miroir de la magie,* Paris, 1956.

Vox clamantis in deserto
(La voix de celui qui crie dans le désert)

Cette phrase de l'Évangile selon Matthieu (III, 3) fut prononcée par Jean le Baptiste en réponse aux juifs qui lui demandaient s'il était le Christ, Élie, ou un prophète. Il répondit qu'il était « la voix qui crie dans le désert : aplanissez les chemins du Seigneur ». L'expression est souvent employée pour parler de quelqu'un que l'on n'écoute pas, ce qui est une erreur par rapport à la citation de l'Évangile.

« *En ce temps-là, le désert était peuplé d'anachorètes...* » Ainsi commence *Thaïs,* roman d'Anatole France qui se déroule à une époque, certes, postérieure à celle de Jean-Baptiste. Toutefois, le désert, au temps du Christ, n'était pas vide. Il s'y trouvait des ermites, mais aussi, assez souvent, la foule des gens qui venaient écouter le Baptiste, se faire baptiser, etc.

De ce fait, « prêcher dans le désert » ne devrait pas signifier que l'on n'est pas entendu, mais, au rebours, qu'on parle devant une foule nombreuse et attentive s'étant déplacée pour venir écouter.

Vulnerant omnes ultima necat
(Toutes blessent, la dernière tue)

Les heures passent... Celle qui s'écoule maintenant est peut-être la dernière : *ultima forsan,* dit-on aussi. Ces deux devises s'inscrivaient l'une ou l'autre sur les cadrans solaires. « *Chaque pas dans le vie est un pas vers la mort* », écrivit Casimir Delavigne dans son *Louis XI.* La vie n'est-elle que ce « condiment spirituel qui préserve le corps de la décomposition » comme le pensait Ambrose Bierce *(op. cit.)* ? Il ne reste plus qu'à citer Ronsard *(Amours de Marie)* :
Le temps s'en va, le temps s'en va, madame.
Las, le temps, non, mais nous nous en allons
  Et tôt seront étendus sous la lame.

Agaçantes heures qui passent... Que faire ? Briser l'horloge ? Casser le cadran ? Non ! Gardons conscience de notre fragilité, *Memento mori.* Il faut se souvenir que les jours sont comptés et que nous retournerons à la poussière : *in pulverem revertis,* dit la Genèse (III, 19). Cette fragilité nous permet de « cueillir dès aujourd'hui les roses de la vie »...

V Il convient donc de bien entretenir nos montres, pendules, horloges, cadrans, clepsydres, oignons, cartels..., de préserver ceux-ci des outrages du temps, ainsi nous survivrons-ils peut-être, et nous garderons dans l'esprit la vanité des choses humaines : *Vanitas vanitatis et omnia vanitas*. Mais, comment préserver un cadran solaire ? Là, nul rouage à régler, nulle pile, nulle mécanique, aucune huile n'est nécessaire, point de remontoir, d'ancre, de rubis, d'échappement...

Cependant, la pluie, le vent, la neige, le mauvais temps peuvent abîmer la pierre sur laquelle sont gravées les heures comme la devise dont nous parlons. Peut-être même que le soleil, les fortes chaleurs sont susceptibles de fausser le *style,* cette tige dont l'ombre indique les heures... Que faire ?

Des millénaires passèrent, et d'autres encore sans que nous eussions la réponse à cette angoissante question. Enfin, durant les années soixante de notre siècle, Carelman vint. Il suffisait d'une marquise, à condition de ne pas seulement la sortir à cinq heures. Le *Catalogue des objets introuvables* de Carelman propose une marquise en zinc, un charmant, un élégant petit toit de métal qui, placé au-dessus du cadran solaire, le protège de son ombre bienfaisante contre les injures du temps qu'il fait, comme de celles du temps qui passe...

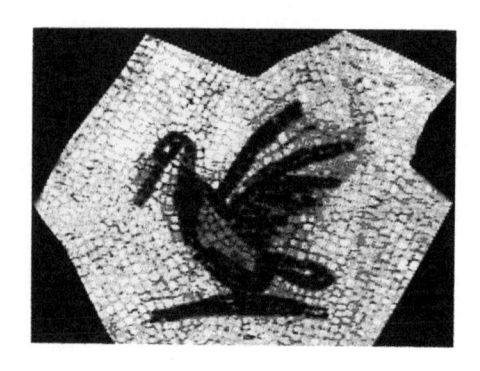

Y

Ydolo Yside
(De l'idole d'Isis)

Ou plus exactement *Descriptio de Ydolo Yside*. Il s'agit d'une simple feuille ajoutée à un ouvrage nommé *De gestis Francorum* d'un nommé Almoin. Ce dernier texte a été rédigé au ixe siècle, mais la copie en est du xive. Au début du xviie siècle, le frère Du Breul, archiviste de l'abbaye de Saint-Germain-des-Prés, découvre ce feuillet qui commence de façon relativement anodine en racontant l'histoire d'Isis, comment elle se trouvait en Grèce, comment elle connut Zeus et comment elle voyagea vers l'Égypte pour retrouver les membres épars d'Osiris dispersés par son frère, l'affreux Sit-Typhon. Là, elle enseigna l'écriture aux hommes. Cette idée d'Isis pédagogue se trouve déjà, au ve siècle, chez saint Augustin.

L'auteur du feuillet mentionne qu'un « ouvrage ancien et vénérable » (il ne dit pas lequel) explique qu'il y a belle lurette le culte d'Isis se répandit en Gaule : l'ancien peuple de Lutèce l'adorait, comme certains rois païens tels Childéric, Mérovée et Clovis, avant son baptême. Un temple d'Isis se trouvait à l'emplacement de l'abbaye de Saint-Germain-des-Prés.

Childebert, fils de Clovis, fit construire à cet endroit, toujours d'après la *Descriptio Ydolo Yside,* une église dévouée à la Sainte Croix. Il garda, cependant, une ancienne statue d'Isis, pour qu'elle portât témoignage de l'antiquité du lieu.

Certes, le culte d'Isis fut très populaire dans tout l'Empire romain. La présence d'un sanctuaire à elle consacré n'est donc pas impossible. Toutefois, ce n'est pas dans la *Descriptio Ydolo Yside* ni dans les quelques précisions du brave Du Breul qu'on peut en trouver la preuve.

Nicolas Francisci rédigea vers 1430 une notice sur Isis dans le *Doctrinal Prosaicum* de Villedieu. Selon lui, la déesse Yo, aussi appelée Ysis, donna son nom à Paris.

Paris, ou Parisis, comme on disait il y a bien longtemps, se tenant près du sanctuaire d'Isis, *quasi juxta Isis,* dans les parages d'Isis, par là, par Isis...

Dans *lez Antiquitez, histoires et singularitez* de Paris, le libraire Gilles Corrozet décrit la statue, encore visible peu avant son ouvrage, qui parut en 1550 : maigre, haute, noircie par les ans, l'idole était nue, à peine recouverte de linge léger. Elle se trouvait contre le mur septentrional de l'église, là où est désormais placé le crucifix. Vers 1514, l'abbé, Mgr Briçonnet, la retira et, même, la détruisit. Le brave frère Du Breul nous explique pourquoi : un des moines, le frère Jean, surnommé le Sage, vit un jour, devant l'idole entourée de cierges allumés, une femme en prières. Ce reliquat du paganisme avait été pris pour une représentation de la Vierge.

Corrozet donne aussi l'opinion d'autres personnes qui pensent que le nom de Paris vient de celui de... Melun. Une Isis aurait été vénérée à Melun, d'où l'ancien nom d'Iseos (venant d'*Iseum,* la ville d'Isis) que portait cette ville. Mille et un ans après sa fondation, Melun se nomma Mille et un, d'où Melun (!).

Comme Paris, île sur la Seine, ressemblait à Melun, autre île sur la Seine, on appela Paris : *quasi par Isis,* semblable à la ville d'Isis. Bref, à grand renfort de latin approximatif, la cause parisienne d'Isis se répandit. Les armes de Paris, de plus, portent un navire. De là à en faire l'embarcation sacrée d'Isis, il n'y a qu'une brasse, qui fut allègrement nagée.

Au XVIIe siècle, des cartes de Paris, comme celle de Vassalien, mentionnaient l'emplacement du temple d'Isis. La légende devenait de plus en plus populaire. En 1675, l'abbé Bernier trouva une tête de bronze enfouie dans le jardin de Saint-Eustache. Il s'agissait en fait d'une Diane d'Éphèse d'époque antonine. Mais peu importe : une rivalité de paroisses s'en mêlant, la querelle de clochers suivit. Il fut absolument certain que c'était une tête d'Isis. Une vive polémique opposa prêtres et prêtres, savants et savants. D'autant plus qu'on se mit à découvrir un peu partout des Isis à la pelle, comme s'il en pleuvait : à Melun, bien sûr, mais aussi à Lyon, à Marseille, etc. Beaucoup de ces statues étant *multimammiae,* c'est-à-dire pourvues de nombreux seins, on restaura l'idée d'une Isis déesse de la Fécondité, partout vénérée en Gaule. Ces statues représentaient encore des Dianes éphésiennes, mais peu importe. Isis devint une déesse nationale gauloise et – pourquoi pas ? – l'objet d'une vénération particulière pour les druides d'avant le christianisme.

Isis fut mise à toutes les sauces : en 1791, elle devint théiste ou peu s'en faut, voire symbole d'un universalisme religieux ; Nicolas de Bonneville *(De l'esprit des religions)* en fit l'exemple même de la religion sans sectarisme, s'opposant catégoriquement, de ce fait, à l'intransigeance chrétienne. Isis devint révolutionnaire et exemple même d'une tolérance religieuse que la Révolution ne pratiqua pas bien longtemps.

Cette légende d'une Isis parisienne a parcouru les siècles. Elle n'est fondée sur à peu près rien. Combien de mythes, de cultes, de légendes sur lesquels nous n'avons pas autant de documents existent et durent de la sorte ?

Ydolo est une graphie médiévale : la lettre Y était rare chez les Romains et ne s'utilisait que dans les termes d'origine grecque. L'emploi de cette lettre est d'autant plus curieux que le mot *idola* vient du latin ecclésiastique et qu'il ne comporte normalement pas d'Y. L'étymon d'« *idole* » est grec (*éidolon*, « image », d'où : « image d'un dieu »), mais ne comporte toujours pas cette lettre. Il n'y a pas non plus de raison pour que le nom d'Isis prenne un Y pour initiale.

Sources :
Jurgis Batitrusaïtis, *Essai sur la légende d'un mythe, la quête d'Isis, introduction à l'égyptomanie,* Paris, 1967 ;
Le *Guide du Paris mystérieux* (Paris, 1966) évoque, mais sans les contester, les opinions ci-dessus mentionnées.

Dans la même collection :

À bouche que veux-tu
Le corps dans les expressions de la langue française
Jacques JOUET

Abracadabrantesque !
Dictionnaire des mots inventés par les écrivains des XIXe et XXe siècles
Maurice RHEIMS

Au septième ciel
Dictionnaire commenté des expressions d'origine biblique
Jean Claude BOLOGNE

Quand on parle du loup...
Les animaux dans les expressions de la langue française
Patricia VIGERIE

Qu'importe le flacon...
Dictionnaire commenté des expressions d'origine littéraire
Jean Claude BOLOGNE

Saute, paillasse !
Les sens cachés des mots de la langue française
Alain DUCHESNE et Thierry LEGUAY

Surpris ou étonné ?
Nuances et subtilités des mots de la langue française
Alain DUCHESNE et Thierry LEGUAY

Turlupinades et tricoteries
Dictionnaire des mots obsolètes de la langue française
Alain DUCHESNE et Thierry LEGUAY

Une de perdue, dix de retrouvées
Chiffres et nombres dans les expressions de la langue française
Jean Claude BOLOGNE

Du même auteur :

La Nuit des Barbares, Laffont, 1983
Le français qui se cause, splendeurs et misères de la langue française, Balland, 1986
Tout crus, les coqs, Balland, 1987
Bréviaire de la gueule de bois, éditions du Rocher, 1993, et Librio, 1998
Le Traité des traités, Lattès, 1995
Ces mots qui font du bruit, dictionnaire des onomatopées, des interjections et autres vocables de la langue française, Lattès, 1998
Le Bourreau de Maubeuge, Hors commerce, 2002
Carrefour de la mélancolie, Eden, 2003
Rhétorique de la scène de ménage, Hors commerce, 2004